文化公开课

哲学史五讲

李世化◎著

当代世界出版社
THE CONTEMPORARY WORLD PRESS

图书在版编目（CIP）数据

哲学史五讲 / 李世化著 . -- 北京：当代世界出版社，2019.5
（中华文化公开课）
ISBN 978-7-5090-1370-0

Ⅰ . ①哲… Ⅱ . ①李… Ⅲ . ①哲学史—中国
Ⅳ . ① B2

中国版本图书馆 CIP 数据核字 (2018) 第 125640 号

哲学史五讲

作　　者：李世化
出版发行：当代世界出版社
地　　址：北京市复兴路 4 号（100860）
网　　址：http://www.worldpress. org. cn
编务电话：（010）83907528
发行电话：（010）83908410
　　　　　（010）83908377
　　　　　（010）83908423（邮购）
　　　　　（010）83908410（传真）
经　　销：新华书店
印　　刷：河北华商印刷有限公司
开　　本：710mm × 1000mm　1/16
印　　张：16
字　　数：300 千字
版　　次：2019 年 5 月第 1 版
印　　次：2019 年 5 月第 1 次
书　　号：ISBN 978-7-5090-1370-0
定　　价：39.80 元

前言

PREFACE

宇宙从何处来？人类又是从何处来？宇宙的本质是什么？人与宇宙处于一种什么样的关系状态之中？人生存的目的是什么？人活着有什么价值、意义？……这些问题与芸芸众生中的你有关吗？有关！因为只要你会思想，无论你是有心之人还是无意之人，都会在生活中体现出你对世界的思考，对人生的探索，这就是哲学。哲学无处不在。

哲学是什么？这是一个既简单又复杂的问题。说它简单，可以用一句话概括：哲学是时代精神的精华，文化的积淀最终是哲学；说它复杂，是因为古今中外很多人穷其一生去研究它，但哲学带给我们的永远只有探索，没有终止。而正是这种探索，对社会而言，推动了人类文明的进步；对个体而言，每一次深入地思考，都将带来一次思维模式的洗礼……

中国古人从很早就开始探索哲学的世界，伏羲、女娲等神话传说是他们对世界、人类起源的猜测，周易、八卦、阴阳、五行等是他们对世界的认识，儒家的积极入世、道家的淡泊以自处等是人类自身与世界、社会相互交流的方式……哲学家不断呈现，他们在思想灵魂的领域里或融合、或继承发展、或独树一帜，他们迸射出智慧的火花，展现着思辨的力量。

朝代更迭，沧海桑田。中华哲学一直表现出极大的融合力与生命力。“盘古开天地”“女娲造人”“神农尝百草”，奠定了中华传统思想的初始；“人法地，地法天，天法道，道法自然”，道家把天人合一的思想融入社会；孔子把“仁、义、礼、智、信”为代表的儒家思想传给世人；公元前后，“慈悲普度”的释家佛法东传。于是，儒、释、道三家思想交相辉映，形成了以儒家思想为核心的中华传统哲学。

后来，历经朝代更迭，儒、释、道思想或扬弃、或丰富、或发展，但最终得以传承，几千年来，儒、释、道的三大文化支柱给国人建立了一套非常稳定的道德体系，所谓“天不变，道亦不变”。这套道德体系是中华传统社会赖以存在、安定与和谐的基础。这也是以儒、释、道信仰为根的中华传统思想文化最有价值之处。

本书采撷了古代哲人的一些思想精华，力图以此勾画出中国哲学思想发展的线路图。旨在将中华传统哲学的精华，用简单和平易近人的语言向读者娓娓道来，从中可以感受到智慧的力量。茶余饭后、小憩之时，捧起它，可以体味思想的价值、思考的力量、思辨的智慧。

资料浩繁，时间有限，难免有错误疏漏之处，敬请不吝赐教！

目录 CONTENTS

第一讲　先秦哲学

第二讲　两汉哲学

第三讲　魏晋隋唐玄学佛学

第四讲　宋元明清理学

第五讲　近现代哲学

第一讲

先秦哲学

宇宙从何处来：创世神话

盘古神话是超越民族、跨越国界的开天辟地的创世神话。古老的盘古神话反映了原始社会先民对大自然的崇拜，也反映了原始先民的思维发展和原始宇宙观。

神话一直被人们视为“原始的哲学，最简单的思想表达形式，了解世界和解释生与死、命运和自然、神和崇拜的一系列尝试”。创世神话，它们首先是人们想象的产物，根源源于人们对宇宙起源的追索和想象；其次它们孕育了宗教哲学，具有丰富的宗教哲学意蕴。创世神话体现了我国宗教哲学所特有的天人合一的宇宙生成模式。

盘古开天辟地

在天地还没有开辟以前，宇宙就像是一个大鸡蛋一样混沌一团。有个叫盘古的巨人在这个“大鸡蛋”中一直酣睡了约十万八千年。他醒来后，发现周围一团黑暗，于是张开巨大的手掌向黑暗劈去。一声巨响，“大鸡蛋”碎了，千万年的混沌黑暗被搅动了，其中又轻又清的东西慢慢上升并渐渐散开，变成蓝色的天空；而那些厚重混浊的东西慢慢地下降，变成了脚下的土地。盘古站在这天地之间非常高兴。盘古很怕天地再合拢起来变成以前的样子，他就用手撑着青天，双脚踏着大地，让自己的身体每天长高一丈，天地也随着他的身体每天增高一丈。这样又过了十万八千年，天越来越高，地越来越厚，盘古的身体长得有九万里那么长了。

盘古凭借着自己的神力终于把天地开辟出来了，可是盘古也累死了。盘古临死前，他嘴里呼出的气变成了四季飘动的云；声音变成了天空的雷霆；他的左眼变成了太阳，右眼变成了月亮；头发和胡须变成了夜空的星星；他的身体变成了东、西、南、北四极和雄伟的三山五岳；血液变成了江河；筋脉变成了道路；肌肉变成了农田；牙齿、骨骼和骨髓变成了地下矿藏；皮肤和汗毛变成了大地上的草木；汗水变成了雨露。盘古创造了天地，又把一切都献给了天地，让世

◆ 盘古开天辟地画像砖

界变得丰富多彩，成为了最伟大的神。

盘古神话的形成

盘古神话虽未见于先秦古籍，但它和《山海经》所记的烛龙神话却有相似之处，或者就是这一神话的演变，后来又吸收了南方民族盘瓠传说的某些因素，才形成了这样一个开天辟地的神话人物。到明末周游写《开辟衍绎》，盘古手里又给加上了斧头和凿子这两件劳动工具。

盘古神话中包含的哲学命题

在人类文明朦胧的神话时期，原始人将宇宙的起源想象成一个巨大的“蛋”。这就是宇宙起源的“母题”，世界各民族的远古传说中都涉及这“蛋卵”的母题。盘古神话中也包含着一个“宇宙卵”的母题。由“宇宙卵”我们可以想到《易经》的太极图，太极图以圆圈代表天象和宇宙，圆圈内画着两条阴阳鱼：白色的鱼象征阳性、动态，代表天；黑色的鱼象征阴性、静态，代表地。二鱼形状一致，头尾相接，形成妙合而凝的状态。可见，最早的先天太极图就是一个“宇宙卵”，它包融一切，象征着天地万物变化的道理。由此似乎可以推测出，“宇宙卵”的母题发展出了中国哲学中的重要内容——太极阴阳学说。

◆ 太极图

盘古神话中盘古死后化身为宇宙万物，这就是“垂死化身”的母题。而这一母题的核心是天人合一的宇宙观，这种宇宙观来自原始人的原始思维。他们自从意识到死亡之日起，就发现大自然也有着与人类相似的生死现象。在他们的眼前，太阳每天晚上死去，早上又复活；月亮在初一死去，在十五又复活；花草树木冬天死去，春天又复活……种种死而复生的现象，使他们相信万物有不死的灵魂。而万物的变化，又导致了他们认为物体能自由变形的联想。在这两种原始信仰的基础上，“垂死化身”的母题自然而然地出现在古人的神话传说之中。“天人合一”的宇宙观，是“垂死化身”母题产生的信仰根源，它渗透于中国宗教哲学发展的各个时期。“垂死化身”的母题，发展成为中国宗教哲学中的另一重要内容——“天人合一”论。“天人合一”论对中国宗教哲学的影响非常深远。

知识小百科

什么是“天人合一”的哲学思想？

“天人合一”简单讲，是人之“一”聚合天之“一”，是“同炁”相求，接通了生命的根源，天体的全部信息都能在人体上反映出来。天人合一了，就没有了时间和空间的差别，超越了物我，已跳出三界外，不在五行中，获得了身心彻底的解放！天人合一理论认为：“天（宇宙自然）与人是一个密不可分的、相应相合的统一整体。天是一个超巨系统，人是一个子巨系统；人具足天的全部信息，天的全部信息也可在人身上体现出来。”

人类从何处来：女娲神话

女娲文化是中华民族的本源文化和根祖文化，是中华民族优秀传统文化的精髓，其所承载的“造化自然、造福人民、博爱仁慈、自强不息”的思想内涵已经内化为中华民族伟大的民族品性，支撑着中华民族数千年来传衍不衰、傲立于世。

关于人类起源的神话传说，其他民族的造人者往往是创世者，其方法是由创世神独立创造人。中华民族的创世者是盘古，而造人者却是女娲。

女娲，又称女娲娘娘，凤姓，生于成纪（今甘肃秦安县），也称她的名字为风里希（或为凤里牺）。中华民族人始之初的三皇之一，她是传说中的人类始祖，人类为她和其兄伏羲的后代。女娲有“炼石补天，捏土造人，立极造物，别男女，通婚姻，造笙簧”的功劳。

女娲抟土造人

传说一：天地开辟之初，大地上并没有人类，是女娲抟捏黄土造了人。她干得又忙又累，竭尽全力还赶不上供应，于是就拿绳子投入泥浆中，举起绳子一甩，泥浆洒落在地上，就变成了一个个人。后人说，富贵的人是女娲亲手抟黄土造的，而贫贱的人只是女娲用绳沾泥浆，把泥浆洒落在地上变成的。（《风俗通》）

传说二：女娲与伏羲为兄妹。当宇宙初开时，天地之间只有他们兄妹两人在昆仑山下。他们商议想做夫妻，自己又觉得羞耻。兄妹二人上了昆仑山，发誓说：“天若同意我兄妹二人为夫妻，请您将天上的云都合成一团，要不就把云散开。”说完，天上的云立即合了起来，他们俩就成了夫妻，中华民族都是他们俩的子孙后代。（《独异志》）

女娲炼石补天

在洪荒时代，水神共工和火神祝融因故吵架而大打出手，最后祝融打败了共工。水神共工因打输而羞愤地朝西方的不周山撞去，哪知那不周山是撑天的柱子，不周山崩裂了，撑着天地之间的大柱断折了，天倒下了半边，出现了一个大窟窿，地也陷成一道道大裂纹，山林烧起了大火，洪水从地底下喷涌出来，龙蛇猛兽也出来吞食人民。人类

◆ 伏羲女娲图

面临着空前的大灾难。

女娲目睹人类遭到如此奇祸，感到无比痛苦，于是决心补天，以终止这场灾难。她选用各种各样的五色石子，架起火将它们熔化成浆，用这种石浆将残缺的天窟窿填好，随后又斩下一只大龟的四脚，当作四根柱子把倒塌的半边天支起来。女娲还擒杀了残害人民的黑龙，刹住了龙蛇的嚣张气焰。最后为了堵住漫流的洪水，女娲还收集了大量芦草，把它们烧成灰，埋塞向四处横流的洪流。

经过女娲一番辛劳整治，苍天总算补上了，地填平了，水止住了，龙蛇猛兽敛迹了，人民又重新过上了安乐的生活。但是这场特大的灾祸毕竟留下了痕迹。从此天还是有些向西北倾斜，因此太阳、月亮和众星辰都很自然地归向西方，又因为地向东南倾斜，所以一切江河都往那里汇流。当天空出现彩虹的时候，就是女娲的补天神石的彩光。

◆ 女娲炼石补天

女娲神话的哲学思想

女娲因造人、补天两个神话而被称为“人类始祖”，女娲神话显现了古人对于人自身起源的一种猜测与探索。从哲学角度看，女娲神话中包含着中国哲学的柔韧包容的精神。在中国哲学中，“地”一向是作为宽容博大的象征的，女娲以“土”造人以及她所从事的补天载地的工作，都显现了一种博大宽厚的包容精神。中国哲学是一种“生命哲学”，这种生命哲学，不论儒还是道，都始终关怀人的生命存在，关怀人的生存与发展、人的生命境界的提升与超越。而女娲造人、女娲作为“高媒”之神主管婚姻生殖，都体现出一种生生不息的生命精神。另外，“和”是中华民族的一种突出的精神传统。女娲之所以去“补天”，不是要发动残酷的战争，而恰恰是要疗救战争遗留下来的创伤，这显现出一种协调和谐的“和合精神”。总之，中国哲学传统中宽宏博大的包容精神，最初就是由女娲精神表现出来的。

知识小百科

笙簧

传说女娲发明创造的笙簧是我国最古老的乐器之一。从甲骨文中可得知笙起源久远，一直作为后世历代的主要吹奏乐器。迄今所知最早的实物，为曾侯乙墓出土的笙。历代擅长吹笙者多不胜数，相传周灵王太子晋，好吹笙作凤凰鸣，以致得道成仙。唐代沈佺期、宋之问、张仲一、张祜、厉玄、钟略等许许多多诗人均有诗咏笙、咏王子晋吹笙成仙，许多咏笙诗篇成为名篇。王毂的《吹笙引》云：娲皇遗音寄玉笙，双成传得何凄清。

从"天人合一"到"绝地天通"

"绝地天通"是中国思想观念发展史上的一次重大事件，从此天地隔绝，人神分离，人心得以矫正，礼制得以确立，天地自然变得有序化、制度化。

颛顼，姓姬，是轩辕黄帝的孙子，昌意的儿子，生于若水(今四川省渡口一带)，居住在穷桑，他的母亲女枢因感"瑶光"而生了他。颛顼10岁开始辅佐少昊，20岁登上帝位，初封高阳(今河北高阳县东)，建都于帝丘(今濮阳县西南)。颛顼在位78年，号高阳氏，列为五帝之一，是一位有文治之功的帝王。

帝喾是颛顼的族侄，15岁帮助颛顼治理天下，30岁登帝位，其在位期间严以律己，也是一位万民诚服的帝王。颛顼、帝喾是上古时期"三皇五帝"中的第二位和第三位帝王，前承炎黄，后启尧舜，奠定华夏基根，是华夏民族的共同人文始祖。

◆ 黄帝像

黄帝时代

黄帝时代，天和地是通连的，天上的神仙可以随便到人间来，地上的凡人也可以通过天梯到神仙居住的地方去。那时，天地相通的地方很多，可以通天的高山有昆仑山、日月山等，其中，昆仑山最为著名。此外，还有许多高大的树木也是通往天庭的天梯。当时人神交往很自由，对天帝统治人间很有好处。但是，天神并非个个都是行善的好人，也分善神和恶神。由于仙凡之间通道很多，有些在天庭呆腻了的恶神，就偷偷跑到人间来做坏事。他们的捣乱，扰乱了人间的社会秩序。再加上由于长期的南征北战，戮杀挞伐，使得人间信奉混杂，巫教盛行。

绝地天通

颛顼登上帝位后，其有效的治理使社会经济有了进一步发展，社会秩序基本稳定。但人神秩序仍然混乱，不仅天神跑到人间来干坏事，人间的巫觋也能通过高

◆ 壁画艺术中的尧舜时代

山、大树到天上去游玩。颛顼对这种人神之间界限不清、相互掺杂的混乱局面很恼火，在平定了共工氏之乱后，决定彻底整顿天庭和人间的秩序。

治理整顿第一位的事情是必须断绝天地之间的通道。他首先派朝中五位最大的官员负责把所有能上下天庭的高山平掉，把大树砍倒，没了上下的天梯，凡人是绝对上不了天庭的。不到十年的功夫，除了昆仑山之外，所有的“天梯”绝断了。昆仑山虽然没有绝断，但是黄帝和西王母娘娘在“悬圃”弄了一道防线，有几位力士在那里把守着，人们也很难上去。

绝断了天梯以后，地上的凡人上天是不可能了。可是，还不能限制天上的神仙到凡间来。为此，颛顼又派了两位力大无穷的天神，一位叫重，一位叫黎。他命重两手托天，奋力上举；令黎两手按地，尽力下压。于是，天地之间的距离越来越大。颛顼还命令重和黎分别掌管天上众神事务及地上神和人的事务。此后，天地间神人不经重、黎许可，便不能够随便上天下地了！另外，颛顼还找了一个叫噎的大力神，把守着大荒西极“日月山”的天门，监督日月星辰是不是按秩序回山。这样一来，神人不杂了，阴阳也有序了。

“绝地天通”的哲学意义

人类早期的宗教职能本来是由巫觋担任，后来开始有天官和地官的划分：天官，即祝宗卜史一类的职官，他们管通天降神；地官，即司徒、司马、司工一类的职官，他们管土地民人。祝宗卜史一出，则巫道不行，但巫觋和祝宗卜史曾长期较量，最后是祝宗卜史占了上风。巫觋时代是“人神杂糅”“天人合一”的，卜史时代是“人神不杂”“天人分裂”的，而“绝地天通”就反映了从“天人合一”到“天人分裂”这样一种观念的蜕变。在这种观念蜕变的基础上，人类的礼制秩序才得以建立。这就正如《易传》所说：“天尊地卑，乾坤定矣；卑高以陈，贵贱位矣”；“有天地然后有万物，有万物然后有男女，有男女然后有夫妇，有夫妇然后有父子，有父子然后有君臣，有君臣然后有上下，有上下然后礼义有所错”。

延伸阅读

颛顼与共工氏

颛顼聪明敏慧，有智谋，他统治的地盘很大，在民众中有很高的威信。与颛顼同时，有个部落领袖叫作共工氏。据说共工氏姓姜，是炎帝的后代。共工氏勇猛彪悍，欲霸九州，于是就发动了向颛顼部落进攻的战争。颛顼足智多谋，沉着应战，利用神箭手羿作为先锋，经过激烈战斗，终于打败了共工氏。共工氏逃到大西北（现宁夏），怒触不周山而死，颛顼部落才得以太平。

上古人类的信仰：原始宗教

宗教信仰有着历史的连续性和历史演变的过程，我国原始宗教沿袭而下，到东汉中、晚期便全部为道教所继承，成为道教最基础的内容，是道教最根本、最重要的思想渊源。

所谓“原始宗教”，是指尚无宗教经典，也无宗教组织的一种有神信仰，它属于宗教发展的早期形态。原始宗教对于社会发展的意义十分重大。首先，原始宗教曾是社会的上层建筑，其宗教活动、社会活动以及政治活动往往是相与为一的，借助原始社会的宗教活动和宗教仪式，人们被密切地联系在一起。在这时候，原始宗教作为民族精神维系的力量，使人们共同结成一个强大的群体，共同抵抗自然和社会的压迫。其次，由于对同一自然物或图腾的崇拜，增强了以血缘或地缘关系为纽带的人们共同体之间的认同感，密切了他们彼此之间的联系。此外，原始宗教对各民族的文字、文学、艺术等的形成和发展有着很积极的影响。

◆ 大禹治水 浮雕

我国原始宗教的发展大概经过了如下几个阶段：

自然崇拜

自然崇拜是原始时代一种极为普遍的现象，是原始社会初期的宗教形式之一。崇拜的对象包括天、地、日、月、星、山、石、海、湖、河、水、火、风、雨、雷、雪、云、虹等天体万物及自然变迁现象。原始人认为这些自然存在的现象表现出生命、意志、情感、灵性和奇特能力，会对人的生存及命运产生各种影响，因此对之敬拜和求告，希望获其消灾降福和佑护。如，人们因崇拜土地而在播种开始或收获完成之后举行对土地的献祭仪式，还有对海神、山神等的崇拜。我国历史记载中的“河伯娶妇”的故事就表现了人们对河水的崇拜。

自然崇拜中还包含着对动物、植物的崇拜。古人神化和崇拜某些植物，如大树、古树、桃、苇、菖蒲、棘等，认为这些植物有神秘力量。由对植物的崇拜，进而产生对掌管农作物成长的神灵的崇拜，如社神、稷神、神农氏。在我国数千种动物种类中，有一些常见的、与人的生活有

◆ 九龙壁显现对龙的崇拜

密切关系的动物被古人神化而受到崇拜，如猪、马、牛、羊、犬、鸡、兔等是人们生产和生活所需要饲养的动物，而虎、豹、蛇则是威胁人的生命，使人恐惧的动物。此外还有被人们认为是最具灵性的龙、凤、麟、龟，其中龙、凤、麟只是传说中的灵物，而龙则被描绘得最为神秘。动物崇拜延伸而成对动物神的崇拜，如认为神秘的龙王，是管雨水的神，龙与天帝有密切关系，可以化身而为人间帝王。

图腾崇拜

图腾崇拜和自然崇拜有一定的联系，它产生于母系氏族社会时期。那时，人们认为自己氏族的祖先是由某一种特定的动物、植物或其他自然物转化而来的，同该物之间有一种血缘亲属关系，它对本氏族有保护作用，于是便将该物作为自己氏族的族徽——图腾，有目的地加以崇拜。如黄帝氏族崇拜云为图腾，或说以熊、罴为图腾；炎帝氏族崇拜火为图腾；共工氏族以水为图腾；大皞氏族以鸟为图腾；夏有薏苡图腾说、石图腾说、熊图腾说、鱼图腾说；商崇拜玄鸟为图腾。

祖先崇拜

祖先崇拜是基于早期人类灵魂不灭和图腾崇拜意识产生的一种崇拜形式。这种崇拜把人的心理寄托从对象世界转向人类自己。一方面，人类崇拜自己的先辈，另一方面，人类开始产生崇拜自己的心理。例如，“大禹治水”的神话就是祖先崇拜的体现。

天帝崇拜与天命论

随着夏、商、周等统一的大国的建立，古代宗教也相应出现了有统御群神权力的至高天神，殷人、周人称之为“帝”“上帝”“昊天上帝”“天帝”。天帝具有主宰宇宙一切的权威，从日月的运行、气象的变化到据世人的善恶而降福或降灾。天帝的意旨是不可违背的，顺之者昌，逆之者亡。逐渐的，人们把一些不可知的事，如命运、祸福、夭寿、成败也一概归之为“天命”，成为了一种普遍的宗教信仰。

延伸阅读

原始宗教的领袖“巫”和“觋”

“巫”和“觋”是从事宗教仪式活动的人，掌管占卜，被认为能沟通鬼神之意。《国语·楚语下》记载：“在男曰觋，在女曰巫。”“巫”和“觋”的出现原因，是在人类的智慧和生存能力不断得到提高之后，神灵的崇高性和神秘性在人们的眼中就难免会受到损坏，神灵的地位与人的地位之间的距离也就会缩小。人类对自己的力量有了信心之后，就再也用不着一切都依赖于神灵的恩赐了。“巫”和“觋”就认为自己可以通过某些法术来役使神秘力量为人类服务，他们的行为是人类开始相信自己力量的一种表现。

政治哲学的源头：《尚书·洪范》

《尚书·洪范》中包含着一些朴素的唯物主义观念和朴素的辩证法思想的萌芽，第一次提出了“五行”学说，对后来中国传统哲学的形成和发展产生了很大影响。

《尚书》又叫《书经》《书》，是我国最早的一部史书，内容包括“典”“谟”“诰”“誓”四大部分，是关于尧、舜和夏、商、周至秦穆公的历史文献汇编，是研究中国远古社会和奴隶社会的政治制度、神权思想及哲学思想的重要资料。

《尚书·洪范》及其来源

《洪范》是《尚书》中的一篇。“洪范”即指“统治大法”，是上古时期的一篇政治、思想、文化的经验总结。其作者相传是商朝人箕子。

传说周武王在公元前1122年取代商朝成为天子之后，深知想要治理天下，必须借鉴前朝经验，于是他前去拜访商朝的遗贤箕子（商纣王的叔父）。

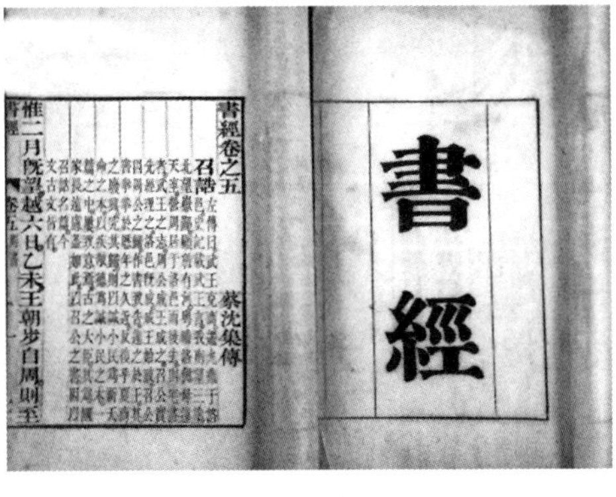

◆ 《书经》书影

据说有一套“治国安民的常道次序”，留给了更早的帝王，所以周武王前来虚心请教。

箕子是商朝遗贤，他知道商朝兴亡之理，但是他把答案推到更早的夏朝，亦即当大禹治水成功之后，上天就赐给他“洪范九畴”（九类大法），由此可以治国安民。箕子的回答牵涉了古代的一则神话，这使“洪范九畴” 有了一个神圣的来源。

“洪范九畴”的具体内容

五行：五行指水、火、木、金、土。人类的生存要靠五行来支持，所以必须明辨其性质，如“水向下渗透，火向上燃烧，木可以弯曲伸直，金可以随意屈伸，土可以生产百谷”；由这五行还引申到人类的五种味觉：酸、咸、苦、辛、甜。也就是说，自然界的五行在人类的感觉与理解中，能显示特定的性质，由此提供了人类在文化上继续创造发展的条件。

敬用五事：“五事”指人的五种本能，“容貌”（要恭敬）、“言语”（要有条理）、“视察”（要清楚）、“听受”（要聪敏）、“思虑”（要通达）”。换句话说，希望人人由其特殊本能，表现恰到好处的作为，以便融入群体生活，共享幸福。

农用八政：本意是要切实办好八政。八政是国家施政的八大领域，即：管理粮食、管理财物、管理祭祀、管理住行、管理教育、管理司法、接待宾客、治理军务。

协用五纪：是指调和阴阳，要用五纪。阴阳是指自然界的动力，它的变化显示于天象，作用于人间，所以要由“天官”来观察及记录有关“岁、月、日、星辰、历数”这五纪的一切细节。农业社会中，五纪直接影响人们的作息。

建用皇极：“皇极”即是“大中”（至大谓“皇”，至中谓“极”），意即最高正义或绝对正义的原则。谁来代表天意来维持“皇极”呢?当然是天子了。“建用皇极”意在用政治来实践宗教的目的，使人间成为幸福之地。这是整篇《洪范》的精神所在。

乂用三德：指的是治民要靠三德。“三德”即刚正不阿、以刚制胜、以柔制胜，这里说的是人际相处的道理。正直是首要原则，接着就需妥善运用刚与柔，亦即刚柔并济。对顽强者，采取刚的策略，使他知所收敛；对柔顺者，则温和有加，使他增益信心。

明用稽疑：就是通过龟卜和筮占以探询上天的旨意，同时，参照卿士、众民和自己的意见做出判断和决定。

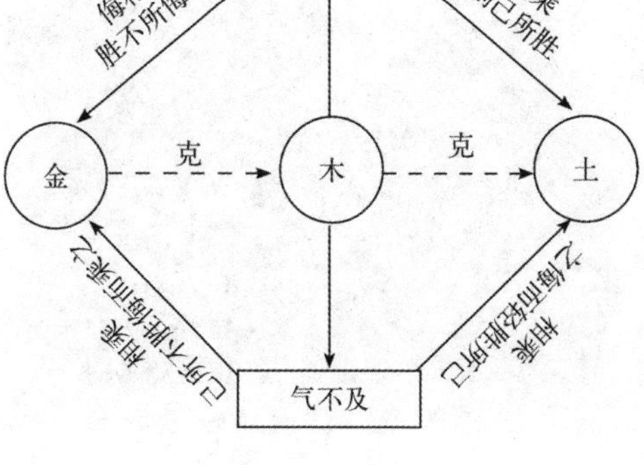

◆ 五行乘侮图

念用庶征：意思是人的思考必须根据外界各种现象。四季的变化与气象，会影响农作物生产，也将影响人们的心绪与行动，进而干扰到社会与国家。因此，要仔细考察“雨、晴、暖、寒、风”。

向用五福，威用六极：这句话的意思是用五种幸福引导人行善，用六种困苦警戒人为恶。所谓“五福”，是指“寿、富、康宁、攸好德（亲近有德）、考终命（长命善终）”。所谓“六极”，是指“凶短折、疾、忧、贫、恶（丑陋）、弱（懦弱）”。这种说法是想以现世的遭遇来作为“善有善报，恶有恶报”的验证。这种观念既古老又朴素，与后来儒家与道家的思想大异其趣。

“洪范九畴”从自然材质谈到人类属性，从政务规划谈到天象规律，然后推出至高理想——皇极，以此作为国家的指导原则，意即人群组成国家是为了体现绝对正义。接着，由三德再到稽疑，由庶征推至五福六极，以作为个人具体的报应参考。于是，我们有了一个像北极星一样的恒定之点，要将人生指向“大中”之体现。有此目标，人生才不至于失望与落空。

延伸阅读

奥运会吉祥物福娃与五行

奥运会吉祥物五福娃应对五福说，透着吉祥如意之意。“五福”一词，源于《尚书·洪范》，指的是：一福长寿、二福富贵、三福康宁、四福好德、五福善终。

五福娃应对五行说，透着深邃哲理：

贝贝——水——鱼——蓝环——繁荣

晶晶——木——熊猫——黑环——欢乐

欢欢——火——圣火——红环——激情

迎迎——土——藏羚羊——黄环——健康

妮妮——金——燕子——绿环——好运现

儒家思想的源头："德治"与"礼乐"

在中国传统政治哲学中，"德治"思想和"法治"思想都相当丰富，儒家就是主张德治的，但追本溯源，这种儒家德治思想的源头却是由西周伟大政治家、思想家周公提出的。

周公（？— 约前1095），姓姬名旦，亦称叔旦，周文王姬昌第四子。因封地在周(今陕西岐山北)，故称周公或周公旦，是西周初期杰出的政治家、军事家、思想家、教育家，被尊为"元圣"，儒学先驱。

武王死后，其子成王年幼，由周公摄政当国。武王的另外两个弟弟管叔和蔡叔心中不服，他们散布流言蜚语，说周公有野心，有可能谋害成王，篡夺王位。后来，管叔、蔡叔和霍叔等人勾结商纣之子武庚和徐、奄等东方夷族反叛。周人公奉命出师，三年后平叛，并将势力扩展至海。后建成周洛邑，作为东都。

周公旦摄政6年后成王已经长大，他决定还政于成王。在还政前，周公作《无逸》，以殷商的灭亡为前车之鉴，告诫成王要"先知稼穑之艰难"，不要纵情于声色、安逸、游玩和田猎。然后"还政成乏，北面就臣位"。周公旦退位后，把主要精力用于制礼作乐，继续完善各种典章法规。年老病终前，他叮嘱说："一定要把我葬在洛邑，以表示我至死也不能离开成王"。

以德配天的德治思想

周公的德治思想很有特色，它包含着三个重要的元素：天、王、民，三者之间具有一种相互制约的关系：天决定着王，王决定着民，民决定着天。周公把天意与民意直接联系起来，其结果就是王政的好坏是取决

◆ 周公像

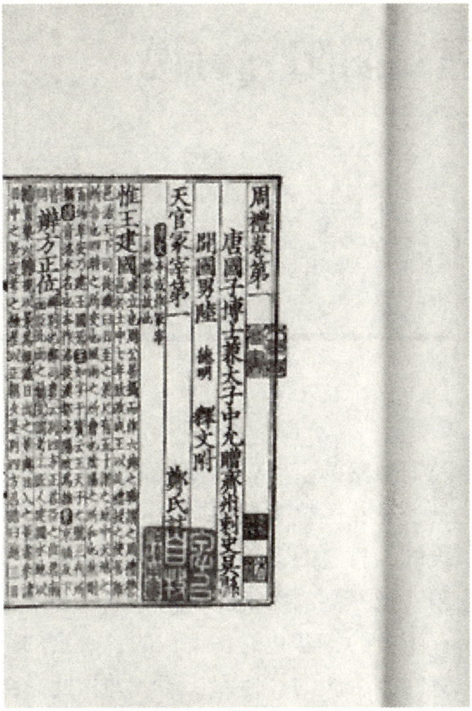
周禮卷第一

唐國子博士兼太子中允贈齊州刺史吳縣開國男陸 德明 釋文附

天官冢宰第一 鄭氏注

惟王建國

辨方正位

◆《周礼》书影

于民意对它的评价的。在此基础上，周公认为，天子应率诸侯百官，首先是天子自己，务须像保育自己的幼儿一样保育百姓，即所谓“怀保赤子”；务须像关心自身疾病那样关心民间疾苦，即所谓“恫矜乃身”；并且要求王、诸侯体恤人民，并且要求王、诸侯应该“先知稼穑之艰难”。

周公这种“以德配天”的思想说明西周统治者逐渐摆脱了神权思想的控制，是统治阶级理性治国的开始，对后世产生了深远影响。而他的“德治”对孔子影响尤大，是后来孔子创立儒家学说政治思想的直接来源。

礼乐带来的秩序社会

西周初期，为了进一步巩固周朝政权，周公旦还“制礼作乐”，制定和推行了一套维护君臣宗法和上下等级的典章制度。主要有“畿服”制、“爵谥”制、“法”制、“嫡长子继承”制和“乐”制等。其中最重要的是嫡长子继承制和贵贱等级制。殷商时，传长子和传弟是并行的，这样很容易造成混乱，而周公确立的嫡长子继承制，以血缘为纽带，规定周天子的王位由长子继承。同时把其他庶子分封为诸侯卿大夫，他们与天子的关系是地方与中央、小宗与大宗的关系。周公旦还制定了一系列严格的君臣、父子、兄弟、亲疏、尊卑、贵贱的礼仪制度，以调整中央和地方、王侯与臣民的关系，加强中央政权的统治。这就是所谓的礼乐制度，孔子一生所追求的就是这种有秩序的社会。

知识小百科

“三礼”及《周礼》

三礼指的是《周礼》《仪礼》《礼记》。“三礼”是古代礼乐文化的理论形态，对礼法、礼义作了最权威的记载和解释，对历代礼制的影响最为深远。

《周礼》是儒家经典，西周时期周公旦所著，是一部通过官制来表达治国方案的著作，内容极为丰富。《周礼》六官的分工大致为：天官主管宫廷，地官主管民政，春官主管宗族，夏官主管军事，秋官主管刑罚，冬官主管营造，涉及社会生活的所有方面，在上古文献中实属罕见。《周礼》所记载的礼的体系最为系统，既有祭祀、朝觐、封国、巡狩、丧葬等等的国家大典，也有如用鼎制度、乐悬制度、车骑制度、服饰制度、礼玉制度等等的具体规制，还有各种礼器的等级、组合、形制、度数的记载。许多制度仅见于此书，因而尤其宝贵。

伟大的系统工程：阴阳五行说

阴阳五行学说这种宏观的、整体的、系统的理论框架，在人类史上是绝无仅有的，在世界文化史上是一项伟大的系统工程。

阴阳五行学说，是古人认识自然和解释自然的宇宙观和方法论，是古代的唯物论和辩证法。阴阳与五行的观念，在我国发祥极为古远，二者几乎在同步发展的情况下很快就融为一体，其理论体系的起始是以河图、洛书为标志。

阴阳学说

相传天地形成之前，宇宙是一片浑沌，盘古开天辟地，将浑沌一分为二，天为阳，地为阴，由此有了阴阳这一概念。后来古人根据生产、生活实践和对自然现象长期观察的事实，逐步把太阳、男性、力量、光亮、热等带有向上的、运动的、积极的、肯定的、善意的、热情的属性归为阳，把月亮、女性、软弱、黑暗、冷等带有下沉的、静止的、消极的、否定的、恶意的、冷淡的属性归为阴，并由此总结出一套阴阳相互作用的学说，以解析说明世上万事万物的产生和发展。

五行学说

五行，是指金、木、火、土、水这五种物质和它们的运动。五行的概念早在战国时期就已出现，认为它是阴阳相互作用的产物。木、火和金、水分列于土地上下，前两者属阳，后两者属阴，火比木更活跃，属至阳，水比金位置更下，属至阴，土地处中间，属于中性。因水是树木生长所必需，故水又与木相互依存，这样就构成了木生火、火生土、土生金、金生水、水生木的五行循环，称为“五行相生”。顺着这种循环，物质就相

◆ 根据阴阳学说构建的紫禁城

生，如果违背了它，物质就会相克，木克土、土克水、水克火、火克金、金克木，称为“五行相克”。但是，事物的发展变化存在着反常现象，这就有了“相乘”和“相侮”。“相乘”就是过度的相克，其次序与相克是一致的。比如，木气偏亢，太过的木便去乘土，使土气虚弱。“相侮”又叫反克，即本来是自己可以克胜的一方，却反而被它克胜，其次序正好和相克相反。比如，正常的相克关系是木克土，然而木气偏亢，土就会反过来侮木。

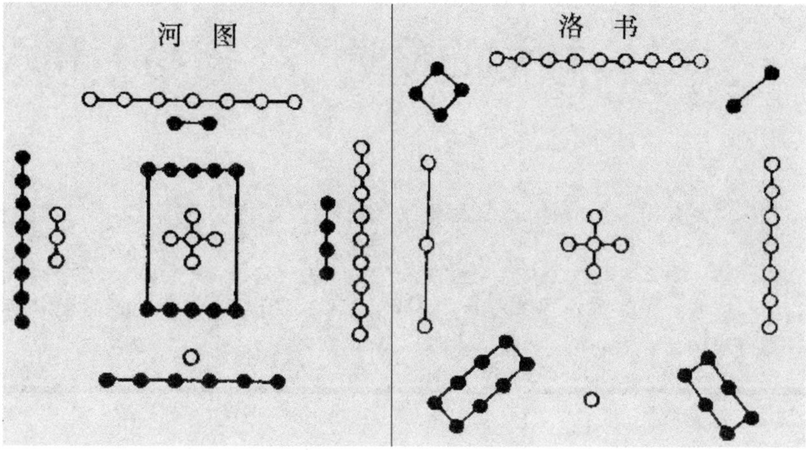

◆ 河图与洛书

河图与洛书

传说伏羲对日月星辰、季节气候、草木兴衰等等，都有一番深入的观察。不过，这些观察并未为他理出所以然来。一天，黄河中忽然跃出了“龙马”，也就是这一刻，他突然发现自己正处于一种强烈的精神震撼之中，深切地感到了自身与所膜拜的自然之间，出现了一种莫名其妙的和谐一致。他发现龙马身上的图案，与自己一直观察万物自然的“意象”心得暗合，就这样，伏羲通过龙马身上的图案，与自己的观察，画出了“八卦”，而龙马身上的图案就叫作“河图”。

相传在大禹时，洛阳西洛宁县洛河中浮出神龟，背驮“洛书”，献给大禹。大禹依照它而治水成功，遂将天下划分为九州。然后又依此定九章大法，治理社会，流传下来收入《尚书》中，名为《洪范》。

河图上，排列成数阵的黑点和白点，蕴藏着无穷的奥秘；洛书上，纵、横、斜三条线上的三个数字，其和皆等于15，十分奇妙。

延伸阅读

阴阳五行与紫禁城

明代营建紫禁城时除了遵循儒家礼制，也充分运用了阴阳五行学说。

官殿布局：外朝为阳，内廷为阴。外朝建筑布局疏朗，气势雄伟，体现阳刚之美；内廷建筑布局严谨，内檐装修纤巧精美，体现阴柔之美。

数目奇偶：奇数为阳，外朝反复运用三、五、九等奇数。纵轴线上奉天殿、华盖殿、谨身殿坐落于“三台”上；横轴线上为文华、奉天、武英三殿；奉天殿以南安排有五门；大殿面阔9间、进深5间，暗示天子“九五之尊”。此外，外朝的踏垛级数、台基和坎墙的砖皮层数也多用奇数。与之相对应的，内廷中多用偶数。

建筑命名：大多使用对偶之词，强调阴阳互补与调和，如“乾清宫”与“坤宁宫”、“日精门”与“月华门”等。

神秘的殿堂：《周易》和八卦

《周易》堪称我国文化的源头，内容极其丰富，对中国几千年来的政治、经济、文化等各个领域都产生了极其深刻的影响。无论孔孟之道，老庄学说，还是《孙子兵法》，抑或是《黄帝内经》，无不和《周经》有着密切的联系。

《周易》是我国最早的卜筮专著，在古代文献中常被简称为《易》，至西汉初年被列为“经”书之一，世人遂尊称为《易经》。

《周易》诞生的年代，最早在周昭王之后，或西周中晚期。

《周易》的由来

传说一：传说中的伏羲是中国古代的文化创造神之一，是华胥氏踩着雷神的足印生出来的儿子。伏羲有许多发明创造，他模仿蜘蛛结网发明了捕鱼的网，又用木头制造了瑟，创作了动听的乐曲。但是他最重要的一项发明是“八卦”。

当时的人们，对于大自然知之甚少，所以每当刮风下雨、电闪雷鸣，人们便既困惑又害怕。聪慧的伏羲决定解开这些谜团。于是，他经常跑到山上，仰望天上的日月星辰，俯视周围的地理方位，还研究飞禽走兽身上的奇特花纹。经过长久的思索和研究，他想出了一套独特的体系。用“——”代表阳，“– –”代表阴。将三个这样的符号，排列组成八种不同形式，称做八卦。每一卦形都代表一定的事物。三个阳为乾，代表天，三个阴为坤，代表地，坎代表水，离代表火，震代表雷，艮代表山，巽代表风，兑代表沼泽。

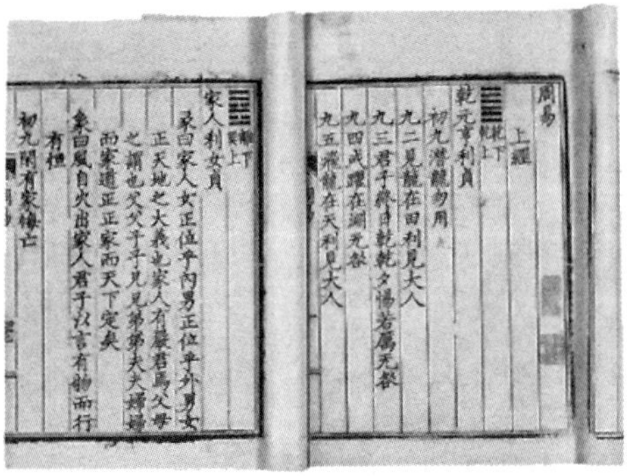
周易
上經
乾下乾上
乾元亨利貞
初九潛龍勿用
九二見龍在田利見大人
九三君子終日乾乾夕惕若厲无咎
九四或躍在淵无咎
九五飛龍在天利見大人
離下巽上
家人利女貞
彖曰家人女正位乎内男正位乎外男女正天地之大義也家人有嚴君焉父母之謂也父父子子兄兄弟弟夫夫婦婦而家道正正家而天下定矣
象曰風自火出家人君子以言有物而行有恒
初九閑有家悔亡

◆《周易》书影

八卦又互相搭配得到六十四卦，象征了古人所能认识的具体的世间万物。这些表征，并非是孤立不变的，卦相之间会相互转换，如同世间万物的相互作用、相互影响和变化。

《周易》的内容

现在通行的《周易》包括两部分内容。

第一部分称为“易经”，即“易”的本身，包括六十四卦、卦形、卦名、卦辞、爻题及爻辞。卦形指卦的图象，由阳爻“——”和阴爻“– –”两种爻象，按每

◆ 先天八卦图

卦六画排列组合而成，共六十四种卦象。卦中六画的排列从下到上，用初、二、三、四、五、上表示位序，阳爻称九，阴爻称六，爻象共三百八十四，乾坤两卦另有“用九”“用六”之辞。如《泰》卦，它的六爻依次为初九、九二、九三、六四、六五、上六。解说卦象的辞句称为卦辞，系于卦象之下，解说爻象的辞句称为爻辞。卦辞和爻辞的内容大致有三类：一是讲自然现象的变化，用来比拟人事，如大过卦九五爻辞说：“枯杨生华，老妇得其士夫”；二是讲人事的得失，如渐卦九三爻辞说：“夫征不复，妇孕不育，凶”；三是判断吉凶的辞句，如坤卦卦辞说：“元亨，利牝马之贞。”

第二部分称为“易传”，实际上是阐释《周易》经文的专著，即《象传》上下、《象传》上下、《文言》、《系辞传》上下、《说卦传》、《序卦传》、《杂卦传》，共计七种十篇。因其阐发经文的大义，如本经的羽翼，故汉人称之为“十翼”，后世统称为“易传”。

《周易》哲学

《周易》虽是占筮书，但其中蕴涵着较深刻的理论思维和朴素的辩证观念。例如，它承认事物存在着对立面，六十四卦由三十二个对立卦组成，其卦的爻象和爻辞反映了自然界和社会生活中的“大人”和“小人”、吉和凶、得和失、益和损、泰和否、既济和未济等一系列对立统一的现象。它还承认对立事物的互相转化。如泰卦卦辞有“小往大来”之说；否卦卦辞有“大往小来”之说。这些都体现了物极则反的道理，从中可以看出中国古代辩证法思想的萌芽，因而《易经》在中国哲学史上占有重要地位。

《周易》以其阴阳这样二元一体的关系范畴建立了中国生命哲学的形态。它把天地人一体的宇宙视为一个大生命系统，所谓“天地之大德曰生”“生生之谓易”；它的终极关怀是“观我生”“观其生”，就是对于人生的高度关注；它引领我们去直观地领悟这个生命系统的“易道”——天道、地道，尤其人道，指引人们将领悟到的“人道”运用于人事中，以求得人际的和谐、天人的和谐。

专家点评

欧洲著名心理学家荣格说：“如果人类世界有智慧可言，那么中国的《易经》应该是惟一的智慧宝典。”

当代著名信息经济学家、诺贝尔奖获得者查理森·威尔海姆说：“知识经济正在改变着我们的时代，但是，很多人并不知道，带给我们巨大冲击的这次革命，实在受惠于中国古代的伟大经典《易经》。《易经》中包含的信息论思想不仅启发我们的科学家创造了计算机，而且正在成为越来越多普通西方人日常生活的决策指南。”

百家争鸣：蜂出并作，各引一端

春秋战国时期是中国历史上思想和文化最为灿烂辉煌、群星呈现的时代。这一时期出现的诸子百家彼此诘难、相互争鸣的盛况空前的学术局面，在中国思想发展史上占有重要的地位。中国伟大的思想家大多出现于这个时代，构成了中华文明的精华和基础。

百家争鸣是指春秋(前770—前476)战国(前475—前221)时期知识分子中不同学派的涌现及各流派争芳斗艳的局面。

“士”阶层是百家争鸣的主要“战士”

西周时期，学校都是官府的，各种学问都要向官府有关主管的官吏学习。即使这样，也只有王公贵族的子弟才有资格进学校学习。周平王东迁，天子的地位衰微，出现了“礼坏乐崩”的形势，“学在官府”的局面被打破，使私人办学蓬勃兴起，教育的对象也不再分贵贱等级，从而扩大了受教育者的范围，有学问的人逐渐多了起来。这些人就是所谓的“士”。

同时，各诸侯或大夫为了逐鹿中原、统一中国，他们除了加强自己的实力外，也开始借助“士”的力量，因此纷纷“养士”。如齐国的孟尝君、魏国的信陵君、赵国的平原君、楚国的春申君，他们“养士”多达几千人。“士”中许多优秀人物受到重用，如商鞅、吴起等，学术活动也受到鼓励和资助。这就为“百家争鸣”的出现准备了人员条件。

◆ 诸子百家书影

稷下学宫是百家争鸣的主要基地

“稷”是齐都临淄一处城门名，“稷下”即齐都临淄城稷门附近，齐国君主在此设立学宫，学宫因处稷下而称“稷下学宫”。稷下学宫是田齐王朝兴办的。田氏代齐以后，历代君主无不发愤图强，预谋称雄诸侯。稷下学士就为田齐君王们制造舆论、设计蓝图、拟定典章制度，起着智囊团的作用。此外，稷下学宫还起着炫耀国力、标榜尊贤下士，以吸引人才的作用。这就为百家争鸣创造了优越的政治环境。

百家争鸣出现的其他原因

经济上，当时经济有了极大发展，这使得有些人成为有闲阶层，有时间从事自己的学术活动。

科技上，科学技术取得了较大进步，

科技成果标志着人们认识水平的提高，丰富了人的精神世界和物质生活。

学术上，当时的各学术团体相对独立于政治权势之外。他们虽从不同的社会集团的利益出发，纷纷著书立说，议论时事，阐述哲理，各成一家之言，但是他们并非政治附庸，依附于某个政治权势集团，而是“用我则留，不用我则去”。

百家争鸣之百家

儒家：代表人物是孔子、孟子、荀子，代表作品是《论语》《孟子》《荀子》。主要思想是崇尚“礼乐”和“仁义”，提倡“忠恕”和不偏不倚的“中庸”之道，主张“德治”和“仁政”，重视道德伦理教育和人的自身修养。

道家：代表人物是老子、庄子、列子，代表作品是《道德经》《庄子》《列子》。主要思想是以“道”说明宇宙万物的本质、本源、构成和变化，主张道法自然，提倡清静无为，以柔克刚。政治理想是“小国寡民”“无为而治”。

墨家：代表人物是墨子，代表作品是《墨子》。主要思想核心是“兼相爱，交相利”。

法家：代表人物是韩非、李斯、商鞅，代表作品是《韩非子》。主要思想是主张以法治国。

名家：代表人物是邓析、惠施、公孙龙和桓团，代表作品是《公孙龙子》。因从事论辩名（名称、概念）实（事实、实在）为主要学术活动而被后人称为名家。

阴阳家：代表人物是邹衍。因提倡阴阳五行学说，并用它解释社会人事而得名。阴阳学说认为阴阳是事物本身具有的正反两种对立和转化的力量，可用以说明事物发展变化的规律。

纵横家：创始人是鬼谷子，代表人物是苏秦、张仪，主要言论传于《战国策》中。战国时南与北合为纵，西与东连为横，苏秦力主燕、赵、韩、魏、齐、楚合纵以拒秦，张仪则力破合纵，连横六国分别事秦，纵横家由此得名。他们的活动对于战国时政治、军事格局的变化有重要的影响。

杂家：代表人物是吕不韦，代表作品是《吕氏春秋》。因“兼儒墨、合名法”，“于百家之道无不贯综”(《汉书•艺文志》及颜师古注)而得名。

农家：代表人物是许行，因注重农业生产而得名。他们认为农业是衣食之本，应放在一切工作的首位。

小说家：他们采集民间传说议论，借以考察民情风俗。《汉书•艺文志》云：“小说家者流，盖出于稗官。街谈巷语，道听途说者之所造也。”

延伸阅读

第一个办私学的人——孔子

孔子是我国第一个创办私学的人。

30岁那一年，孔子经过认真思考，决定用六艺去培养出千千万万个懂礼乐、识诗书、能射善御的人才，来帮助君王实现仁政德治，恢复文武周公时的政治局面。

孔子兴办私学的地点是在曲阜自家的院子里。最早向孔子拜师的几个青年，在院中筑了一个土坛，又在土坛边栽了两棵小银杏树，孔子给这个讲台取名为“杏坛”。开学那天，杏坛下聚集了三四十人，他们手捧“束修”（一束干肉），一个挨一个地拜孔子为师。

孔子兴办的这种“私学”，在当时是一种新生事物，开创了一种新的教育体制。

百家争鸣的主要论题

百家争鸣如同东方文明智慧的觉醒，诸子百家们讨论的一些政治、伦理问题形成了春秋战国时期的文化思想，奠定了整个封建时代文化的基础，对中国古代文化有着非常深刻的影响。

在百家争鸣中，虽然各派都在阐述自己的主张，但是他们大都有一些中心议题，如对自然界的认识、对人本身的认识、对治国的观点等，他们围绕这些这些议题相互论争和批判，并彼此吸收合理的成分，从而有力地促进了思想文化和社会的发展。他们的主要议题大概有以下几个方面：

天人之辩

在春秋末期至战国时期，“天人之辩”成为哲学争论的中心问题。天人之辩，即关于“天道”和“人道”、“自然”和“人为”关系的论争。孔子说：“天何言哉？四时行焉，百物生焉。”但他也强调“畏天命”的必要；墨子重视人的“强力而为”，但又提出“天志”作为衡量一切的标准；老子指出“天之道损有余而补不足；人之道则不然，损不足以奉有余”，提出人应当顺从自然；子思、孟子主张天人合一说，认为人只要扩充“诚”的德性，就“可以赞天地之化育”，“与天地参矣”（《礼记·中庸》）；庄子则主张“无以人灭天”，“牛马四足，是谓天；落（络）马首，穿牛鼻，是谓人”，以为一切人为都是对自然的损害；荀子认为“天”是不以人们的意志为转移的，提出要“明于天人之分”，主张“制天命而用之”。后来，天人关系一直成为哲学上长期争论的问题之一。

王霸之辩

王霸之辩是中国古代两种统治方法和政治理想的争辩。王指王道，即先王之正道。孟子以王道与霸道相对，认为施行仁政，以德服人者为王道。霸指霸道，即凭借武力假行仁义以征服别人的政治统治方法。霸道以武力压服别人，不能使之心悦诚服。孟子提倡王道，反对霸道。韩非则提倡霸王之道。秦汉以后王霸并用。到宋代，王霸之辩更演为社会历史观的争论。朱熹和陈亮进行了数年的争论，在中国思想史上产生了很大的影响。

义利之辩

义利之辩是中国哲学史上关于“道义”和“功利”相互关系的争论。孔子最早提出义

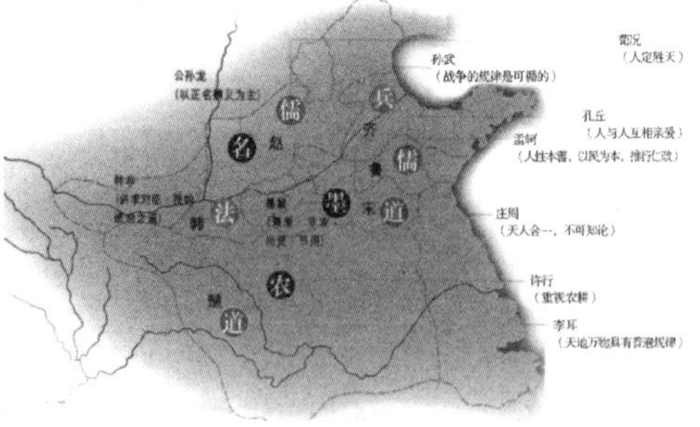

◆ 春秋战国时期著名学者及其学说

和利的对立，“君子喻于义，小人喻于利。”（《论语•里仁》）孟子回答梁惠王时说：“王何必曰利？亦有仁义而已矣。”（《孟子•梁惠王》）也把义和利看作是矛盾的，强调要贵义而贱利。荀子则主张先义后利，“先义而后利者荣，先利而后义者辱”。（《荀子•荣辱》）墨子的说法与儒家不同，他认为“义，利也”（《墨子•经说上》），主张义和利是一致的。

人性的善恶之辩

人性是百家争鸣的一个重要论题，其中有代表性的是孟子、告子、荀子。孟子阐述了一个实验：假设一个孩子即将掉到井里，看见这一情景的人会做出怎样的心理反应呢？他认为，危险时刻，恻隐之心会像本能一般油然而生。可见，每个人都具有同情心。接着，孟子把这个结论推广并提升到人性的四个基本要素：“恻隐之心，仁之端也；羞恶之心，义之端也；辞让之心，礼之端也；是非之心，智之端也。”孟子所要表达的是，人皆有恻隐之心、羞恶之心、辞让之心和是非之心，它们是构成人性中“仁、义、礼、智”的源泉。孟子由此认定“人之初，性本善”的结论是可靠的。

◆ 孔子杏坛讲学图轴 明 吴彬

告子将人性比作水渠中的水，让它向什么方向流它就向什么方向流。人性的善端，不是生而就有的，是靠后天的教育和社会环境的熏陶而形成的。由此看见，告子认为性无善无不善，后天的教育和环境起着决定性的作用。

荀子主张“性恶论”，他认为“饥而欲食，寒而欲暖，劳而欲息，好利而恶害”，这些险恶的秉性不仅是人类的基本特征，而且是与人的生活经验无关的共性，这就是荀子所谓人性恶的根据。荀子还认为，为了防止恶的人性继续发展，必须随时用善良的思想进行教化，把人们从恶的方面挽救回来。

知识小百科

春秋五霸　战国七雄

春秋五霸：从公元前770年到前476年，历史上称为春秋时期。春秋时期，周天子失去了往日的权威，天子反而依附于强大的诸侯。一些强大的诸侯国为了争夺霸权，互相征战，争做霸主，先后称霸的五个诸侯叫作“春秋五霸”。

春秋五霸是指齐桓公、宋襄公、晋文公、秦穆公、楚庄王。（《白虎通·号篇》）

另一种说法是指齐桓公、晋文公、楚庄王、吴王阖闾、越王勾践。（《四子讲德论》）

战国七雄：从公元前475年到公元前221年，历史上称为战国时代。春秋时期无数次战争使诸侯国的数量大大减少，到战国时期实力最强的七个诸侯国分别是齐、楚、燕、韩、赵、魏、秦，这七个国家被史家称作“战国七雄”。

无从归属的经世致用之书：《管子》

《管子》是我国著名的治国理论书籍，书中集中体现的政治思想、经济思想及朴素的唯物主义与辩证法的哲学观点对后世政治家、思想家影响至深。

管仲（约前723或前716—前645），名夷吾，又名敬仲，字仲，谥号敬，史称管子。齐国颍上(今安徽颍上)人，春秋时期齐国著名的政治家、军事家。管仲是周穆王的后代，少年时父亲去世，不得不过早地挑起家庭重担。后经鲍叔牙力荐，为齐国上卿（即丞相），被称为“春秋第一相”，辅佐齐桓公成为春秋时期的第一霸主。

作为丞相，对内，管仲主张改革以富国强兵。齐桓公尊管仲为“仲父”，授权让他主持一系列政治和经济改革。管仲改革成效显著，齐国由此国力大振。对外，管仲提出“尊王攘夷”，联合北方邻国，抵抗山戎族南侵。这一外交战略也获得成功。后来孔子感叹说：“假如没有管仲，我也要穿异族服装了。”

管仲的言论见于《国语·齐语》，另有《管子》一书传世。《管子》共24卷，85篇，今存76篇，内容极为丰富，包含道、名、法等家的思想以及天文、舆地、经济和农业等方面的知识，其中《轻重》等篇，是古代典籍中不多见的经济之作，对生产、分配、交易、消费、财政等均有论述，是研究我国先秦农业和经济的珍贵资料。

水本体论思想

管仲在《管子》里提出“水是万物之本”，早于古希腊哲学家泰勒斯，是世界上第一个提出水是世界本原的唯物主义哲学本体论者。管仲的水本体论思想，蕴涵着十分可贵的人本思想和博大的人文襟怀。前者表现为水的“平澹”本性中所蕴涵的平等思想：水唯有“平澹”才能生养万物，平澹是世界构成的法则，是万物生长的内在规定性。人是万物之一种，水的平澹法则与内在本性，对于人者之王的君主同样该如此。后者表现为水的“卑下”本性蕴涵了博大谦卑的人文精神种子：“水”的卑下，使它永恒流动而生生不息。人不同样如此吗？尤其是人者之王的国君，要称霸天下，其自生自强的根本品质，就是卑下，这种卑下的具体表现就是“宝民”“尊民”“贵民”“畜民”“富

◆ 管仲像

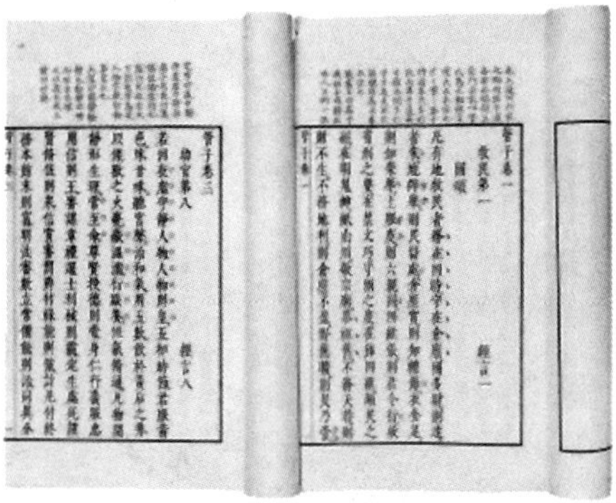

◆ 《管子》书影

民”“强民”。

伦理法治思想

管仲从治民的立场出发，既强调法制，主张“严刑罚”“信庆赏”，又充分肯定道德和道德教化的作用，提出礼、义、廉、耻为守国治民之“四维”。他区分了刑政与德教的不同作用，认为刑起着威慑的作用，德起着教化的作用。指出治民仅用刑罚，“不足以服其心”，必须辅以德教。管仲还认为，欲民为善，必须保障人民物质生活的消费资料。他说：“仓廪实，则知礼节；衣食足，则知荣辱。”从而肯定了物质生活水平与社会道德风尚之间的联系。管仲很重视统治者自身的道德修养，认为在上者应“称身之过”“治身之节”。

管仲的伦理思想基本上反映了新兴地主阶级的利益，并为后来的法家伦理思想所汲取。他的“衣食足，则知荣辱”的观点，在中国伦理思想史上产生了深远的影响。

天道与人情

天道与人情，是管仲学派的哲学思想的两个基本范畴。《管子》在谈到称王天下时指出，如果具备地大国富、人众兵强这些称王称霸的条件时，若不掌握自然发展和人心变化的规律，国家也就接近于危亡的边缘。因此只有根据“天道之数，人心之变”办事，才能防止事物向反面转化。遵循天道并得人心，战争一旦爆发，“战可以必胜，而守可以必固”，“此正天下之道也。”。

予之为取

《牧民》篇说：“故知予之为取者，政之宝也。”这种“给予就是取得”的思想贯穿于管仲学派的政治、经济和军事思想中，它包含着对立面相互依存和转化的辩证法思想。比如，在管仲看来，只有争取民心才能得到民众的拥护，这种辩证关系，就是“予之为取”，即统治者推行的政策越是能符合人民的心愿，就越是能从人民那里取得所需要的东西。应当指出，这种“予之为取”的思想是具有民主性精华的政治思想，是民本思想的体现和发挥。

延伸阅读

老马识途

齐桓公是春秋五霸之首，他在称霸过程中很重要的一方面就是帮助边境各国消除少数民族的入侵。有一次，燕国向齐国告急，说北方的孤竹国进犯，于是齐桓公调集人马去援助燕国。由于齐国国势强盛，兵精粮足，加上燕国的配合，打得孤竹国溃不成军。

在战斗中，齐军不知不觉地走进了一个山谷中。这时昏天黑地，飞沙走石，辨不清方向，找不到出路，军队上至将领下至士兵都慌了神，桓公一时也不知该怎么办。这时辅佐桓公“九合诸侯，一匡天下”的第一大谋士管仲向桓公建议，选几匹老马走在军队的前面，让老马带领军队走出去，因为这些老马经常跟主人出来打仗，对环境比较熟悉。桓公听从了管仲的建议，从军队中选出几匹老马在队前带路。果然，不久以后，军队便在老马的带领下走出了迷区。军士们欢呼雀跃，胜利凯旋。这便是“老马识途”的故事。

宇宙最高的奥秘：《道德经》

《道德经》，被誉为“万经之王”。无论对中华民族的性格铸成，还是对政治的统一与稳定，它都起着不可估量的作用。它的世界意义也日益显著，越来越多的西方学者不遗余力地探求其中的科学奥秘，寻求人类文明的源头，深究古代智慧的底蕴。

老子（约前571—约前470），姓李名耳，字伯阳，又称老聃，春秋时期楚国苦县厉乡曲仁里（今河南省鹿邑县太清宫镇）人，曾在东周国都洛邑任守藏吏（管理藏书的史官）。

传说老子看到周王朝日渐衰败，于是决定到西域去，途中要经过函谷关。守关的长官尹喜精通历法，善观天文。有一天夜里，尹喜在楼观上凝视，忽见关谷中有一团紫气从东方冉冉飘移过来。看到这种气象，尹喜便知有大圣人将从此经过，于是告诉守关兵卒时刻留意，他自己也天天沐浴、斋戒，净身等待。有一天，守关兵卒见行人中有一青牛车，牛大车小，车板薄却载人重。车上坐着一位白发老翁，红颜大耳，双眉垂鬓，胡须拂膝，身着素袍，道骨仙貌。守关兵卒忙下关禀报。尹喜前去迎接并跪拜恳求老子到关中小住，指点修行之道。老子见尹喜心慈人善，气质纯清，就在函谷关住下，开始为尹喜著书，这便是《道德经》。

◆ 老子像

《道德经》，又称《道德真经》《老子》《五千言》《老子五千文》它完整地体现了老子的哲学思想。

思想体系的核心理念——道

“道”是老子哲学的最高范畴和中心范畴。关于“道”本身，《道德经》认为“道”是“唯一”，是“合理”，是“真实”，是“万物”，是“永恒”，是一切事物的源泉，是“万

◆ 孔子问道图

而“正复为奇，善复为妖”等论点则说明老子认识到对立面不是一成不变的，而是可以互相转化的。

物之母”。“道”的含义很广泛，但其基本特征是“无状之状，无象之象”。老子的“道”中包含着一种对于宇宙、社会、人生独到的感悟和深刻的体察，这也正是《道德经》哲学思想的核心所在。

无为的思想境界

《道德经》最著名的观点就是“无为”。“无为”的核心价值就是顺其自然，不能擅加一些不合理的人为的因素而破坏了事物原有的状态。老子强调“无为”“道法自然”，要求人们在守道、行道、遵循规律中处理人与人、人与事的关系上，既要维护万物的自然状态，使之保持不变，又要遵循自然的法则。

最朴素的辩证法思想

老子观察到天地间的万事万物存在着互相矛盾的两个对立面，如有与无、刚与柔、强与弱、祸与福、兴与废等，它们都是互相依存 、互相联结的。“贵以贱为本，高以下为基”，“祸兮福所倚，福兮祸所伏”，表明了对立面双方的统一性。

“小国寡民”的社会历史观

老子主张“小国寡民，使民有什伯之器而不用，使民重死而不远徙。虽有舟舆，无所乘之；虽有甲兵，无所陈之；使人复结绳而用之”，“邻国相望，鸡犬之声相闻，民至老死不相往来”。他向往结绳记事的原始社会，认为在这种社会中人们会“甘其食，美其服，安其居，乐其俗”，表现出一种复古倒退的消极思想。

延伸阅读

孔子问礼于老子

公元前538年的一天，孔子对弟子南宫敬叔说：“周之守藏室史老聃，博古通今，知礼乐之源，明道德之要。今吾欲去周求教，汝愿同去否？”南宫敬叔欣然同意，于是二人前去拜见老子。老子见孔丘千里迢迢而来，非常高兴，教授之后，又引孔丘访大夫苌弘。苌弘善乐，授孔丘乐律、乐理；引孔丘观祭神之典，考宣教之地，察庙会礼仪，使孔丘感叹不已，获益不浅。逗留数日，孔丘向老子辞行。老聃送至馆舍之外，赠言道：“吾闻之，富贵者送人以财，仁义者送人以言。吾不富不贵，无财以送汝，愿以数言相送。当今之世，聪明而深察者，其所以遇难而几至于死，在于好讥人之非也；善辩而通达者，其所以招祸而屡至于身，在于好扬人之恶也。为人之子，勿以己为高；为人之臣，勿以己为上，望汝切记。”孔丘顿首道：“弟子一定谨记在心！”

儒家学派的经典：《论语》

《论语》是孔子及其弟子言行的语录，它对中国历史产生了深远而巨大的影响，它的思想内容、思维方式、价值取向都早已融入了我们民族的血液，沉淀在我们的生命中，铸成了我们民族的个性。

孔子（前551—前479），名丘，字仲尼，祖籍在今天的河南商丘。孔子是我国古代最著名的思想家、政治家、教育家。

孔子一生培养弟子三千余人，其中身通六艺（礼、乐、射、御、书、数）者有72人。孔子曾带领弟子周游列国十四年，因求仕得不到重用，晚年潜心致力于古文献整理。他先后删《诗》《书》，订《礼》《乐》，修《春秋》，对中国古代文献进行了全面整理。

◆ 孔子像

孔子一生的主要言行，经其弟子和再传弟子整理编成《论语》一书，成为后世儒家学派的经典。

“仁”——儒学的核心概念

孔子的思想核心是“仁”，“仁”有两个方面的含义：一是“克己复礼”，一是“爱人”。“克己复礼”是对“礼”的承认。“礼”是指周朝统治者建立的宗法制度，“克己复礼”就是克服主观喜好，承认“礼”的客观存在，使自己的言行符合“礼”的要求。“爱人”是对统治阶级内部和外部矛盾的承认。在统治阶级内部，“爱人”就是“己所不欲，勿施于人。”在统治阶级外部，“爱人”就是把阶级压迫控制在老百姓能够承受的程度，不致使阶级矛盾激化。

矛盾中求得发展的天命观

孔子曾对殷周以来的天命思想深信不疑。他认为，天是有意志的人格力量，具有主宰一切的伟力，他相信人的命运都是天命

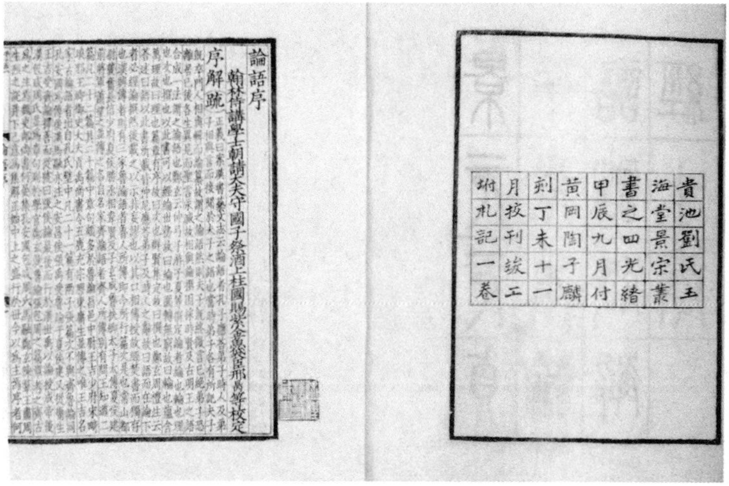

◆《论语》书影

安排的，“死生有命，富贵在天”。然而，类似于颜渊遵天命，却穷困潦倒；子贡不受命，却财货满箧等一系列事件的发生使孔子对天命有了新的思考，陷入了深深的肯定与否定、笃信与怀疑、崇拜与理性的矛盾冲突之中。但是，孔子毕竟是孔子，他睿智独到的思想智慧使他没有局限在怀疑传统天命思想的范围内不能自拔。他不再把天命作为言说的重点，而是对自己的思想辐射点做出了重大抉择，即由天命神学向人学（现实人生、人道）、由外在向内在、由彼岸向此岸方面转换。正是这一转变，使儒家最终没有走上宗教之途。

善思敏行的认识论

孔子把人分为“生知”“学知”“困学”“不学”四等，说：“生而知之者上也，学而知之者次也，困而学之又其次也，困而不学，民斯为下矣。”（《季氏》）他提倡“多闻”“多见”，认为知识靠“多闻”“多见”来获得。与此同时，孔子提出思考的重要性，主张思考要建立在已有知识的基础上，否则便是空想，这在一定意义上已接触到感性认识和理性认识的关系，而且相当重视理性认识。孔子还主张说话要慎重，但做事要敏捷，而且要求言行一致。

延伸阅读

“儒家”之名起源

孔子及其门徒并未给自己的学派冠以“儒家”之名。儒家之名真正始于汉代，但追溯起来最早是出自孔子之后独立门户、创立墨家学派的墨子。《墨子·非儒下》：“儒者曰‘亲亲有术，尊贤有等。’言亲疏尊卑之异也……”稍后的道家庄子同墨子一样也站在批儒的立场上。庄子也把孔子及其门徒称之为“儒者”。他说，“儒以诗书礼发家”（《庄子·完物》）。儒家学派中接受“儒”这个名号的是孟子。他说：“逃墨必归于扬，逃扬必归于儒。”（《孟子·尽心下》）。战国时期的的荀子才公开地以“儒者”自诩，写了《儒效》篇，对儒的作用进行了论证。他说：“儒者在本朝则美政，在下位则俗。”即儒者在朝内做官就会使政治美善，如果生活在民间就会使风俗淳美。

最高的道德标准：中庸

中庸在孔子的思想体系中占有极其重要的位置，中庸思想所特有的变通功能和稳定功能使孔子的思想具有难能可贵的创造性张力，成为孔子儒家思想区别于道家、法家等学派的内在特质。

《中庸》，是《小戴礼记》中的一篇，一般认为它出于孔子的孙子子思（前483—前402）之手。在古代，《中庸》被推崇为“实学”，被视为可供人们终身受用的经典，成为后世读书人求取功名的阶梯。

中庸，是孔子哲学中的重要范畴：“中”，即中正、中和；“庸”，即常。中庸要求“允执其中”，即站在中立的角度，使矛盾统一体协调地保持下去。表现在政治中，主张仁政德治，各安其分，各得其所，重损益而轻变革；表现在方法论上，强调矛盾的统一、调和与联结，反对过头和不及；表现在治理国家上，要执两用中，“舜其大知也与！舜好问而好察迩言，隐恶而扬善，执其两端，用其中于民，其斯以为舜乎！”表现在学习上，要学思并重，“学而不思则罔，思而不学则殆。”表现在处理人际关系上，要“君子和而不同，小人同而不和。”表现在伦理道德教育方面，孔子既反对思想过激，也反对狭隘、保守，“不得中行而与之，毕也狂狷乎！狂者进取，狷者有所不为也。”

中庸思想的核心

《论语·先进》中有这样一段对话：

子贡问：“师与商也孰贤？”

子曰：“师也过，商也不及。”

曰：“然则师愈与？”

子曰：“过犹不及。”

这段对话中的“师”，指颛孙师，即子张。“商”，指卜商，即子夏。二人均为孔子弟子。子贡问孔子，子张和子夏谁更强一些，孔子评价说：“子张有些过分，子夏有些赶不上。”子贡以为，子张“有些过分”，自然要比“有些赶不上”的子夏强些，孰料孔子的回答则是：“过分和赶不上同样不好”。

◆ 孔子闻韶处

◆ 孔庙大成殿

在这里，孔子衡量弟子孰优孰劣的标准是“中”，即“无过无不及”、“过犹不及”。

“过犹不及”命题体现了“度”的重要性，这是孔子中庸思想的核心。“度”也是质和量对立统一的体现。任何事物一定的质所能容纳的量的活动范围都有其最高界限和最低界限。“度”就是界限范围内的幅度，在这个范围内事物质的规定性保持不变；一旦突破这个界限，超出范围，事物质的规定性就会发生变化。

但是，中庸并不是对事物质的规定性的简单要求，它追求的是事物的最佳状态，是质的最优，即内心之“中”与外在之“节”的准确契合，中庸思想以“和而不流、中立不倚”表达这种最佳状态。

中庸思想的内在逻辑

“尚中”是中庸的逻辑起点，“时中”是中庸的内在本质，“中正”是中庸的规范准则，“中和”是中庸的理想目标。“尚中”的基本内涵是“无过无不及”，“时中”的基本内涵是“无可无不可”，“中正”的基本内涵是“礼义”，“中和”的基本内涵是天人和谐之美。其中，“尚中”观念为传统所固有，为孔子所继承。“时中”、“中正”及“中和”的观念是孔子对传统“尚中”观念的丰富和发展，也是孔子中庸思想的核心之所在。

中庸思想的旨归

中庸思想其旨归在于教育人们自觉地进行自我修养、自我监督、自我教育、自我完善，把自己培养成为具有理想人格，达到至善、至仁、至诚、至道、至德、至圣、合外内之道的理想人物，共创“致中和天地位焉万物育焉”的“太平和合”境界。

孔子的中庸，既是一种思想方法，又是一种行为准则，更是一种理想目标。作为一种思想方法，它能使人适其“度”；作为一种行为准则，它能使人合于“礼”；作为一种理想目标，它则帮助人们体认并受用宇宙自然的和谐之美。

延伸阅读

对中庸思想的误读

第一种误读是把中庸理解为折中，而中庸是正好、合适，“折中”仅仅是表面的平衡点，中庸直指本质的平衡。

第二种误读是把中庸理解为平庸、大流，而中庸讲求的是和谐、自然。

第三种误读是把中庸理解为静止的、片面的、单一的道，而中庸是运动、全面、联系的道。

战国儒家八派

儒家思想对中国文化的影响很深，几千年来的封建社会，所传授的不外《四书》《五经》。传统的责任感思想、节制思想和忠孝思想，都是它和封建统治结合的结果，因此，儒家思想是连通我们当代在内的主流思想。

孔子一生长期从事教育活动，学生众多，有所谓“弟子三千，贤人七十”之誉。而孔子的思想学说体系所涉及的范围又相当广泛，孔门弟子对孔子言论和思想的理解不尽相同，难免会产生歧见。所以，孔子逝世以后，孔门弟子就开始逐步分化。到了战国的中后期，儒学在成为“显学”的同时，在儒家内部也形成了八个不同的派别。

子张之儒

子张（前503—？），姓颛孙，名师，字子张，春秋末期陈国阳城（今河南淮阳）人。子张是孔子门下最著名学生之一。子张曾从孔子周游列国，“在陈蔡间困”；他秉性虽孤僻偏激，但为人宽容大度，勤学好问，经常同孔子讨论问题。孔子死后，便成为儒家八派之一。子张之儒在道德伦理方面，明确反对“执德不弘，信道不笃”，“言不忠信，行不笃敬”；提倡“士见危致命，见得思义”，“君子尊贤而容众，嘉善而矜不能”的理想人格。

子思之儒

子思(前483—前402)，名孔伋，字子思，孔子嫡孙。春秋战国时期著名的思想家。子思受教于孔子的高足曾参，孔子的思想学说由曾参传子思，子思的门人再传孟子。因而，子思在儒家学派的发展史上占有重要的地位，他上承孔子中庸之学，下开孟子心性之论，并由此对宋代理学产生了重要的影响。也正因此，北宋徽宗年间，子思被追封为“沂水侯”；元朝文宗至顺元年(1330)，又被追封为“述圣公”，后人由此而尊他为“述圣”。

颜氏之儒

孔子弟子中姓颜的共有八人，他们是：颜无繇、颜回、颜幸、颜高、颜祖、颜之仆、颜哙、颜何。“颜氏之儒”究竟是其中何人之学所传，今天已难确断，学术界一般认为是以颜回为代表的。

颜回（前521—前481），春秋末鲁国人。字子渊，亦称颜渊，孔子最得意的弟子。为人谦逊好学，以德行著称。他异常尊重老师，对孔子无事不从无言不悦。孔子称赞他“贤哉回也”。其学派的最主要特点就是安贫乐道，重在下功夫实践孔子的仁德思想。

孟氏之儒

“孟氏之儒”是以孟子为代表的。因孟子受业于子思，所以，也通常将子思和孟子统称为思孟派。孟子是战国中期儒家的主要代表人物，他发展了孔子的“仁学”思想，提出了“人性本善”的理论，以及施行“仁政”“王道”的政治理想和“民贵君轻”的民本思想等。

漆雕氏之儒

根据相关文献记载，孔子弟子中姓漆雕的共有三人，他们是：漆雕开、漆雕哆、漆雕徒父，学术界一般认为“漆雕氏之儒”是以漆雕开为代表的。

漆雕开（前540—？），原名漆雕启，后来汉代人避汉景帝名讳改为“开”。春秋末期鲁国（一说蔡国）人。漆雕开是孔子弟子。“漆雕氏之儒”不愿做官，好勇任侠，属于孔门弟子中任侠的一派。这一派主张人性有善有恶。

仲良氏之儒

战国儒家八派中这一派最不可考。有人猜测“仲良氏之儒”是陈良一派。陈良的弟子有陈相、陈辛等，后来欣赏农家许行的学说，曾遭到孟子的严厉批评。还有人推测“仲良氏之儒”是仲梁子一派，这一派可能兼有曾参、子夏二家之学。

孙氏之儒

学术界一般认为“孙氏之儒”就是以荀子为代表的一派，因为荀卿又称孙卿。荀子是战国晚期儒家的主要代表人物，他继承了孔子的治学传统，是儒家经学的主要传播者之一；在政治思想上发展了孔子的“礼学”，倡言礼法兼治；哲学上主张“天人相分”，“制天命而用之”；认为“人之性恶，其善者伪也”，强调后天学习的重要性。“孙氏之儒”中除那些传承荀子经学的弟子之外，有名者是韩非和李斯，但他们两人已经突破了其老师荀子的儒家学派的界限，而成为法家中的代表人物。

◆ 子思像

乐正氏之儒

这一派的代表人物也不可考。有人推测是孟子弟子乐正克；有人推测是曾子弟子乐正子春。

总之，战国时期的儒家八派，是当时“百家争鸣”中儒家内部分化出现的派别，它们之间的观点很不相同，但都自认为是代表了孔子的儒家思想。从以后的历史发展来看，主要是孟子一派和荀子一派影响较大。

延伸阅读

子思推荐苟变

子思推荐苟变给卫侯说：“他的才能可以率领五百辆兵车。”卫侯说：“我知道他可以当将领，但苟变在做小吏时，曾向百姓征赋，还私下吃了他们的两只鸡蛋，所以不能用！”子思说：“聪明仁智的国君选拔人才，拿官职授人，好像工匠用木材，利用它好的地方，丢舍它的不足之处，所以像梓、杞两种围抱的优质大材，虽有几尺腐烂，能干的巧匠也不会抛弃。现在你生活在战国时代，迫切需要选拔辅佐的武将，怎能因为私吃两只鸡蛋而抛弃捍卫国家的良将，这话可万万不能让周围的国家知道啊！”

无所依归的《晏子春秋》

《晏子春秋》由于其思想非儒非道，所以，自古以来都不太为人重视。但《晏子春秋》所体现的“重民”“民本”思想以及一系列经世致用的主张，在当时有着不可忽视的意义和作用，对后世也产生了深远的影响。

晏婴（前578？—前500），春秋后期重要的政治家、思想家、外交家。字仲，谥平，习惯上多称平仲，又称晏子、晏婴，夷维（今山东高密）人。

晏子生活于春秋末期，正处在孔子所谓的“礼崩乐坏”的大变革大动荡历史时期。父亲晏弱死后，晏子继承卿位，他先后辅佐齐灵公、齐庄公、齐景公，但直到景公时才获得重用，并升任相国，使齐国进入一段较长时间的稳定发展时期。

晏子是以善谏而著称的。有一次，齐景公一匹心爱的马病死了，景公大怒，要治马夫之罪。晏子对齐景公说：“这人不知道自己犯了什么罪而死，让我为您教训他一番。”景公同意后，晏子就说：“你有三大罪状：国君命你养马，你却让马病死了，这是死罪一；你养死的是国君最心爱的马，这是死罪二；你让国君因一匹马的缘故而杀人，百姓听说后必然要怨恨国君，诸侯听说后必然会轻视我们国家。这是死罪三。”齐景公听了长叹一声说：“请您放了他吧，不要因此而损伤了我仁爱的德行。”

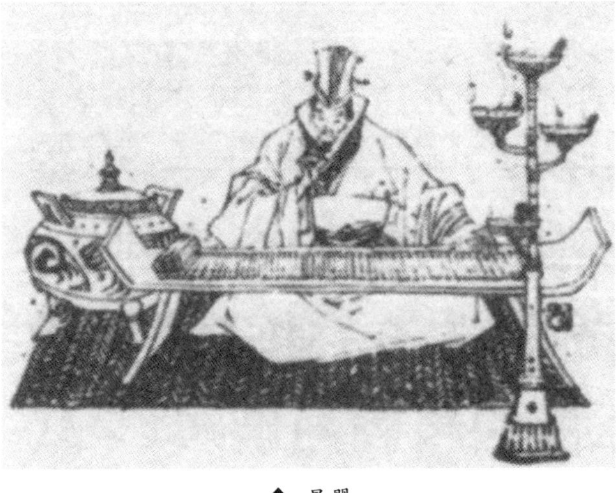

◆ 晏婴

晏子还以在外交活动中机智善辩而著称，广为流传的“晏子使楚”的故事就是其真实写照。

晏子的事迹和思想较为集中地保存在《晏子春秋》一书中。关于《晏子春秋》的成书年代、作者及所属学派问题，说法纷纭。

主张礼治

在晏子生活的时代，齐国屡

◆ 晏婴墓

次发生子弑父、臣弑君、兄弟相残等有碍社会稳定的不良现象；同时，齐国权臣也各自暗中发展自己的势力，对齐国公室构成威胁。面对这些危机，晏子认为解决的办法是恢复传统的礼制。

崇尚节俭

晏子提倡节俭是从其礼治思想出发的一种必然要求，那就是反对卿大夫僭越礼制奢靡无度，主张“家施不及国”，“大夫不收公利”，以维护齐国公室的根本利益。

否定鬼神迷信

有一年齐国出现彗星，齐景公派人祈禳消灾。晏子则认为，这样做是没有好处的，只能是自欺欺人。他说：天上出现彗星，是为了扫除人间的污秽，君主如果德行没有污点，为什么要祈禳呢？如果德行有污点，祈禳又能减轻什么呢？在这里，晏子也是没有直接否定天道，但是他强调祈禳之事对于凶吉起不到改变的作用，其实质也是对天命鬼神观念的否定。

“和而不同”的辩证法思想

晏子所肯定的“和”是一种朴素的对立统一，也就是集合了许多不同的对立面从而构成了一个新的统一体，如同厨师要用水、火、醋、酱、盐、梅等不同性味的佐料才能烹调出味道鲜美的羹汤。而晏子所谓的“同”，则是一种简单的同一或等同，具有排斥异端的特点，没有矛盾，没有差别，是一种是即是、否即否的绝对等同。晏子主张“和而不同”，也就是肯定具有对立统一性的“和”的意义，而否定没有差别矛盾、缺少丰富性的“同”，表明他已经在较为朴素的层面上把握了对立统一规律的基本原则，代表了春秋后期辩证法思想发展的新高度。

延伸阅读

晏子节俭，齐景公减刑

晏子生活非常节俭，他的住宅靠近集市。齐景公要给他换一处住所，被晏子拒绝。景公就笑着问：“你住的房屋靠近集市，你知道什么东西贵，什么东西便宜？”晏子回答说：“假肢贵而鞋子便宜。”原来景公滥施刑罚，常把犯人的脚砍下来，所以要装上假肢。齐景公听了，明白了晏子的意思，从此减免了刑罚。

战国《列子》，魏晋伪书

《列子》把“道”融汇于故事之中，入乎其内，出乎其外，具有很高的文学价值，同时它形成了自己独立的思想体系，在我国哲学史上占有一席之位。

列子，名寇，生卒年不详，郑国莆田（今河南郑州）人，战国前期思想家，是老子和庄子之外的又一位道家思想代表人物。

传说列子修道炼成御风之术，能够御风而行，常在春天乘风而游八荒。庄子《逍遥游》中有此描述。

列子终生致力于道德学问，曾师从关尹子、壶丘子、老商氏、支伯高子等。他隐居郑国四十年，不求名利，清静修道。

◆ 列子像

《列子》是道家重要典籍。《汉书·艺文志》著录《列子》八卷，早佚。今本《列子》，抄录了先秦的一些材料，但大部分是魏晋时代的思想。基于此，现在学术界一般认为，《列子》是魏晋人编造的一部伪书。该书共分为八篇，每一篇均由多个寓言故事组成，如“愚公移山”“杞人忧天”“歧路亡羊”等，寓道于事。

自然天道观

在世界起源问题上，《列子》从物质本体、宇宙生成和物种转化的角度阐述了“道”的理论，构成了独特的自然天道观。《列子》认为，客观世界存在着一个统一的本质，即“道”，它无形无象，无增无减，不由他物产生，却能产生其他事物，它是世界万物变化的根本。世界上有形的万事万物的产生，都是由“易”，即气的本体演化而来。

辩证法思想

《列子》继承了前代哲学中的辩证思

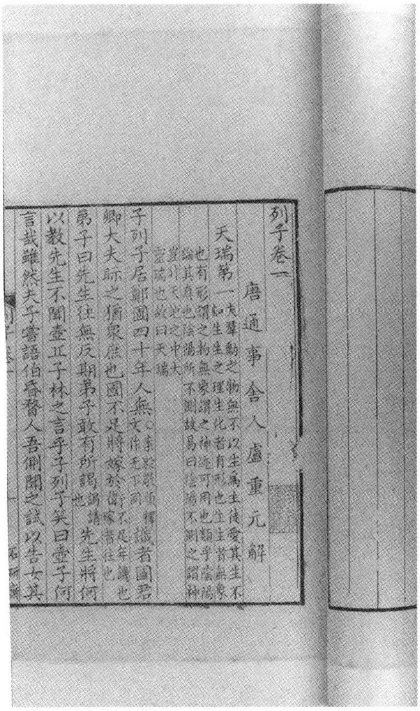
列子卷一　唐通事舍人盧重元解

天瑞第一

子列子居鄭圃四十年人無識者國君卿大夫眎之猶衆庶也國不足將嫁於衛弟子曰先生往無反期弟子敢有所謁先生將何以教先生不聞壺丘子林之言乎子列子笑曰壺子何言哉雖然夫子嘗語伯昏瞀人吾側聞之試以告女其

◆ 《列子》书影

想。它认为宇宙万物都是不断运动变化的。《列子》说：“常生常化者，无时不生，无时不化，阴阳尔，四时尔。”万事万物的变化表现为有损有盈、有成有败、有生有死这样一种状况。《力命篇》中说：“自短非所捐，自长非所增。”表明物质和运动可以由一种形态转化为另一种形态，但宇宙总体则既不损也不增。“积于柔则刚，积于弱则强，观其所积，以知祸福之向。”说明任何相对的事物都可以互相转化，并且指明在事物量的积累中，便可以知其质变。这种观点，不同于传统的“物极必反”，它突出了量变中的局部质变，这是十分可贵的。

“养生”与“体道”

《列子》用较多篇幅论述了“养生”与“体道”的关系，即如何修养身心以把握世界的本质规律。《黄帝篇》中说“至道不可以情求”，认为必须依靠理性思维认识事物。“在己无居，形物其著，其动若水，其静若镜，其应若响”，即要像水一样顺从自然规律，像镜子、回声一样如实反映客观世界。这里面包含了唯物反映论的合理成分。《列子》认为只有通过长期实践，才能达到对“道”的直觉体验。

延伸阅读

《列子》以寓言说明如何“体道”

甘蝇，是古代一个善射的人，他一拉弓野兽就倒地，飞鸟就落下。甘蝇的弟子飞卫，向他学习并超过了他。纪昌又向飞卫学习射箭。飞卫说：“你先学会看东西不眨眼睛，然后我们再谈射箭。”纪昌回家仰面躺在他妻子的织布机下，用眼睛注视着移动的梭子，练习不眨眼睛。两年之后，即使锥子尖刺到他的眼眶，他也不眨一下眼睛。

纪昌告诉了飞卫，飞卫说：“这还不够啊，接着要学会视物才行。要练到看小物像看大物一样清晰，看细微之物像看大物一样容易，然后再来告诉我。”纪昌用牦牛尾巴的毛系住一只虱子悬挂在窗口，朝南面远远地看着它，十天半月之后，看虱子愈来愈大；三年之后，虱子在他眼里有车轮那么大。转过头来看其他东西，都像山丘一样大。纪昌便搭弓射那只虱子，穿透了虱子的心，但牦牛尾巴的毛没有断。

飞卫知道后高兴地说：“纪昌，你已经掌握了射箭的诀窍了。”这就是“纪昌学射”的寓言。

兵学圣典：《孙子兵法》

《孙子兵法》是一部奇书，它蕴涵着精妙的军事指挥艺术以及丰富的哲学思想，是中华民族引以为傲的文化经典。无论是在硝烟弥漫的血腥战场，还是在研究学术的大雅之堂，《孙子兵法》都将吸引越来越多的人，在现代人的思想长廊中展现它亘古的文化魅力。

孙武，生卒年不详，字长卿，齐国乐安（今山东博兴北，一说惠民）人，中国古代军事学家，中国古代军事学的奠基人，春秋末期吴国将军，著有《孙子兵法》。

《孙子兵法》又称《孙子》《吴孙子兵法》《孙武兵法》，成书于公元前五世纪春秋末期，今本十三篇，是我国也是世界上最古老的军事理论著作。该书总结当时及以前的战争经验，继承发展前人的军事理论，对战争、军队、治军、将帅作用、战略战术原则、战法等军事理论和实践，都有许多创见，是古代重要的军事著作，被誉为“兵书之祖”。《孙子兵法》中饱含朴素的唯物论及辩证法等哲学思想。

◆ 孙武像

唯物主义的反天命、无神论

《孙子兵法》在论述事先了解情况的重要性和方法时说，不要相信鬼神，不问卜，不用固有经验类比往事，不依靠星辰运行去推测吉凶祸福，而是要从了解敌人情况者的口中去取得信息。《孙子兵法》中也讲到“天”，但他对于“天”作了明确的唯物主义的解释：“天者，阴阳、寒暑、时制也。”这同宗教神学把“天”看作是人格神的看法是有本质不同的。

知己知彼，百战不殆

孙武努力探索战争规律，在《孙子兵

法》中提出了“知己知彼，百战不殆”的著名论断。这一条论断从哲学的意义上讲，是实事求是的朴素的唯物主义思想。孙武认为，敌情是“三军之所恃而动”的依据，战前必须认真地了解和掌握。在知己方面，孙武提出了“识众寡之用”“以虞待不虞”“知可以战与不可以战”的制胜之道。

阴阳学说的灵活运用

孙武说自然之天中，阴阳包括昼夜、晴雨等。在行军作战时，要注意阴阳的利用。孙武认为，驻扎军队应该选择向阳干燥的地方，避免背阴潮湿的地方。因为营地在背靠阴湿之地，士兵容易生病。在丘陵和堤防这种地形上，要抢先占领向阳的一面，并把它作为军队的主力或主要翼侧的依托。孙武把阴阳学说推广到军事领域，是朴素辩证法的正确应用。

◆ 孙五（武）子演阵教美人战 版画

普遍联系地分析战争

孙武分析战争，不是单纯地就战争分析战争，就军事分析军事，而是运用世界万物普遍联系的观点对战争现象、军事问题加以考察与解读。战争、军事与政治是联系在一起的。孙武说：“善用兵者，修道而保法。”（《形篇》）这里所谓的“道”，就是“令民与上同意”（《计篇》）；所说的“法”，就是加强法制，严明赏罚。这就表明政治基础、民心向背是战争胜负的决定性因素。此外，战争、军事与经济、外交等的密不可分在《孙子兵法》中都有论述。

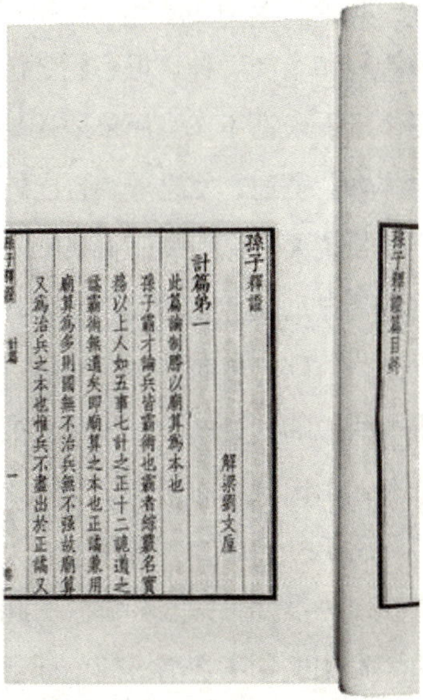
孫子釋證
解梁劉文[illegible]
計篇第一
此篇論制勝以廟算為本也
孫子霸才論兵皆霸術也霸者綜覈名實
務以上人如五事七計之正十二詭道之
[illegible]霸術無遺矣即廟算之本也正譎兼用
廟算為多則國無不治兵無不强故廟算
又為治兵之本也惟兵不盡出於正譎又
孫子釋證 計篇 一

◆ 《孙子》书影

延伸阅读

《孙子兵法》作者之谜

关于《孙子兵法》的作者问题，学术界曾一直议论纷纷：一种观点认为是春秋时期吴国的孙武所著，一种认为是孙膑整理而成，一种认为是战国初年某位山林处士编写，还有的说是三国时代曹操编撰的。直到1972年4月间，在山东临沂银雀山发掘的两座汉代墓葬中同时发现了用竹简写成的《孙子兵法》和《孙膑兵法》，这样，数百年的争论方告结束，《孙子兵法》的作者被确认为春秋时期吴国的将军孙武。

逻辑思想史的奠基之作：《墨子》

《墨子》一书蕴涵着极其丰富的思想，它在中国思想发展史上具有重要的学术地位。《墨子》思想代表了广大劳动人民的利益和要求，是劳动人民智慧的结晶。

墨子（约前468—前376，一说前479—前381），名翟，春秋末战国初期鲁国人（滕州）。战国时期著名的思想家、教育家、军事家，墨家学派的创始人。有《墨子》一书传世。

墨子早年曾学习儒术，但后来逐渐对儒家的繁琐礼乐感到厌烦，最终独树一帜，创立墨家学派。

◆ 墨子

墨子一生的活动主要在两方面，一是广收弟子，积极宣传自己的学说。二是不遗余力地反对兼并战争。墨子的哲学建树，以认识论和逻辑学最为突出，其贡献是先秦其他诸子所无法比拟的。

独树一帜的认识论

墨子认为，人的知识来源可分为三个方面，即闻知、说知和亲知。“闻知”又被他分为传闻和亲闻二种，但不管是传闻或亲闻，在墨子看来都不应当简单地接受，而必须消化并融会贯通，使之成为自己的知识。因此，他强调要“循所闻而得其义”，即在听闻、承受之后，加以思索、考察，以别人的知识作为基础，进而继承和发扬。

墨子所说的“说知”，包含有推论、考察的意思，指由推论而得到的知识。他特别强调“闻所不知若已知，则两知之”，即由已知的知识去推知未知的知识。由此可见，墨子的闻知和说知不是消极简单地承受，而是蕴涵着积极的进取精神。

◆ 墨子载书游卫

除闻知和说知外，墨子非常重视亲知。亲知，就是自身亲历所得到的知识。墨子把知识来源的三个方面有机地联系在一起，在认识论领域中独树一帜。

“别同异、明是非”的辩学

墨子是中国逻辑学的奠基者。他将逻辑学称为“辩”学，把其视之为“别同异，明是非”的思维法则。他认为，人们运用思维，认识现实，作出的判断无非是“同”或“异”，“是”或“非”。为此，首先就必须建立判别同异、是非的法则，以之作为衡量、判断的标准，合者为“是”，不合者为“非”。此外，墨子还总结出了假言、直言、选言、演绎、归纳等多种推理方法，从而使墨子的辩学形成为一个有条不紊、系统分明的体系，在古代世界中别树一帜，与古代希腊的逻辑学、古代印度的因明学并立。

“兼爱非攻”是思想的核心

所谓“兼爱”，包含平等与博爱的意思。墨子要求君臣、父子、兄弟都要在平等的基础上相互友爱，“爱人若爱其身”，并认为社会上出现强执弱、富侮贫、贵傲贱的现象，是因天下人不相爱所致。墨子这种“爱人如己”的思想学说必然会导致他的“非攻”思想，他反对一切弱肉强食的兼并战争。“非攻”思想既以维护广大人民群众的利益为出发点，也提出了处理国家间关系的一个基本准则。无论从政治上还是从哲学上看，“非攻”都可以称为和平主义、人道主义的先驱，给后来的思想家以深刻的启迪。

延伸阅读

“子墨子”的含义

公元前376年，墨家创始人墨子卒。墨家弟子将开派鼻祖的遗体从简安葬于狐骀山下的苍松翠柏之中。他的陪葬品极其简单，最有价值的是一部《墨子》的手稿。墨子生前对为之奋斗终生的事业、自己的学说非常自信，曾经慨然而呼：“天下无人，子墨子之言犹在。” 墨家是中国最早的民间武装团体，其最高的领袖被称为“巨子”，墨子就是墨家的第一任巨子，墨子的大徒弟、守住宋城的禽滑釐则是墨家的第二任巨子。《墨子》一书是墨子的弟子所记，故称呼墨子时在“墨子”前加上“子”。“子”，即为“巨子”，表敬称，后一个“子”是“先生”的意思。

重“势”的《慎子》

慎到的学说避免了老庄道学纯粹因循自然而不要法治，和法家主张绝对的法治而不必因循自然的两种极端，它对稍后的法家具有启蒙的意义，也可以说是法家的开创者。

慎到(前395—前315)，战国时赵人，原来学习道家思想，是从道家中分出来的法家代表人物。根据《史记》记载，他早年在邯郸从事学术活动，后来到齐国稷下学宫讲学，参加各派的学术辩论，名声由此大震。但是随着齐国和稷下学宫的衰落，他的思想也由此被历史埋没。

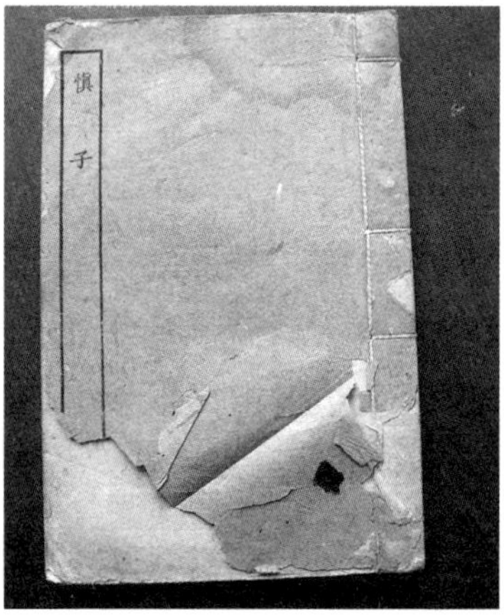

◆ 《慎子》书影

慎到是个非常聪明的人，他曾经给楚襄王献了一个“连环三计”，解决了楚襄王的燃眉之急。

据说，楚襄王刚刚即位，齐王的使者便赶到楚国，说：“当初陛下做太子时留在齐国当人质，以献楚国东地500里作为提前返楚的条件。如今，陛下不会食言吧？”

楚襄王一时怔住了，然后请齐使先去休息，并急忙请来了当初劝他献地脱身的太傅慎到。

慎到说：“别慌，大王明天召见众大臣，让他们各献妙计。”

第二天早朝，上柱国子良率先献计：“大王金口玉言，一旦不讲信义，将被天下诸侯讥笑。先给地，显大王守信；再夺回，显大王武力强大！”

子良退下，昭常上前劝谏：“大王，割东地500里，楚国将失半壁江山。我愿率兵死守！”

昭常退下，景鲤给襄王分析：“地要给，否则将失信于天下。楚国弱于齐国，臣愿赴秦国凭三寸不烂之舌搬来救兵！”

景鲤退出后，慎到进来。襄王苦着脸告诉了一切，慎到说：“大王，他们各有见地，您全采用！”襄王瞪了他一眼，“别开玩笑啦！”

慎到伸出右手三指：“大王发给子良50

◆ 慎子画像

乘，东面献地500里给齐；在子良起程的第二天，派遣昭常为大司马，令他去镇守东地；在派遣昭常的第二天，再派景鲤率车50乘，去向秦国求助。这叫连环三计。我保证大王不用一兵一卒，就能让500里东地完好无损！”

后来果不其然，齐王不敢再提那500里土地的事情。

慎到的著作《慎子》原本42篇，现仅存7篇和一些逸文。

听命君主，依法办事

慎到主张“民一于君，事断于法”，即百姓、百官听从于君主的政令，而君主在做事时必须完全依法行事。而且，立法权也要集中于君主之手，各级的官吏只能严格地遵守法律和执行法律，即“以死守法”。百姓则要接受法令的规定，按法做事，即“以力役法”。慎到认为这样才能实行法治，并取得功效。在具体执法的过程中，君主要做到公平执法。他主张立法要为公，反对立法为私，认为法治比人治优越，甚至说不好的法律也比没有法律好。

重“势”和“无为而治”

慎到提倡重“势”和“无为而治”。“势”指的是权势。重“势”是为了重视法律，君主只有掌握了权势，才能保证法律的执行。慎到把君主和权势分别比喻为飞龙和云雾，飞龙有了云雾才能飞得高，如果云雾散去，飞龙就是地上的蚯蚓了。如果有了权势，即使像夏桀那样的昏庸残暴，命令也能执行，即“令则行，禁则止”。如果没有权势，即使像尧那样贤德，百姓也不听从命令。所以，慎到反对儒家主张的“德治”，认为那样不可能使法律贯彻执行，会产生很多弊端。在无为而治方面，他认为，如果国君什么事都自己亲自去做，不但会筋疲力尽，还会使大臣不积极做事，一旦有了过失，大臣会把责任推到君主身上，君臣矛盾的激化甚至会导致谋反篡位出现。

延伸阅读

慎到和物权

《慎子·逸文》篇说了这样一件事：一只兔子在大街上跑，很多人去捕它，即使有贪得无厌的人混在里面，人们也不会去责怪他们，这是因为兔子还没有确定归谁所有。集市上兔子成堆，过往的人们却看也不看一眼，这并不是说他们不想得到那些兔子，而是因为那些兔子有了归属后，即使品德低下的人也不敢去争抢它。

慎子以此来说明，“定分”可以解决人“争”与“不争”的问题，就是说，对兔子要确立一个所有权，即归谁所有。《中华人民共和国物权法》于2007年才公布并实行，但战国时代的慎到却已经对物权有了认识。

先秦法治理论的宣言：《商君书》

《商君书》记载了商鞅变法的某些史实，阐述商鞅的政治和哲学思想，反映商鞅的变法主张，宣传历史发展变化的观点，对“法”的起源和作用亦有所论述。它对研究商鞅的思想有着很重要的史料价值。

商鞅（约前390—前338），战国时期政治家、思想家，法家的代表人物。卫国（今河南安阳市内黄梁庄镇一带）人。姬姓，卫氏，全名为卫鞅。因卫鞅本为卫国公孙族之后，故又称公孙鞅。后封地于商，后人称之商鞅。

商鞅年轻时喜好刑名之学，在魏相公叔痤门下任中庶子。公叔痤临终前将他推荐给魏惠王，并说如果不用，一定要将他杀死，不能让他出境。可是魏惠王既没用他也没杀他。

商鞅听说秦孝公下令求贤，就离魏去秦，以变法强国之术游说孝公，孝公大喜。但甘龙、杜挚等大臣对变法并不赞成，他们制造舆论，以为“智者不变法而治”，“法古无过，循礼无邪”，孝公不为所动，仍以商鞅为左庶长，下令变法。

◆ 商鞅像

新法令推行几年后，秦国国势蒸蒸日上，孝公以此为基础，开始了第二次变法。

公元前343年，秦国富强，并乘魏在马陵之战中的失利而伐魏，商鞅用诈谋迫使魏国割地求和。商鞅也因此战功受封于商（今陕西商县、河南西峡一带），号称商君。

商鞅变法期间，因执法较严，引起秦贵族的怨恨。孝公卒后，公子虔一伙为报夙怨，告商鞅有谋反企图，派官吏逮捕他。商鞅打算逃入魏国，但魏因此前一战拒不接纳。商鞅不得已而归秦，试图反抗但兵败被俘。惠王车裂商鞅，并灭其族。

《商君书》是记载商鞅思想言论的资料汇编，又称《商君》《商子》。

革新变法思想

这是法家思想的精髓。“三代不同礼

而王，五霸不同法而霸”“治世不一道，便国不必法古”成为商鞅倡导变法的名言。《开塞》篇从考察人类社会发展的不同阶段入手，论证了战国末年只有实行法治，才是唯一可行的治国道路。“圣人不法古，不修今。法古则后于时，修今则塞于势”，说明只有变法革新，才能使国家富强兴盛。

重刑少赏思想

加重刑罚，轻微奖赏，是法家的重要思想。《去强》篇说：“重罚轻赏，则上爱民，民死上；重赏轻罚，则上不爱民，民不死上。兴国行罚，民利且畏；行赏，民利且爱。”加重刑罚，减轻赏赐，就是君上爱护人民，人民就肯为君上死。加重赏赐，减轻刑罚，就是君上不爱护人民，人民就不肯为君上而死。

法家主张要统一刑罚。也就是说，执行刑赏对谁都一样。

重本抑末，反对儒术

这也是法家思想的重要组成部分。《壹言》篇说：“能事本而禁末者，

◆ 西安商鞅广场徙木立信雕塑

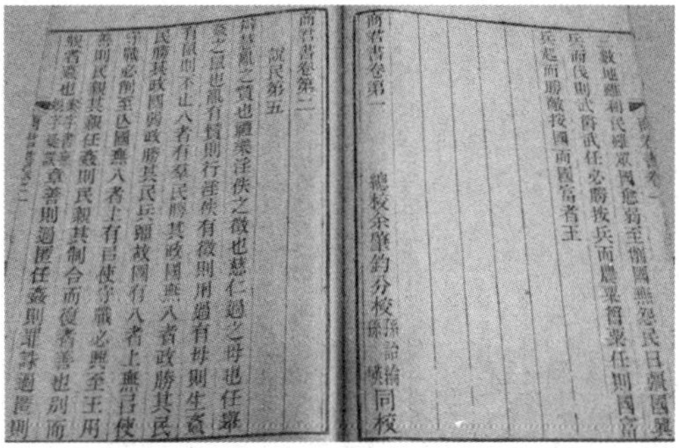

◆ 《商君书》书影

富。”所谓“末”就是指商业和手工业。《农战》篇说：“农战之民千人，而有《诗》《书》辩慧者一人焉，千人者皆怠于农战矣。农战之民百人，而有技艺者一人焉，百人者皆怠于农战矣。”“豪杰务学《诗》《书》，随从外权，要靡事商贾，为技艺，皆以避农战。民以此为政，则粟焉得无少，而兵焉得无弱也。”可见，法家对儒家的儒术是排斥的。

延伸阅读

《商君书》的作者是谁？

对于《商君书》的作者究竟是谁，学术界向有争议。近代吕思勉认为今存《商君书》以开塞、耕战思想总括全书，与司马迁在《史记 商君列传》中所说的“余尝读商君开塞、耕战书，与其人行事相类”内容相符，因而推断《商君书》并非伪撰，即作者是商鞅。郭沫若则认为此书是韩非门人揣摩商鞅的意思写成的。《四库总目提要》认为，秦孝公死后，商鞅仓皇逃命，无暇著书，如写于孝公在世时，则不应在书的开篇称孝公谥号，因而认定此书为其后学编纂。当前学术界普遍认为，《商君书》为商鞅后学所编写，其中大部分是商鞅的思想和言论，但也搀入了后人不少附会之辞。

重“术”的《申子》

申不害被认为是法家的代表人物之一，但“法”并不是他的主要思想。他发明了“术”，强调“以术治国”，这对后来的韩非子的法家思想有很大的影响。

申不害（约前385—前337），亦称申子，战国时期著名的思想家和改革家，法家思想的代表人物之一。郑国京县（今河南荥阳，属郑州）人。

韩国灭郑国25年后，韩国已处弱势。但韩昭侯颇具雄心，即位不久，就任用申不害为相，使申不害得有用武之地。

韩昭侯四年（前354），素与韩有矛盾的魏国出兵伐韩。面对重兵压境，韩昭侯及众大臣束手无策。危急关头，申不害审时度势，建议韩昭侯执圭（古时臣下朝见天子时所执的一种玉器）去见魏惠王。申不害说：今魏国强大，鲁国、宋国、卫国都去朝见，您执圭去朝见魏王，魏王一定会心满意足，自大骄狂。这样必引起其他诸侯不满而同情韩国。韩昭侯采纳了申不害的建议，去朝见魏惠王，表示敬畏之意。魏惠王果然十分高兴，立即下令撤兵，并与韩国缔约为友邦。申不害也由此令韩昭侯刮目相看。

申不害在韩国为相期间，进行了变法改革。他先整顿吏治，加强君主集权统治。然后大行“术”治，整顿官吏队伍。最后，向韩昭侯建议整肃军兵，使韩国的战斗力大为提高。此外，申不害还十分重视土地问题。他极力主张百姓多开荒地，多种粮食。同时，他还重视和鼓励发展手工业，特别是兵器制造。当时就有“天下之宝剑韩为众”“天下强弓劲弩，皆自韩出”的说法。

◆申子献策

◆ 申子像

申不害相韩15年，使韩国虽处强国的包围中，却能相安无事，成为战国七雄之一。公元前337年，申不害卒于韩都（今新郑）。其著作《申子》，已失传，现在我们所能看到的只是别人引用的零章断句，比较完整的只有《群书治要》卷三六所引《大体篇》。

“术”的思想

申不害所言的“术”是君主的专有物，是驾驭驱使臣下的方法。“术”的内容，主要表现在两个方面：一是“为人君者操契以责其名”，这是指国君公开用来选拔、监督、考核臣下的方法。具体说，就是君主要依才能委任官吏，然后考察其是否称职，是否忠诚，据此决定赏罚。二是君主要“藏于无事”，“示天下无为”，这是驾驭臣下的权术。具体说，就是国君要“去听”“去视”“去智”，让臣下猜测不到国君意图，无从讨好取巧。这样君主就能像明镜一样，“静观”臣下的一切，真正做到“独视”“独听”和“独断”，进而采取出其不意的办法，使臣下慑服。申不害还强调：“治不逾官，虽知弗言”，意即各级官吏既不许失职，也不许越权。凡不属于职权范围的事，即使知情也不能讲。其目的还在于维护君主专制。

要立法无私

申不害反对立法行私，“天道无私，是以恒正；天道常正，是以清明。”认为国君既要掌握驾驭群臣的“术”，又要做到正直无私，这样臣下才能忠于职守。他曾对韩昭侯说：“法者，见功而行赏，因能而受官。今君设法度而左右之请，此所以难行也。”

延伸阅读

申不害“试探”韩昭侯

《战国策》中记叙了这样一件事：申不害私下请求韩昭侯给自己的堂兄封一个官职，韩昭侯不同意，申不害面露怨色。韩昭侯说：“这可是从你那里学到的治国之策啊！你常教寡人要按功劳大小授以官职等级，如今又请求为没有建立功业的兄弟封官，我是答应你的请求而抛弃你的学说呢？还是推行你的主张而拒绝你的请求呢？”申不害慌忙请罪，对韩昭侯说：“君王真是贤明君主，请您惩罚我吧！”对申不害“请仕其从兄官”这件事，史家历来多有微词，有说其虚伪投机的，亦有说其推行“法治”不坚决的，但从申不害重“术”和当时复杂的社会背景来考察，倒不如说这是他对韩昭侯的一次试探。正是韩昭侯对“徇私谋官”的严正态度，使申不害看到韩昭侯真是一位有作为的贤明君主，从而坚定了助其变法革新的决心。

儒家理想主义流派之作：《孟子》

宋代的朱熹将《大学》《中庸》《论语》和《孟子》合称“四书”，到了明代，《孟子》被正式列入“十三经”而提高到了“经”的地位。明清两朝科举，更是规定要从“四书”中取题，从此，《孟子》成为中国读书人的必读书目。

春秋战国时期是中国民族文化最富有创造性的时期，最有原创性的时期，可以说中国传统文化的一些基本的元素都是在这个时代建立起来的。而孟子就是其中非常突出的想给中国人建立“大丈夫人格”精神的一个人物。

孟子(前372—前289)，名轲。战国时期的思想家、政治家、教育家。孔子之后的儒学大师，后世将其与孔子并称为“孔孟”，且称其为“亚圣”。孟子远祖是鲁国贵族孟孙氏，后来家道衰微，从鲁国迁居到邹国（今山东邹城东南）。孟子三岁丧父，母亲艰辛地将他抚养成人。孟母管束甚严，其“孟母三迁”“孟母断织”等故事，成为千古美谈，是后世母教之典范。

◆ 孟子像

孟子师承子思(一说是师承自子思的学生)，继承和发展了孔子的思想，创立了一套完整的思想体系。学成之后，孟子周游齐、晋、宋、薛、鲁、滕、梁列国，游说他的“仁政”和“王道”思想。但由于当时诸侯各国忙于战争，他的仁政学说被认为是“迂远而阔于事情，”几乎没有人采纳他的治国思想。于是归而与弟子讲学著书，作《孟子》。

《孟子》一书是对孟子言行的记录，其文章纵横驰骋，汪洋恣意，极富雄辩色彩，经典语录层出不穷，其中展现出的智慧火花，让人眼前一亮。

以民为本的仁政思想

孟子的“仁政”学说是对孔子“仁学”思想的继承和发展。孔子的“仁”是一种含义极广的伦理道德观念，其最基本的精神就是“爱人”。孟子则从孔子的“仁学”思想出发，把它扩充发展成为包括思想、政治、经济、文化等各个方面的施政纲领，就是“仁政”。“仁政”的基本精神也是对人民有深切的同情和爱心。在政治上表现为，孟子说，对一个国家而言，“民为贵，社稷次之，君为轻” 。在经济上，孟子主张“民有恒产”，让农民有一定的土地使用权，要减轻赋税等。

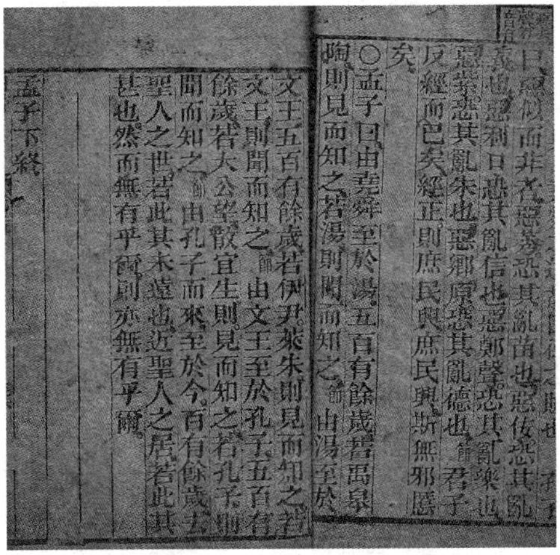

◆ 《孟子》书影

人性本善

“人性本善”是孟子的最大发明和哲学贡献，是孟子“仁政”学说的理论基础。孟子将人性之善和水之就下来进行比喻。他说：“人性之善，犹水之就下也。人无有不善，水无有不下。今夫水，搏而跃之，可使过颡（额头之意）；激而行之，可使在山。是岂水之性哉？其势则然也。人之可使为不善，其性亦犹是也。”进一步，孟子认为，性善的根据是心善，心，指的是“良心”或“本心”，也就是说人都有恻隐、羞恶、恭敬、是非之心。而“人之所不学而能者，其良能也；所不虑而知者，良知也。孩提之童无不知爱其亲者，及其长，无不知敬其兄也”则说明“良心”或“本心”是人所固有的，能不能得到它，全靠自己主观的努力。

道德伦理规范

孟子将道德伦理规范概括为四种，即仁、义、礼、智。同时把人伦关系概括为五种，即“父子有亲，君臣有义，夫妇有别，长幼有序，朋友有信” 。孟子认为，仁、义、礼、智四者之中，仁、义最重要。仁、义的基础是孝、悌，而孝、悌是处理父子和兄弟血缘关系的基本的道德规范。他认为如果每个社会成员都用仁义来处理各种人与人的关系，封建秩序的稳定和天下的统一就有了可靠的保证。

知识小百科

儒家“十三经”的来历

“十三经”是由汉朝的五经逐渐发展而来的，最终形成于南宋。汉朝时，以《易》《诗》《书》《礼》《春秋》为“五经”，立于学堂。唐朝时，《春秋》分为“三传”，即《左传》《公羊传》《谷梁传》；《礼经》分为“三礼”，即《周礼》《仪礼》《礼记》。这六部书再加上《易》《书》《诗》，并称为“九经”，也立于学堂，用于开科取士。晚唐时，唐文宗开成年间，在国子学刻石，内容除了“九经”之外，还加上了《论语》《尔雅》《孝经》。五代十国时，后蜀国主孟昶刻“十一经”，收入《孟子》，而排除《孝经》和《尔雅》。南宋时《孟子》正式成为“经”，和《论语》《尔雅》《孝经》一起，加上原来的“九经”，构成“十三经”。

名家之“合同异”派

惠子有丰富的想象力。在仅有的记载中，惠施和其他名家的一些命题，充分显示出了古代中华民族的高度智慧与思辨能力。

名家，是诸子百家其中之一，是一个很小的学派，但却十分有声望。名家的创始人叫邓析，是春秋时代的人。这个人比较善于诡辩，创造了“两可”学说。惠施继承了邓析的衣钵。

惠施（约前370—前310），战国时政治家、辩客和哲学家，是名家的代表人物。惠施虽然是宋国人，但他主要活动于魏国。惠施主张魏、齐和楚联合起来对抗秦国。魏惠王在位时，惠施因为与张仪不和而被驱逐出魏国，他首先到楚国，后来回到家乡宋国，并在那里与庄子成为朋友。魏惠王死后，张仪失宠，惠施回到魏国。

◆ 惠施像

惠施的著作已经失传，现在能看到的只是记载于《庄子•天下》中惠施“历物之意”的十个结论性命题。

“历物之意”的十个哲学命题

惠施的十个哲学命题是：1.至大无外，谓之大一；至小无内，谓之小一。2.无厚，不可积也，其大千里。3.天与地卑，山与泽平。4.日方中方睨，物方生方死。5.大同而与小同异，此之谓小同异；万物毕同毕异，此之谓大同异。6.南方无穷而有穷。7.今日适越而昔来。8.连环可解也。9.我知天下之中央，燕之北，越之南是也。10.泛爱万物，天地一体也。

这十个哲学命题不是简单的理论堆砌，而是有系统的，而且也是有目的的。它先举宇宙原理：“至大无外，谓之大一；至小无内，谓之小一。”这是基本空间观念，引出“无厚”的概念，既然“无厚”，自然“天与地卑，山与泽平”，进

◆ 雅士之交

而包含对贵贱天定理论的抨击。继空间阐述后，进而举时间原理“日方中方睨”，由时间的流动不居引出事物的变迁不定，所以有“同异”之说。至此前5点为基本原理部分，以下是4个例证，“南方无穷有穷”证空间原理；“今日适越昔来”证时间原理；“连环可解”是证“同异”原理；“天下之中央，燕之北，越之南”突显出其平等、去尊的核心理念。最后以“泛爱万物，天地一体”总结其为学的精髓所在，义理所归，即包纳天地万物的“泛爱”。

稀奇古怪的观点

惠子还有一些名满天下的观点，但大多都稀奇古怪，让人匪夷所思。如：“卵有毛、马有卵、火不热、目不见、龟长于蛇、连环可解、犬可以为羊、老太婆有胡须、小马驹没有娘、鸡有三只脚、轮子并不碾地”等，这些都让后来的哲学家们揪着头发思索。胡适研究后解释道：鸡蛋中有鸡的形状和鸡毛，否则怎么变出鸡呢，所以卵有毛。生物的前一种形式包含后一形式的可能性，马虽然不是卵生的，但曾经有过卵生的进化阶段嘛，所以马有卵。而飞鸟的影子是不动的，那是因为视觉暂留现象。这些看似令常人难以想象的命题，表面上匪夷所思，但在深层中却隐藏着某种合理的内涵，对科学技术的认识有着重要的意义。

延伸阅读

庄惠之交及鱼乐之辩

庄子和惠施都好辩论，辩才犀利无比；他们也都很博学，对于探讨知识有浓厚的热情。所以他们常常互相抬杠，却也互为知己。下面便是发生于他们之间的一个历史上著名的辩题：

庄子与惠子游于濠梁之上，庄子曰：“鯈鱼出游从容，是鱼之乐也。”

惠子曰：“子非鱼，安知鱼之乐？’

庄子曰：“子非我，安知我不知鱼之乐？”

惠子曰：“我非子，固不知子矣；子固非鱼也，子之不知鱼之乐全矣。”

庄子曰：“请循其本，子曰‘汝安知鱼乐’云者，既已知吾知之而问我，我知之濠上也。”

庄子与惠子的辩论，如果从“认知活动”方面来看，两人的论说从未见面；如果从观赏一件事物的美、悦、情这方面来看，则两人所说的也不相干。而他们只在不同的立场与境界上，一个有所断言（“知道鱼是快乐的”），一个有所怀疑（“你既然不是鱼，那么你不知道鱼的快乐，是很显然的！”），这样他们在认知的态度上，便有显著的不同：庄子偏于美学上的观赏，惠子着重知识论的判断。这不同的认知态度，是由于他们性格上的相异：庄子具有艺术家的风貌，惠子则带有逻辑家的个性。

“神人”庄子的《南华经》

《庄子》（又名《南华经》）一书的出现，标志着在战国时代，我国的哲学思想和文学语言，已经发展到非常玄远、高深的水平，它不仅涉及哲学、人伦、政治，而且涉及美学、艺术、语言、生物、养生等方面。

庄子（约前369—前286），名周，字子休（一说子沐），后人称之为“南华真人”，战国时期宋国蒙(今安徽省蒙城县,又说今河南省商丘县东北民权县境内）人。出身于破落的贵族家庭，在家乡做过管漆园的小官吏，有时还以打草鞋为生，生活贫困。

庄子是我国著名的思想家、哲学家、文学家，是道家学派的代表人物，老子哲学思想的继承者和发展者，先秦庄子学派的创始人。他的学说涵盖着当时社会生活的方方面面，但根本精神还是归依于老子的哲学。后世将他与老子并称为“老庄”，他们的哲学为“老庄哲学”。

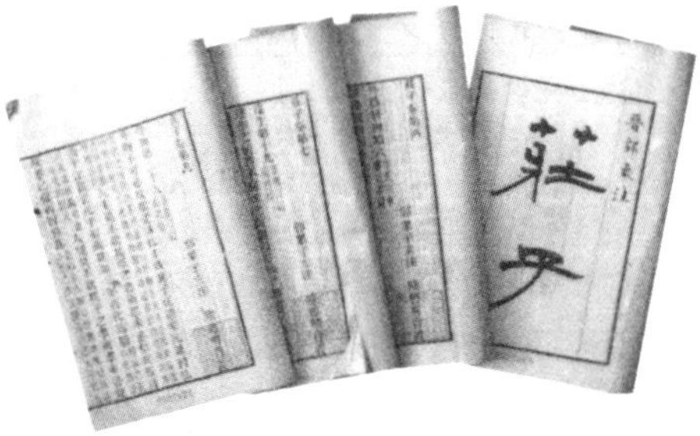

◆ 《庄子》书影

《庄子》一书据《汉书·艺文志》记载，共五十二篇，今存三十三篇，分为三部分。内篇七，外篇十五，杂篇十一。内篇乃为庄子所著，外篇多数为庄子所著，但间有弟子所纂补者，杂篇多为后学弟子所推衍。

《庄子》一书的哲学思想大概体现在如下几个方面：

逍遥游的人生境界

“逍遥游”指不受任何约束和任何条件的限制，自由自在地遨游。庄子在《逍遥游》一篇中运用了几个著名的寓言故事，如鲲鹏变化、宋荣子依赖自身见解、列子御风而行等，来说明自己所提倡的人生境界。庄子认为只有那种顺着自然的本性，能够驾御天地间的阴、阳、风、雨、晦、明六种气的变化，能不受时间、空间的限制而任意遨游的人，才是“无所待”的。“无所待”是庄子理想中的最高境界，也就是绝对自由的境界——逍遥游。

万物齐一的认识论

庄子认为天地万物表面上有着千差万别，但本质上是没有区别、同等均齐的。庄子举了大量的例子，来说明事物之间没有什么大小、彼此、是非的区别。他认为，从万物相异的一面去看，肝和胆就如同楚国和越国相距那么远；从它们相同的一面去看，万物又都是一样的。了解了这一点，人们就不会去关心耳目适宜于何种声色，只求心灵游放于“德”的和谐境地；从万物相同的一面去看，就感不到有什么丧失，所以看自己断了一只脚就好像失落了一片泥土一般。

继承又发展了的“道”

与老子不同的是，庄子讲“道”并不在于为了探讨和论证宇宙的本体是什么，而在于探讨人的本体。庄子认为人是宇宙自然的一部分，“道”是万物的本体，也就是人的本体，道的本性是自然无为，所以它体现在人身上就是自然之性，人应当按自己的自然本性去生活，应效法那支配宇宙万物的无所不在的“道”，使自己成为永恒的无限自由的存在。庄子哲学处处都力求从宇宙本体“道”的高度来论证人生的哲理，把人的生活放到整个无限的宇宙中去加以观察，以此来探求人的精神达到无限和自由的道路。

内游于心、外游于世的实践论

庄子哲学不仅用理智来认识，更是用行动来实践。内游于心、外游于世就是庄子达到无限和自由境界的实践论路径。内游于心要靠个人人格修养的内省功夫，即“心斋”和“坐忘”来实现。而外游于世则体现了他的如何处世的态度，即不弃世、逃世或隐世，而是安于命、化于时、顺于人。从功用的角度看，和顺于人，虚己游世，可免害保身，无疑是外游于世的主要价值所在。但是从更高的哲学本体论的角度来看，游世也是得道的精神境界的一种自由的表现，是有极高精神修养的人才可能具有的。

◆ 庄子像

延伸阅读

庄子宁做自由之龟

一天，庄子正在涡水垂钓，楚王委派的二位大夫前来聘请他，说：“吾王久闻先生贤名，欲以国事相累。深望先生欣然出山，上以为君王分忧，下以为黎民谋福。”庄子持竿不顾，淡然说道：“我听说楚国有只神龟，被杀死时已三千岁了。楚王珍藏之以竹箱，覆之以锦缎，供奉在庙堂之上。请问二大夫，此龟是宁愿死后留骨而贵，还是宁愿生时在泥水中潜行曳尾呢？”二大夫道：“自然是愿活着在泥水中摇尾而行啦。”庄子说：“二位大夫请回去吧！我也愿在泥水中曳尾而行。”

庄周与蝶之梦

“庄周说梦”看似说梦，却寄寓着庄子深邃的哲学思想，这是庄子兼哲学家、文学家、诗人于一身的个性化体现。

昔者庄周梦为蝴蝶，栩栩然蝴蝶也，自喻适志与！不知周也。俄然觉，则蘧蘧然周也。不知周之梦为蝴蝶与，蝴蝶之梦为周与？周与蝴蝶，则必有分矣。此之谓物化。（《庄子•齐物论》）

这段话的意思是：从前有一天，庄周梦见自己变成了蝴蝶，一只翩翩起舞的蝴蝶。自己非常快乐，悠然自得，不知道自己是庄周。一会儿梦醒了，却是僵卧在床的庄周。不知是庄周做梦变成了蝴蝶呢，还是蝴蝶做梦变成了庄周呢？

梦引发的人的存在的问题

庄子借“梦蝶”提出一个哲学问题——人如何认识自身的存在。

庄子将人的存在问题设置于梦境中，其实也是借寓言影射“人生如梦”。庄子重生，珍视而执着人生，所以便觉人生的短暂与生命的易逝，短促的人生就显得难以把握和难以认清，因此便会产生虚幻的感觉。而且，当人被作为存在者对存在进行追问时确实是难以明辨的，由于个体存在的偶然性与感性因素的存在，存在的真实性很容易迷失在现象世界中，人的自我意识也会迷失其中，难辨真伪。

梦引发的人与外物的融合交感的问题

人与外物能否融和交感？其间是否存在必然的关系？这是哲学上的一个老问题。这个问题在庄子这里并没有进行理性的分析，而是进行审美的体验。

庄子在梦中化为蝴蝶，将自我的情意投入到蝴蝶身上，与蝴蝶相互会通交感，从而进入一种凝神的境界之中，物我的界限便消解

◆ 庄子逍遥游，老子守元默

◆ 庄周梦蝶

融和了，他们浑然一体。这整个过程全是以美学的感受来体会。庄子就是这样透过“美感的经验”，借蝶化的寓言来破除自我执迷，泯除物我的割离，使人与外在自然世界，融为一个大和谐的存在体的。

人生如梦的“物化”超越

“庄周梦蝶”最后提出的“物化”，其实是要通过审美的方式超越悲剧人生，因为人只有审美的存在，才能超越外在的功利目的，才能最终完成完善人格的建构，成为完全的、自由之人。另外，“庄周梦蝶”的这种超越反映到生死方面，也体现出中国哲学的乐观主义，或者说是“知天乐命”“安时处顺”，毕竟它只是要达到哲学上的超越，而非求得现实中积极的抗争。

梦寓示的相对主义观点

庄周梦蝶其实是一种相对主义，意在指明一切事物的存在变化，包括所谓有无、大小、是非、寿夭、贵贱、贫富等都是有限的、局部的和不确定的、无意义的，要从一个混沌、完全、齐备的整体分出有无、是非、大小等来认出、寻出种种区别，就会失去真实的本体存在。因为“凡物无成与毁，复通为一”。只有在精神上超越不真实的现象世界，只有从有限事物的束缚和局限中解脱出来，才能达到“天地与我并生，万物与我为一”的境界。

延伸阅读

人生本如是迷茫吗

一天，庄子靠椅而坐，仰天而叹，沮丧得如失魂落魄一样。

弟子侍立在旁，说：“先生为何嘘叹？人之形体真可以使如槁木，而心固可使如死灰吗？今之靠椅而坐者，不是昔之靠椅而坐者吗？”

庄子道：“问得好。而今我丧失了自我，你可明白？”

弟子道：“自我是什么？弟子愚钝，实不明白。”

庄子道：“天下万物，都是彼此相对。故没有彼就没有此，没有你就没有我，这就是相反相成；可不知是谁使成这样的？是冥冥之中的道吗？道又是什么样子？骨骼、五脏六腑，遍存于一身，自我究竟是什么？我与谁亲近些呢？是都喜欢它们，还是有所偏爱？如此，则百骨九窍、五脏六腑彼此有臣妾关系吗？如果皆是臣妾，这些臣妾之间到底是相互制约呢？或是轮流为君臣呢？难道其中真有主宰者吗？唉，人生一旦接受精气，成就形体，不知不觉中精力就耗尽了。天天与外物争斗摩擦，精神耗尽像马飞奔一样，而自己却不能制止，不亦太可悲了？终身忙碌而不见成功，颓然疲役而不知归宿，可不哀邪！虽说身体不死，有何益处？心神也随身体消亡，可不谓大哀乎！人之生时，本来就这样茫然吗？亦或只我独觉迷茫而别人都不迷茫呢？”

名家之“离坚白”派

公孙龙是中国古代思想史上最具争议的人物之一，但他独特的哲学思想和思维方式却对中国哲学、逻辑思想史作出了巨大的贡献。他上承邓析、伊文、惠施的名家学说，下启后期墨家和荀子的逻辑思想，他的哲学构成了中国古代逻辑思想发展史上一个极为重要的环节。

公孙龙（前320—前250），传说字子秉，战国时期赵国人。能言善辩，曾经做过平原君的门客，是名家的代表人物。

公孙龙在诸子中能脱颖而出，主要是基于他的《白马论》。

据说，当时赵国一带的马流行烈性传染病，导致大批马匹死亡。秦国战马很多，为了严防这种瘟疫传入，秦就在函谷关口贴出告示：“凡赵国的马不能入关。”

◆ 公孙龙像

这天，公孙龙骑着白马来到函谷关前。关吏说：“你人可入关，但马不能入关。”公孙龙辩到：“白马非马，怎么不可以过关呢？”关吏说：“白马是马”。公孙龙讲：“我公孙龙是龙吗？”关吏愣了愣，但仍坚持说：“按规定不管是白马黑马，只要是赵国的马，都不能入关。”公孙龙常以雄辩名士自居，他娓娓道来：“‘马’是指名称而说，‘白’是指颜色而言，名称和颜色不是一个概念。‘白马’这个概念，分开来就是‘白’和‘马’或‘马’和‘白’，这也是两个不同的概念。譬如说要马，给黄马、黑马就可以，但是如果要白马，给黑马、黄马就不可以，这证明，‘白马’和‘马’不是一回事吧！所以说白马就不是马。”

这就是著名的“白马非马”观点，它和后来的“离坚白”观点同样著名。公孙龙的著作结集为《公孙龙子》。《公孙龙子》在西汉时共有14篇，唐代时分为三卷，北宋时遗失了8篇，到目前只残留6篇，共一卷。

著名命题“离坚白”

公孙龙分两个部分来证明他的“离坚白”的命题。第一部分，先假设有坚而白的石。对于这一个坚白石，用眼看，则只“得其所白”，只得一白石；用手摸，则只“得其所坚”，只得一坚石。感觉白时不能感觉坚，感觉坚时不能感觉白。所以，从知识论方面说，只有“白石”或“坚石”，没有“坚白石”。第二部分是包含着形而上学的辩论。其大意是说：坚、白二者作为共相，是不定所坚的坚，不定所白的白。坚、白作为共相表现在一切坚物、一切白物之中。当然，即使实际世界中完全没有坚物、白物。而坚还是坚，白还是白。这样的坚、白，作为共性，完全独立于坚白石以及一切坚白物的存在。坚、白是独立的共相，这是基于实际世界中有些物坚而不白、有些物白而不坚这样一些事实。所以坚、白显然是彼此分离的。

◆ 赵国古都邯郸

艰深玄奥的《指物论》

《公孙龙子》中还有一篇《指物论》。《指物论》主要讨论的是能指与受指，即语言（而非思维）与存在的关系，而没有涉及所指。《指物论》是公孙龙语言哲学的总纲，也几乎包含了他的全部世界观。

在《指物论》中，公孙龙以“物”表示具体的个别的物，以“指”表示抽象的共相。“指”有名词的意义，就是“手指头”；有动词的意义，就是“指明”。公孙龙之所以用“指”表示共相，正是兼用这两种意义。此外，公孙龙以“指”表示共相，还因为“指”字与“旨”字相通，“旨”字有相当于“观念”、“概念”的意思。一个普通名词，用名家术语说，就是“名”，它以某类具体事物为外延，以此类事物共有的属性为内涵。一个抽象名词则不然，只表示属性或共相。可以说，在汉语里，一个共相就是一个名所“指”的东西。公孙龙把共相叫作“指”，就是这个缘故。

延伸阅读

名家说“楚王失弓”

据说楚王打猎时丢失了一张弓，随从们请求去找。楚王说：“不用了。楚国人丢了弓，楚国人拾了去，又何必寻找呢？”仲尼听到了说：“楚王的仁义还没有做到家。应该说人丢了弓、人拾了去就是了，何必要说楚国呢？”

公孙龙借用孔子关于楚王失弓的说法，指出孔子认为“楚人”和“人”是两个不同的概念，也就是“楚人非人”的意思。公孙龙的用意，是借用孔子的“楚人非人”道理来辩护他自己的“白马非马”理论。

先秦儒学的集大成之作：《荀子》

《荀子》具有学术批判精神，具备兼容并包的意识，体现了战国百家争鸣走向学术交融的历史趋势。

荀子（约前313—前238），著名思想家、文学家。名况，当时人们尊重他，称他荀卿。汉代著作因避汉宣帝刘询讳，写作孙卿。战国末期赵国人。曾两度到当时齐国的文化中心稷下游学，任过列大夫的祭酒（学宫领袖），还到过秦国，拜见秦昭王，后来到楚国，任兰陵令。公元前238年失官家居逝世，葬在兰陵。

荀子入秦拜见秦昭王之事，无论对儒家学派还是对中国学术都有举足轻重的作用。大约在80岁左右（一说50岁左右）的时候，荀子做出了一个决定。那就是，打破“儒者不入秦”的传统，去秦国考察。这是一个极富象征意义的举动，它预示着儒家的仁政学说，将与专制统治联姻。正因为这样，才有了汉代“罢黜百家，独尊儒术”的辉煌场面。

《荀子》，又称《孙卿对书》或《孙卿子》，为荀况及其弟子所著。西汉刘向整理时定为32篇，它们大致可分为三类，一类是荀子亲手所著的22篇，一类是荀子弟子所记录的荀子言行，共5篇，一类是荀子及弟子所引用的材料，共5篇。前两类是研究荀子思想的直接材料，是《荀子》一书的主体。

荀子博学深思，其思想学说以儒家为本，兼采道、法、名、墨诸家之长。

“天人之分”与“人定胜天”

哲学思想是荀子思想的精华部分，而其中的天道观更为突出。荀子认为天是客观存在的，它有自己运行的客观规律，不以人的主观意志为转移。他说：“天行有常，不为尧存的，不为桀亡。”即天的运行有自身的规律，不因为尧而存在，也不因为桀而消亡。天不因为人厌恶寒冷而停止冬季，地不因为人厌恶辽阔遥远而废止其广大。他明确提出了“天人之分”的观点，把天与人严格区分开来。此外，荀子还进一步强调人的主

◆ 荀子像

观能动性，提出了“制天命而用之”的光辉思想。也就是说，人可以利用自然规律，达到改造自然的目的。这种“人定胜天”的思想，有力地驳斥了宿命论。在处理天人关系问题上，荀子代表先秦思想的一个高峰。他比同时代的思想家站得都高。

感觉经验与思维作用并重的认识论

荀子的认识论具有唯物主义反映论的色彩。他说：“凡以知，人之性也；可以知，物之理也。”这就说，人具有认识客观世界的动力，客观事物是可知的。人依靠感觉器官获得对客观世界的认识。“耳、目、口、鼻、形”，荀子称之为“天官”。他认为“心”是思维的器官，《荀子•天论》中叫作“天君”。通过心的作用，把由感觉器官所获得的彼此孤立的感觉上升为认识，比较正确地说明了理性认识依赖于感性认识的关系。比如，用眼看到树，知道树的形状、高矮、颜色；通过心的辨别，得出正确的判断：这是树。荀子的认识论重视感觉经验，同时又注意思维(“心”)在认识中的重要作用。他克服了墨子单纯强调感觉经验的片面性，也克服了孟子单纯强调“心”的作用的片面性。

荀子认为，“心”要获得正确的认识，必须“虚一而静”，即不要以已经获得的知识来妨碍获得新的知识，不要以已经见到的东西而分心，妨碍认识新的东西，而且“心”还必须安静，不能胡思乱想干扰正常的认识活动。这就是“虚一而静”。

同时，荀子对“知”与“行”的关系有比较正确的说明，他说：“闻之不若见之，见之不若知之，知之不若行之。学至于行之而止矣。”即是说，听说的不如看见的，看见的不如自己知道的，知道的不如已经实行的，学到最后要达到实行。他强调“行”在认识中的地位，虽然他所谓的“行”只是个人的行动，还不就是社会实践，但仍属唯物主义的观点。

人性本恶

冯友兰先生说：“荀子最著名的是他的性恶学说。表面上看，似乎荀子低估了人，可是实际上恰好相反。荀子的哲学可以说是教养的哲学。他的总论点是，凡是善的、有价值的东西都是人努力的产物。价值来自文化，文化是人的创造。正是在这一点上，人在宇宙中与天、地有同等的重要性。”荀子的论点是：“人之性，恶；其善者，伪也。”伪，就是人为。荀子的“性恶”论与孟子的“性善”论有极大的区别，但就通过所谓的“圣王之教”来教育感化民众这一目的而言，他们又是一致的。其性恶思想也被后人认为是其法家思想趋向的萌芽。

延伸阅读

荀子、李斯和韩非的关系

韩非是先秦的最后一位重要思想家，李斯是秦帝国最重要的一位高级官员。韩非和李斯都是荀子的入室弟子，但他们也都是法家的代表人物，也正是这个原因，使历代都有部分学者怀疑荀子是否属于儒家学派。同时，荀子也因其弟子而在中国历史上受到许多学者的猛烈抨击。

独裁统治的理论基础：《韩非子》

以韩非子为代表的法家是先秦诸子中对法律最为重视的一派。他们以主张“以法治国”的“法治”而闻名，而且提出了一整套的理论和方法。这为后来建立的中央集权的秦朝提供了有效的理论依据。

韩非（约前281—前233），战国时韩国人（今河南省新郑），古代著名的哲学家、思想家、政论家和散文家，法家思想的集大成者，后世称“韩子”或“韩非子”。

身为韩国公子的韩非，目睹韩国日趋衰弱，多次向韩王上书，希望韩王变法图强，但韩王置若罔闻，这使韩非非常悲愤和失望，于是写了《孤愤》《五蠹》《说难》等十余万言的著作，全面、系统地阐述了自己的法治思想，抒发了忧愤而不容于时的愤懑。

◆ 韩非子像

这些著作流传到秦国后，秦王大加赞赏，推崇备至。为了见到韩非，秦王下令攻打韩国，韩王派韩非出使秦国。秦王见到韩非很高兴，但没有信任和重用他。后来，韩非受到李斯和姚贾的谗害，死于狱中。

韩非死后，后人把他的著作辑集成《韩非子》。《韩非子》“法”“术”“势”相结合的理论，达到了先秦法家理论的最高峰，为秦统一六国提供了理论武器，也为以后的封建专制制度提供了理论根据。

“法”“术”“势”结合的治国方略

韩非子之前，法家分三派。一派以慎道为首，主张在政治与治国方术之中，“势”即权力与威势最为重要。一派以申不害为首，强调“术”，即政治权术。一派以商鞅为首，强调“法”，即法律与规章制度。到了韩非时，他认为“不可一无，皆帝王之具也”。他第一次提出了以“法”为中心的“法”“术”“势”三者结合相辅为用的政治思想体系。韩非认为治国要有法，主张明法令，设刑赏，奖励耕战以富国强兵。

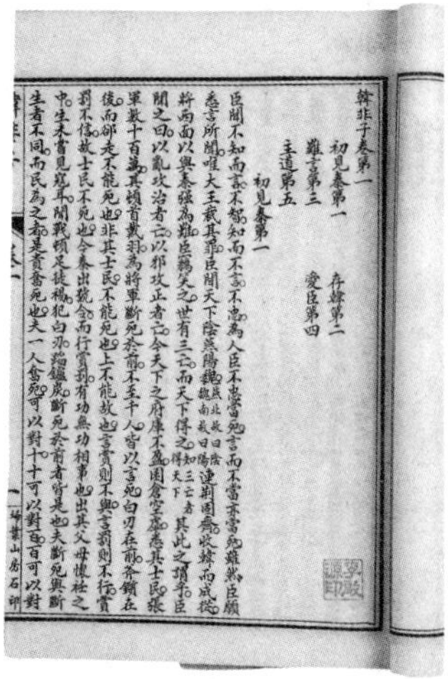
韓非子卷第一

初見秦第一　存韓第二

難言第三　愛臣第四

主道第五

初見秦第一

臣聞不知而言不智知而不言不忠為人臣不忠當死言而不當亦當死雖然臣願悉言所聞唯大王裁其罪臣聞天下陰燕陽魏燕北故曰陰魏南故曰陽連荊固齊收韓而成從將西面以與秦強為難臣竊笑之世有三亡而天下得之知三亡者得天下其此之謂乎臣聞之曰以亂攻治者亡以邪攻正者亡今天下之府庫不盈囷倉空虛悉其士民張軍數十百萬其頓首戴羽為將軍斷死於前不至千人皆以言死白刃在前斧鑕在後而卻走不能死也非其士民不能死也上不能故也言賞則不與言罰則不行賞罰不信故士民不死也今秦出號令而行賞罰有功無功相事也出其父母懷衽之中生未嘗見寇耳聞戰頓足徒裼犯白刃蹈鑪炭斷死於前者皆是也夫斷死與斷生者不同而民為之者是貴奮死也夫一人奮死可以對十十可以對百百可以對

◆《韩非子》书影

“道”与“理”

韩非哲学思想的最高范畴是“道”。他反对天命思想，主张天道自然，对老子“道”的概念进行了改造，使其具有客观物质性的内容。他认为“道”是万物发生发展的根源，“道”先天地而存在，有了“道”才有万物。韩非同时在中国哲学史上第一次提出了“理”这个哲学概念，并论述了它与“道”的关系。“理”在韩非看来，就是事物的特殊规律，主张人们办事应该尊重客观规律。

“矛盾之说”的首次提出

韩非首倡“矛盾之说”。韩非用矛和盾的寓言故事，说明“不可陷之盾与无不陷之矛不可同世而立”的道理。他认为，所谓矛盾，是互相对立的两个方面，矛盾和对立是普遍存在的。但矛盾双方的地位不是固定不变的，而是可在一定条件下相互转化的。他认为在导致矛盾转化的条件中，内因固然有决定的作用，但外因的作用也不可忽视。

进化的历史观

韩非用进化的历史观点分析了人类历史。他把人类历史分为上古、中古、近古、当今几个阶段，进而说明不同时代有不同时代的问题和解决问题的方法，那种想用老一套办法去治理当世之民的人都是“守株”之徒。韩非的进化历史观在当时是进步的。他看到了人类历史的发展，并用这种发展的观点去分析人类社会的过去现在和将来。

反对“先验”的认识论

韩非的认识论继承了先秦哲学中的唯物主义的思想传统。他提出的反对“前识”和“因参验而审言辞”的观点，在中国哲学史上占有重要的一页。韩非反对“前识”的观点。所谓“前识”，就是先验论。韩非主张“虚以静后”，通过观察事物得到认识而非妄加揣测。

延伸阅读

韩非寓言之“酒酸与恶狗”

宋国有位小生意人开了家酒店，专门出售陈年佳酿。这间酒店窗明桌净，买卖公道，行人在几里外都能看见门前的酒旗招展。店小二待客笑脸相迎，颇为殷勤。奇怪的是，这间酒店生意冷清，一坛坛老酒开了封卖不出去，都发酸变质了。

店主苦思冥想找不出原因，就去请教附近一个老者。老者沉吟了一番，问他：“你的看门狗凶吗？”店老板纳闷地说：“凶啊，可这跟卖酒有什么关系呢？”老头儿拈着胡须笑道：“恶狗守在门口，见人就咬，酒再好，还有谁敢来买呢？”

韩非以此寓言来说明：有才能的人怀着治国的好想法想要禀陈君王，可有些大臣却像恶狗一样窜出来咬人，这就使国君受到蒙蔽和挟制，也使有才能的人得不到重用。

商人促成的杂家著作：《吕氏春秋》

《吕氏春秋》不是一部系统的哲学著作，它有一定的思想价值，但更重要的是资料价值。它是当时秦国统一天下、治理国家的主要思想武器。

吕不韦（？—前235），战国末年著名商人、政治家、思想家。姜姓，吕氏，名不韦。卫国濮阳（今河南濮阳滑县）人。吕不韦原本是阳翟（今河南省禹州市）的大商人，他往来于各地，以低价买进，高价卖出，以“奇货可居”闻名于世，并因此积累起千金家产。

吕不韦在庄襄王时期任丞相，封为文信侯。庄襄王死后，受命以“仲父”身份摄政领国，辅佐13岁的秦王嬴政，直到其21岁加冠亲政。秦王嬴政亲政后，吕不韦公开发布《吕氏春秋》，与秦王嬴政发生治国理念的冲突，被贬黜洛阳；后来，秦王欲再贬迁吕不韦于巴蜀之地，吕不韦饮鸩自杀，埋葬于洛阳北邙山一带。

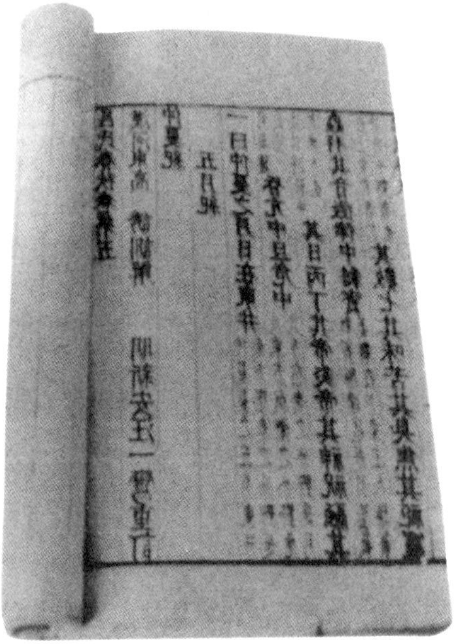

◆ 《吕氏春秋》书影

《吕氏春秋》，又名《吕览》，是吕不韦组织属下门客们集体编纂的杂家著作，成书于公元前239年。此书共分为十二纪、八览、六论，二十余万字。内容驳杂，有儒、道、墨、法、兵、农、纵横、阴阳家等各家思想。

改造与继承

《吕氏春秋》对各家思想都进行了改造、发展与摒弃。如，儒家主张维护君权，《吕氏春秋》吸收了这种思想，但是它是以独特的面目出现的。它主张拥护新“天子”，即建立封建集权国家。它说：“今周室既灾，而天子已绝，乱莫大于无天子。”“天下必有天子，所以一之也，天子必执

◆ 吕不韦像

一，所以抟之也。一则治，两则乱。”

《吕氏春秋》继承了老庄的无为思想，主张巩固政权在于清静无为，“有道之主，因而不为”“虚静以待”，认为只有这种“无为”“虚静”，才能达到无为而无不为的自由境界。

物质起源的精气说

在物质起源的问题上，《吕氏春秋》把宋尹学派的“精气说”拿过来加以改造。宋尹学派认为：“凡物之精，此则为生，下生五谷，上为列星。”而《吕氏春秋》说：“万物所处，造于太一，化于阴阳。”这就是说，“太一”是万物的本源，世界万物都是从“太一”那里派生出来的，并由阴阳二气变化而成的。“太一”是什么呢？“道”就是“太一”，“太一”就是“精气”。《吕氏春秋》认为，由“精气”（道）派生出来的万物是在不停地运动着的，“与物变化，而无所终穷”。

不断发展的社会历史观

在社会历史观上，《吕氏春秋》认为历史是不断发展的：“今之于古也，犹古之于后世也。今之于后世，亦犹今之于古也。故审知今，则可知古，知古则可知后，古今前后一也。”这就是说，历史的发展是一环扣一环的，今之视者，亦犹后之视今，无古不成今。了解过去，有助于了解今天。但是，了解过去并不意味着拘泥不变，恰恰相反，当时代变化了，相应的法规、政策等也应该变化，以适应时代的需要。它还用“刻舟求剑”的寓言故事来说明这一道理。

延伸阅读

吕不韦为《吕氏春秋》做广告

吕不韦生活的年代，魏有信陵君、楚有春申君、赵有平原君、齐有孟尝君，他们都礼贤下士、宾客相倾。但吕不韦虽贵为丞相，却是商人出身，担心别人瞧不起自己。于是他高薪聘请了上千个满腹经纶的文人学者，成立了吕氏文学院，专门撰写以自己的姓氏命名的《吕氏春秋》。书成之后，犹不满足。还命人把书的全文抄出，贴在咸阳城门上，并发出布告：“谁能把书中的文字增加一个或减少一个，甚至改动一个，赏黄金千两。”布告贴出许久，人们畏惧吕不韦的权势，无人来自讨没趣。于是书的名声以及书的质量便无人不知、无人不晓了。

第二讲

两汉哲学

黄老之学和《黄老帛书》

黄老之学是战国中后期的一个强大的学术思潮，对先秦学术乃至整个中国古代的学术思想产生了深刻的影响。在汉初再度辉煌后，成为当时的官方哲学，成功地主导了西汉前期的历史，在一定程度上造就了著名的“文景之治”。

黄老之学始于战国盛于西汉，假托黄帝和老子的思想，实为道家和法家思想结合，并兼采阴阳、儒、墨等诸家观点而成。其特征为“贵清静”“尚无为”，以达到“与民休息”“无为而治”的目的。

黄老之学在西汉的兴盛，是由当时的客观情势决定的。西汉王朝建立之初，由于长期的战乱，经济凋敝，民力困乏。在这种情况下，汉初统治者采取了“与民休息”的政策，而黄老“无为而治”的思想为这一政策提供了理论依据。在推行黄老之学而将汉王朝推向“文景之治”这一繁荣阶段上，窦太后功不可没。

窦太后信奉黄老之学。景帝和窦姓宗族不得不读《老子》，并推尊其学说。景帝时她曾召博士辕固生，问他《老子》是怎样的一部书，辕固生不识时务，猝然答道：“这不过是部平常人家读的书，没什么道理。”窦太后大怒道：“难道一定要司空城旦书吗？”话中讥讽儒教苛刻，比诸司空狱官，城旦刑法。辕固生一听想转身就走，不料被太后喝住，要他到猪圈里去与猪搏斗。当时还是太子的刘彻（汉武帝）见辕固生为一文弱书生，恐不敌猪，就投进一把匕首，才让辕固生把猪刺死。正因此，景帝在位十六年，始终未用儒生。刘彻即位后，太皇太后闻他好儒，就常出面干预朝政。武帝也不便违忤祖母，朝廷政事，随时向她请示。至她去世前，武帝不再重用儒生。窦太后是中华帝国最后一位拥附“黄老之学”的统治者。

黄老之学的哲学思想体现在《黄老帛书》中，这是由1973年12月，在长沙马王堆出土的帛书中的《经法》《十六经》《称》《道原》四篇古佚书组成的，它们被认为是黄老之学的代表作。

继承并发展了的“道”

黄老之学改造了老子的“道”，把“道”看作是客观存在的天地万物的总规律，指出“道”的根本性质是“虚同为一，恒一而止”，“人皆用之，莫见其形”，强调“道”的客观必然性，认为“道之行也，繇不得已”。

遵循并顺应的规律论

《黄老帛书》中用“执道”“循理”来概括对规律的理解。所谓“执道”，即认识和掌握事物的内在规律。《经法•道法》论执道的重要性，认为只有掌握规律的人才能明白天道“极而反”的法则，了解社会生活

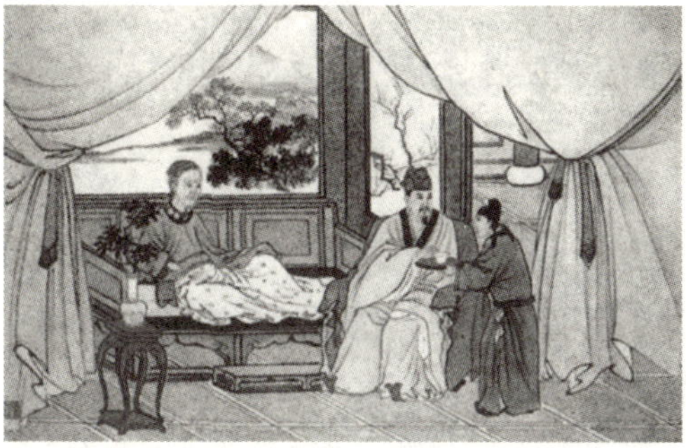

◆ 信奉黄老之学的汉文帝侍母亲尝汤药

中君道与臣道的区分，周密观察各种事物的变化过程，而不抱先入为主的成见。这样，就能做到认识精纯，思维开阔，成为天下是非的准绳。“执道”就必须从根本上着眼：“执道循理，必从本始。”所谓“循理”，就是遵循客观规律处理好各种具体事物。

对待事物要“审时”“守度”的方法论

“审时”，就是在处理各种事物的过程中，要善于掌握时机，并及时捕捉事物发展变化的转折点．做好事物转化的准备。《黄老帛书》中的“圣人不巧，时反是守”“圣人之功，时为之庸”强调了掌握时机的重要性。它认为，时机是客观的，不能凭主观臆测，只能如实认识，而且运用时机要迅捷、果断、机密，“当天时，与之皆断。当断不断，反受其乱”。

“守度”，就是掌握事物变化中的数量关系和数量界限。《黄老帛书》中提出了日常运用的八种度数，即规、矩、绳直、水平、尺寸、权衡、斗、石等，并说：“八度者，用之稽也。”《黄老帛书》进一步指出：自然事物和社会生活都各有其“度”。使民要有“恒度”，赋敛也要有度，倘若“变恒过度”“过极失当”的话，就会妨害国家政治生活的稳定。

普遍存在的矛盾论

《黄老帛书》承认矛盾的普遍性，认为天有晦明，地有山泽，物有白黑，事有善恶，“静作相养，德虐相成；两若有名，相与则成；阴阳备物，化变乃生。”同时《黄老帛书》认识到，矛盾相互斗争是必要的，但一味斗争又是不可取的，它提出“雄节”和“雌节”这对特殊范畴，用来区分两种斗争策略和方式，《十六经•雌雄节》说：“夫雄节，满之徒也；雌节，谦之徒也。”“辨雌雄之节，乃分祸福之乡。”

延伸阅读

黄帝和黄老之学

黄老之学可以说是托名黄帝，以老子及道家精神为主旨，吸收并综合了先秦各家特别是儒、法诸家思想而形成的新道家。然而，黄帝因开启了一个文化创造和文明进步的时代而成为积极有为、富于创造、勇于探索，极力把社会推向进步的精神的代表，他又怎么会和以崇尚自然、安于无为著称的道家思想融合起来呢？

这首先是因为在战国时代，对黄帝的崇拜逐渐升温。其次，战国中期，各国为了称雄称霸，都需要一种黄帝般的精神，而各种思想流派为了使自己有用也都必须做顺应时代的变通。因此，道家也开启了从形而上的玄虚走向了社会生活层面，并吸收了法家的“法”和儒家的“礼”，把“无为”引向积极应世的“无为而治”的政治实践，从而开启了道家向务实方向发展的新阶段，逐渐形成了黄老之学。

儒家思想居主的先声：《新语》

《新语》是汉初重要的理论著作，使汉高祖刘邦进一步从治理天下的高度意识到儒学的重要作用，为儒学在汉武帝时的独尊奠定了一定基础，从而对提高儒学地位作出了重要贡献。

陆贾（约前240—前170），汉初思想家，政治家。楚人。早年随刘邦平定天下，口才极佳，常出使诸侯。陆贾一生所做的事情主要有四件：一是为刘邦出使南越，劝说南越王赵佗摘去帝号，向刘邦称臣。二是劝说刘邦读《诗》《书》，使其明白“逆取顺守”“文武并用”的道理。三是在吕后专权、刘氏天下岌岌可危的时候，劝说丞相陈平与太尉周勃摒弃前嫌、团结一致，从而为日后平定诸吕之乱奠定了基础。四是为汉文帝再度出使南越，劝南越王赵佗第二次摘去帝号，恢复与汉王朝的臣属关系。陆贾著有《楚汉春秋》和《新语》等。

◆ 广州陈氏书院陆贾像

关于《新语》的来历，据说陆贾曾受汉高祖刘邦之命总结秦朝灭亡及历史上国家成败的经验教训，陆贾共写成文章12篇，每奏一篇，刘邦无不称善，故命名其书为《新语》。后人称《新语》承继孟子、荀子的学说，而开启贾谊和董仲舒的思想，成为汉代确立儒家思想统治地位的先声。《新语》是研究陆贾伦理思想的直接材料，文字略有窜乱，但内容基本可信。

借用而来的“道”

陆贾以“道法自然”和“无为而治”的道家思想为出发点，对“道”进行了改造。这个“道”大可以是本，小可以是术。不消极，不遁世，而是积极入世，自然求治。他认为道近不必出于久远，取其致要而有成。他甚至认为智者之所短，不如愚者之所长。他强调朴质者近忠，便巧者近亡的观点，看上去是给老庄思想缀了个尾巴，实际上是把老庄思想拉回到现实。他同时是一个纵横家，他把纵横术也加进了道家思想中，让道家思想更贴近现实，他说“善言古者合之于今，能述远者考之于近”。他创新的“道”学理论可以用四个词概括：自然顺守、无为谨敬、怀柔致远、守弱尚仁。而这些又都是道家的根本，的确能够成为一代治国之策。

改良后的儒学

陆贾对儒学进行了了全面的改良，使之能够适应道家思想的基本原则。他找到了儒道两家都关注“治”的共同点，强调儒家的“德治”与“谨敬无为”的内在联系，用儒家的“德治”来完善道家的“无为而治”。他说“虐行则怨积，德布则功兴。”他还说：“尧以仁义为巢，舜以禹、稷、契为杖，故高而益安，动而益固……秦以刑罚为巢，故有覆巢破卵之患；以赵高、李斯为杖，故有倾仆跌伤之祸。”秦朝重刑罚是一种有害的“有为”，也就是把刑罚等同于“有为”；而尧重仁义是一种有益的“无为”，也就是把仁义等同于“无为”。

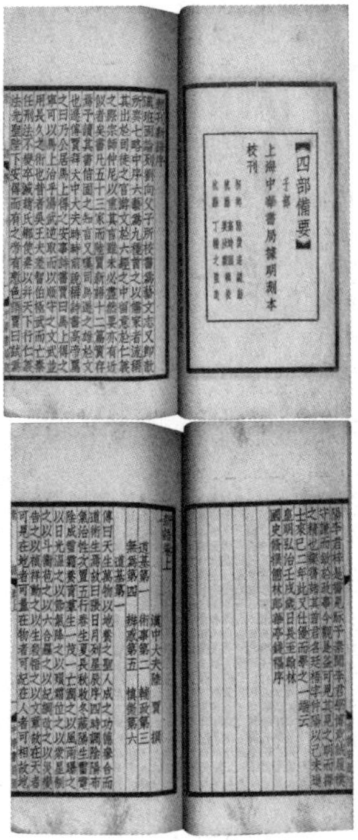
四部備要
上海中華書局據明刻本校刊

◆ 《新语》书影

改进之后的法治思想

秦以法家思想为主，但“法治绝对化”成为了秦帝国的致命软肋。在总结秦亡教训时，陆贾指出刑法只能诛恶，而不能劝善，良好的道德，决非出自对刑法的畏惧，而是教化的结果。且刑法非但不能“诛恶”，恐怕连“禁恶”也做不到：“恃刑者民畏之”，“畏之则去其域”（《至德》），如果既躲避不开又不堪忍受，就会奋起反抗，陈胜吴广起事就是实例。所以陆贾主张：“设刑者不厌轻，为德者不厌重；行罚者不患薄，布赏者不患厚，所以亲近而致疏远也。”(《至德》)不过陆贾也不反对法治的作用,他把“立狱治罪，悬赏设罚”作为古圣贤“异是非，明好恶，检奸邪，消佚乱”(《道基》)之举，认为刑法作为维护统治秩序的必要手段，是不可能放弃的，需要反对的只是专恃刑法并无所节制。

延伸阅读

陆贾“暗度陈仓”

因“马上得天下，安能马上治天下”，人们熟知陆贾。但陆贾也是一个颇懂得享受生活的智者。

陆贾曾因说服南越王赵佗而深得南越王欢心，并获增千金。孝惠年间，吕太后当政，陆贾估计自已难与她抗争，又不想随波逐流，便告病还家。此时，陆贾将这千金分给五个儿子，每日里乘坐高车大马，带领一群载歌载舞鼓瑟吹笙的侍者，轮流住五个儿子家，并告诉他们：“现在我把金子分给你们，以后我经过你们家时，必须给我提供新鲜的酒食，我每次每家最多呆不过十天，你们每年最多不过招待我三次，如果酒食不新鲜，我会找你们算账的。另外，我身上的剑价值百金，如果哪天我死了，那这把宝剑就归我死时停留的那家，作为丧葬费。”

但事实上，这种优逸的生活仅是一种幌子。背地里，陆贾联络陈平周勃，并促成二者的联盟，最终在吕太后过世后成功诛灭诸吕，迎立汉文帝，开创一代盛世。

贾谊和他的《新书》

贾谊从18岁就开始政治和学术活动，33岁就死了。在15年中他对当时各方面的重大问题，都作了分析并提出积极的解决方案。这些方案成为后来汉朝的统治者制定政策的基础。

贾谊(前200—前168)，又称贾太傅、贾长沙、贾生。西汉洛阳（今河南洛阳市东）人。西汉初年著名的政论家、文学家。18岁即有才名，年轻时由河南郡守吴公推荐，20余岁被文帝召为博士，不到一年被破格提为太中大夫。但是在23岁时，因遭群臣忌恨，被贬为长沙王的太傅。后被召回长安，为梁怀王太傅。梁怀王坠马而死后，贾谊深感歉疚，直至33岁忧伤而死。

贾谊著作主要有散文和辞赋两类。散文如《过秦论》《论积贮疏》《陈政事疏》（一称《治安策》）等都很有名；辞赋以《吊屈原赋》《鹏鸟赋》最著名。所著文章共58篇，刘向编为《新书》十卷，已散佚不全。明人辑有《贾长沙集》，今人辑有《贾谊集》。

新書卷第一
梁太傅賈誼撰
過秦上 事勢
秦孝公據殽函之固擁雍州之地君臣固守以窺周
室有席卷天下包舉宇內囊括四海之意并吞八荒
之心當是時也 商君佐之內立法度務耕織
脩守戰之具 外連衡而鬭諸侯於是秦人
拱手而取西河之外孝公既沒惠文武昭襄王

◆《贾子新书》书影

贾谊的哲学思想是其政治思想的理论基础，其中虽然有某些唯心主义和神秘主义的杂质，但其基本倾向却是朴素的唯物主义和辩证法。

尊“道”而重“德”的道论

贾谊继承了老子的唯物主义的传统，而且发展了这种唯物主义思想。他不仅强调“道”的本体性，而且特别强调“德”在宇宙形成过程中的作用。在贾谊看来，如果说“道”是万物的比较抽象和原始的本原的话，那么“德”则是较“道”为具体一些的本原。贾谊不仅用“道德”说明宇宙发展的本源，而且力图以之说明人性和社会的种种现象。他说，人性是“道德之神专而为一气”，是这种气汇聚在一起而形成的。至于“命”，不过是一种必然性，他认为，任何事物既然都是由道德而产生的，那么它的

◆ 贾谊井

泽、润、性、气、神、明及形体的大小、轻重便都有一定的规制，这种规制不是由人们的主观想象所决定的，也不以人们的主观愿望为转移，而是由道德所决定的。这种确定的不可移易的必然性，是不可抗拒的，所以叫“命”。这一切，都充分表明贾谊是力图用自然界本身的变化（道德），来说明自然和人事现象。

强调“中”“和”以调和矛盾

贾谊承认物质运动的绝对性，他说：“万物变化兮，固无休息。斡流而迁兮，或推而还；形气转续兮，变化而嬗。”（《鹏鸟赋》）意思是说，万物的变化是没有休止的，事物的旋转迁徙也是来回不停的，有形的物和无形的气之间的相互转化也是不断地交替的。贾谊认为，不仅自然现象如此，社会人事现象亦是如此。以时代更迭为例，一方面，社会的客观现实的确存在矛盾，而且由于这些矛盾的运动，推动着社会不断发展；另一方面，作为统治者又想避免或缓和这些矛盾，从而使自己的江山永固。这个矛盾的实质，是不平衡与平衡、绝对运动与相对静止之间的矛盾。这就要求人们正确处理它们之间的关系。

在矛盾的斗争性与同一性关系上，贾谊着重强调的是同一性。他在《容经》中指出：“语曰：‘审乎明王，执中履衡’。言秉中适而据乎宜。故威胜德则淳，德胜威则施。威之与德，交若缪纆，且畏且怀，君道正矣。‘质胜文则野，文胜质则史，文质彬彬，然后君子。’”贾谊这种“执中履衡”“察中居宜”的主张，是汉初社会现实需要的反映。贾谊看到，汉王朝建立不久，面临着许多日趋尖锐的社会矛盾，因此在哲学上便积极主张调和缓解矛盾，实现“中”与“和”。这首先是有利于统治阶级的，但在客观上给长期处在动乱中的人民群众也提供了一个休养生息的环境。

延伸阅读

可怜半夜虚前席，不问苍生问鬼神

贾谊被贬为长沙王太傅一年多之后，他又重新被召回京城拜见皇帝。当时汉文帝正坐在宣室，接受神的降福保佑。因文帝有感于鬼神之事，就向贾谊询问鬼神的本原。贾谊也就乘机周详地讲述了所以会有鬼神之事的种种情形。到半夜时分，文帝已听得很入神，不知不觉地在座席上总往贾谊身边移动。听完之后，文帝慨叹道：“我好长时间没见贾谊了，自认为能超过他，现在看来还是不如他。”

贾谊是才子，谈论经国治民之道应该是他最擅长的，但汉文帝却向他咨询鬼神之事，从贾谊这方面看，这与他唯物主义的思想相冲突，是他怀才不遇的缘由之一；从汉文帝的角度来看，连皇帝都关心鬼神之事，由此可见，求神问鬼在当时是多么普遍。在他之后不久出现谶纬之学的兴盛，也就不难理解了。

读不尽的《淮南子》

《淮南子》是一部不可多得的奇书，它具有多方面的价值。文化方面，它既保存了先秦时期光辉灿烂的文化，又开启了两汉以后的文化。哲学方面，它构筑了一个以道论为主体的哲学思想体系。政治方面，它对无为而治作了新的解释，对治国之道做出了有益的探索……

刘安（前179—前122），汉高祖刘邦之孙，淮南厉王刘长之子。西汉知名的思想家、文学家。公元前172年，刘长因密谋造反而被废王位，在流放途中绝食而死。公元前164年，汉文帝把原来的淮南国一分为三封给刘安兄弟三人，刘安以长子身份袭封为淮南王，时年16岁。他才思敏捷，好读书，善文辞，乐于鼓琴。奉汉武帝之命所著《离骚体》是中国最早对屈原及其《离骚》作高度评价的著作。

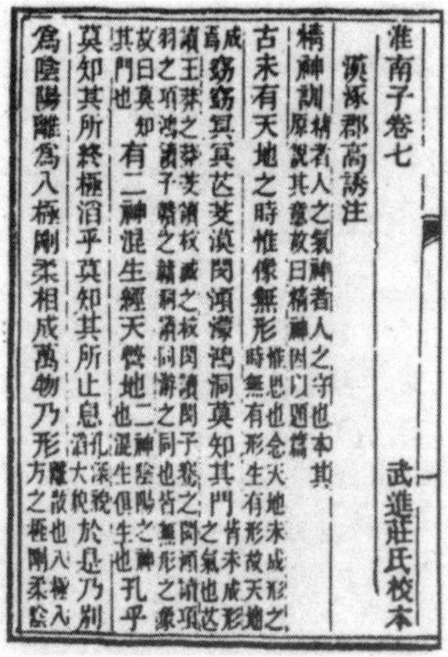
淮南子卷七
漢涿郡高誘注
精神訓
古未有天地之時惟像無形
窈窈冥冥芒芠漠閔澒濛鴻洞莫知其門
有二神混生經天營地
莫知其所終極滔乎莫知其所止息於是乃別
為陰陽離為八極剛柔相成萬物乃形
武進莊氏校本

◆《淮南子》书影

汉武帝非常欣赏刘安的才情，但他强力推行的“罢黜百家、独尊儒术”的统治思想，却和刘安推崇的“无为而治”的道家学说南辕北辙，而父亲刘长之死更成了刘安心中的一个“死结”。因此，刘安在广置门客进行“学术研讨”的同时，也在不断地积蓄力量，为有朝一日的谋反做着准备。不过，和自己的父亲一样，刘安的谋反还没有来得及实施，便由于门客雷被的告状，以及门客伍被、孙子刘建的告密而划上了句号。刘安也因此而被迫自杀。

《淮南子》又名《淮南鸿烈》，是刘安招集门客，于汉景帝、汉武帝之交时撰写的一部论文集。《淮南子》著录内21篇，外33篇，内篇论道，外篇杂说。今存内21篇。以道家思想为主，糅合了儒、法、阴阳等家，一般列《淮南子》为杂家。实际上，该书是以道家思想为指导，吸收诸子百家学说，融会贯通而成，是战国至汉初黄老之学理论体系的代表作。《淮南子》在阐明哲理时，旁涉奇物异类、鬼神灵怪，保存了一部分神话材料，像“女娲补天”“后羿射日”“共工怒触不周山”等古代神话，主要靠本书得以流传。

宇宙万物的本原为“道”

《淮南子》把“道”作为宇宙万物的本原，“道”是天地未剖之前的状态。“道”经历了由“虚廓”至“宇宙”再至“元气”的几个演化阶段，“元气”成为阴阳未分、天地未剖之前的混沌一体的状态，“道”即元气。也可以说，《淮南子》第一次明确提出了“元气”为宇宙万物的本原。而万物的形成经历了元气分化为阴阳、阴阳形成天地、天地化有万物的过程。人也是自然界长期发展的产物，是自然界的一部分。不过它把人的精神也看成是一种有独立物质本原的东西，就陷入了形、神二元论。

宇宙是有序的

在《淮南子》看来，宇宙并非混沌和紊乱的，而是一个逐步从混沌到有序的自然过程，这一过程是决定性的和不可逆的。《淮南子》还沿着阴阳家的思路，对世界的自然秩序和宇宙结构作了探索。《淮南子•诠言训》中说：“阳气起于东北，尽于西南。阴气起于西南，尽于东北。阴阳之始，皆调适相似，日长其类，以浸相远，或热或沙，或寒凝冰。”这种以阴阳消长解释四季变化的思想和秦汉之际阴阳家的说法是一致的，只是更细致了。

◆ 淮南王刘安雕像

改造后的“无为”思想

《淮南子》对老子的“自然无为”的思想作了改造。老子的“无为”包含着“不为而成”“不行而知”的消极方面，所以庄子把它推向“知其不可奈何而安之若命”的绝对无为和宿命论。《淮南子》则把“无为”改造为“不先物为”，即反对盲目作为；“无不为”改造为“因物之所为”。《原道训》说：“所谓无为者，不先物为也；所谓无不为者，因物之所为。”《淮南子》一面强调自然规律的客观性，同时又强调了人的主体能动性。人虽然要积极作为，但又不能违背规律，必须“循理举事”，即符合客观规律，“推自然之势”，即顺应客观趋势，尤其反对以自己的主观成见代替对客观规律的认识。这是对荀子“天行有常”和“制天命而用之”思想的正向发展。

延伸阅读

《淮南子》的作者是谁

关于《淮南子》的作者，有比较含混和比较明确的不同说法。比较含混的说法是，《淮南子》是淮南王刘安及其宾客共同撰著的。但是史称淮南王“招致宾客方术之人数千人”，这些人不可能都是《淮南子》的作者。淮南王的门人宾客中究竟有哪些人参与了《淮南子》的撰著?于是又有另一种比较明确的说法，认为是淮南王刘安“与苏飞、李尚、左吴、田由、雷被、毛被、伍被、晋昌八人，及诸儒大山、小山之徒，共讲论道德，总统仁义，而著此书”，指出了淮南王以外的另一些作者的名字。再后来，这里出现的八个名字又被统称为“八公”，于是《淮南子》的作者就成为淮南王刘安和八公了。

董仲舒的神学著作：《春秋繁露》

西汉中期，战乱频仍的诸侯王国割据局面基本结束，生产得到恢复与发展，中央集权得到巩固与加强，出现了经济繁荣和政治大一统的局面。适应统一的中央集权的需要，董仲舒的神学唯心哲学思想便应运而生。他的哲学思想主要反映在所著的《春秋繁露》中。

董仲舒（前179—前104），西汉广川（今河北省衡水市景县广川镇）人，是我国古代著名的哲学家、思想家、政治家、教育家，是继孔子之后儒家学派最有影响的代表人物。

汉武帝元光元年（前134），董仲舒在著名的《举贤良对策》中，提出他的哲学体系的基本要点，并建议“罢黜百家，独尊儒术”，为汉武帝所采纳。

董仲舒的哲学思想主要反映在所著的《春秋繁露》中。《春秋繁露》有17卷，82篇，是西汉今文经学的重要著作。由于书中篇名和《汉书•艺文志》及本传所载不尽相同，后人怀疑其不全出自董仲舒一人之手。《春秋繁露》是后人辑录董仲舒遗文而成书，书名为辑录者所加，隋唐以后才有此书名出现。

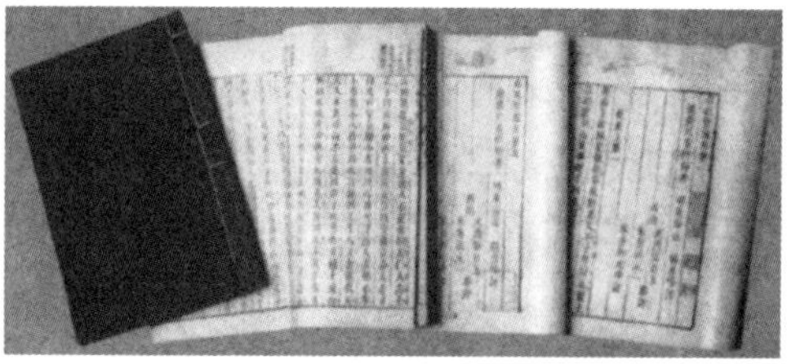

◆《春秋繁露》书影

天人感应

董仲舒的哲学基础是“天人感应”学说。他认为天和人同类相通，相互感应，天能干预人事，人亦能感应上天。董仲舒把天视为至上的人格神，认为天子如果违背了天意，不仁不义，天就会出现灾异进行谴责和警告；如果政通人和，天就会降下祥瑞以鼓励。天人感应的思想在汉代曾占据了统治地位，以此为基础形成的谶纬之学盛极一时，并在中国封建社会流传。在封建社会，天人感应说一方面对无限的君权进行了限制，同时也为封建专制制度提供了理论依据。

“性三品”的人性论

董仲舒把人性分为三个品级：圣人之性、中民之性、斗筲之性。“圣人之性”为纯粹的仁和善，圣人不用教化，是可以教化万民的。“斗筲之性”是只有贪和恶的广大劳动人民，这些人即使经过圣人的教化也不会成为性善者，对他们只能加以严格防范。“中民之性”具有善的素质，经过君主的教化便可以达到善。这三个品级的人性，都是天所赋予的。这一套性三品的人性论，是孔子“惟上智与下愚不移”（《论语·阳货》）人性论的发展。

“天不变道亦不变”的形而上学思想

这是董仲舒的一个哲学命题。其中的“道”是封建社会据以存在的根本原理，其核心是三纲五常。“天”主要是指自然界的最高主宰或天意。董仲舒认为，封建社会的最高原则是由天决定的，天是永恒不变的，因而按天意建立的封建社会之“道”，也是永恒不变的。一个新朝代的君王，受天命统治人民，必须改制，徙居处，更称号，改正朔，易服色，就起居饮食等制度的具体形式作一些改变，但治理封建社会所必须遵循的根本大道，是不能改变的。在董仲舒看来，“王道之三纲”取诸阴阳之道。阳为主，阴为从，“君为阳，臣为阴，父为阳，子为阴，夫为阳，妻为阴”。臣、子、妻受君、父、夫的统治之道也是不能变的。董仲舒以“天不变道亦不变”来论证封建制度和君主统治的合理性和稳定性，后来成了束缚人们的精神枷锁。

◆ 董仲舒雕像

罢黜百家，独尊儒术

“罢黜百家、独尊儒术”，就是把其他的思想、学问全部废除，只留下儒家的学问供世人学习。这是董仲舒向汉武帝提出来的。董仲舒明确地主张大一统的中央集权统治。所谓一统，就是一切统一于天子朝廷的专制统治。要达此目的，首先必须统一人们的思想，具体办法就是“罢黜百家、独尊儒术”。董仲舒的这个建议受到汉武帝的采纳，从此以后，以孔子为代表的儒家学说成了中国封建社会的正统思想。这在最初起到了统一思想、统一舆论、稳定国家的作用，但后来却成为封建专制的重要组成部分，禁锢了中国古代思想的发展，特别是个性思想。

延伸阅读

“天人感应”招来的祸患

公元前135年4月，长陵高园殿发生火灾；6月，辽东高庙又发生了火灾。正在家里养病的董仲舒听到这两件事，心里惴惴不安，连忙抱病给汉武帝写了一份奏章，大谈“天人感应”，说汉高祖庙园失火，是天对当时政治不满，有意降祸人间。他的草稿刚写好，恰巧中大夫主父偃来看他。主父偃也是个精通孔孟学说的人，他当了官后，便搜刮民财，敲诈勒索，无恶不作。平时他与董仲舒也不合，于是便把董仲舒的草稿送给汉武帝。汉武帝看后，大发雷霆，召集使臣商讨对付的办法。当时，董仲舒有个弟子叫吕步舒，也参加了讨论。他不知道这份奏章是自己老师写的，为了在汉武帝面前显示自己的卓识，便竭力攻击说：“这奏章表面是推算灾异，实际上是诽谤朝廷，欺世惑众，一派胡言。”因此建议杀掉写奏章的人。董仲舒被关进了监狱。后来，吕步舒知道了真相，百般营救，董仲舒才出了狱。此后整整十年，他都没有得到汉武帝的起用。

仿来的哲学名著：《太玄》《法言》

扬雄是融合儒、道的思想家，在哲学上，他上承《易经》《老子》，下启王充、张衡乃至魏晋玄学；在政治思想上，扬雄承继孔孟和董仲舒，提倡德治，主张以礼义教化人民，反对为政先杀后教，并影响了后来的思想家。

扬雄（前53—前18），字子云，西汉文学家、哲学家、语言学家，蜀郡成都（今属四川）人。

扬雄在汉赋写作方面成就尤为突出，与司马相如并称为“扬马”，辞赋代表作有《甘泉赋》《羽猎赋》；语言学代表作为《方言》等；历史学代表作为《蜀王本纪》。其哲学思想的代表作是《太玄》和《法言》。

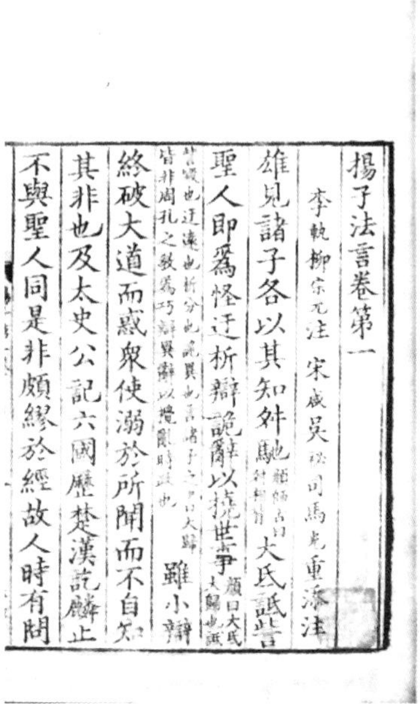
揚子法言卷第一
李軌柳宗元注　宋咸吳祕司馬光重添注
雄見諸子各以其知舛馳大氐詆訾
聖人即為怪迂析辯詭辭以撓世事
雖小辯
終破大道而或眾使溺於所聞而不自知
其非也及太史公記六國歷楚漢訖麟止
不與聖人同是非頗謬於經故人時有問

◆《法言》书影

概括起来，扬雄的哲学思想主要表现在以下几个方面：

扬雄学说的最高范畴——玄

《太玄》是他表达自己宇宙论、本体论哲学思想的著作。就《太玄》的结构和形式而言，是一部模仿《周易》而作的书，既有《经》也有《传》。但扬雄还是有所创新，如《周易》用奇、偶二分法，《太玄》则用奇、偶、和三分法；《周易》注重以卦象判吉凶，《太玄》则主要以数来断否泰等。《太玄》核心思想是建立了一个以“玄”为宇宙万物的本源的哲学体系。

扬雄认为万物的本原是“玄”。“玄”的观念来源于《老子》和《易传》，他用来概括天道、地道、人道的最高的道，天的高远幽隐为“天玄”，地的广阔无垠为“地玄”，人的内脏深藏为“人玄”。“玄”是超越感觉、无所不在的最高原理，只要懂得“玄”，就懂了万物的奥秘。

因革改变的历史发展观

扬雄具有新旧交替的辩证思想，认为新

◆ 扬雄雕像

生事物能够发展壮大，旧事物则将衰败以致灭亡。因而，历史必将进化，不断向高级阶段进展，尧舜时代必然开明于伏羲时代，因革是历史进展的普遍规律，新事物对旧事物来说必有改变，即“不革不生”。他的结论是，“可则因，否则革”，“新则袭之，敝则益损之”。

善恶相混的人性理论

扬雄说：“人之性也，善恶混。修其善则为善人，修其恶则为恶人。气也者，所以适善恶之马也与？”也就是说性善性恶混于一人之身，人的一身就有善、恶这两个成分。但是，无论人之初为善为恶，通过修习，都可以改变其质地和状态。所以，他又说：“学者，所以修性也。视听言貌思，性所有也。学则正，否则邪。”杨雄还以孔子和颜回的关系为例，说明修“性”不仅是成善成君子，而且也是人生的“至乐”。

《法言》中的儒学倾向

《法言》是扬雄晚年之作，成书于王莽称帝前夕。扬雄撰写此书的目的，在于捍卫和发挥正统的儒家学说。在形式上，《法言》模仿《论语》，采用了问答体。就其内容而言，扬雄在书中确立了尊儒尊孔的思想，认为“通天、地、人曰儒”。

在《法言》中，扬雄对于先秦诸子都是加以批判吸收的，而对于孔孟和儒家学派却是极力赞美的。最重要的是，扬雄与当时流行的今文经学家和谶纬学以孔子为“素王”或“圣王”的看法不同，他认为孟子和孔子无异，并以孟子自况。

延伸阅读

扬雄善解师意

扬雄少时拜博学多才的道士严君平为师，因此学业大进，才华名扬蜀中。后来，他到京师为官，常在别人面前称赞君平先生德才并重。

杜陵、李疆与扬雄十分要好。杜、李两人被委派去管理益州，他们说：“如果能得到君平先生辅助，今生之愿足矣！”扬雄猜度君平先生秉性素淡，未必会出山。但又希望老师能辅助杜陵、李疆。所以，他还是带着杜、李二人去见严君平先生了。君平先生垂帘静坐在屋内，李疆拱手问：“先生能告诉我为官之道，从何做起吗？”先生说了一些为官的人要多体恤百姓、多去帮助一些弱者的道理，三人深受启发。

这时，杜陵、李疆二人起身说明来意，先生一言不发。扬雄拱手对两位朋友说：“君平先生志在于教化于民，他无意于仕途。人各有志，你们就不要强求了。”先生握住扬雄双手：“理解我君平的人，当属你了！” 此后，君平先生深居简出，专注老子经典，著书数十万言。

谶纬之学

谶纬之学，既是汉代经文经学思想运动发展的产物，也是西汉末年社会思潮的反映，对汉代的政治与思想影响极大。

谶纬之学是流行于中国两汉时期的一种把经学神学混杂在一起的宗教迷信学说。谶纬之学的理论基础是天人感应论。谶纬中的“天”是最高的神，有意志、思想、感情，能赏罚。天的意志通过阴阳五行和天象的变化表现出来。按阴阳五行和天象的变化，可以占卜吉凶祸福，了解“天意”。谶纬中，天人感应论被广泛应用，比附得十分细密，也极为繁琐。

“谶”的概念与起源

“谶”，是方士把一些自然界的偶然现象作为天命的征兆编造出来的隐语或预言，即一种神秘的预言假托神仙圣人预决吉凶。谶有谶言、图谶等形式，最古的谶书是《河图》《洛书》。

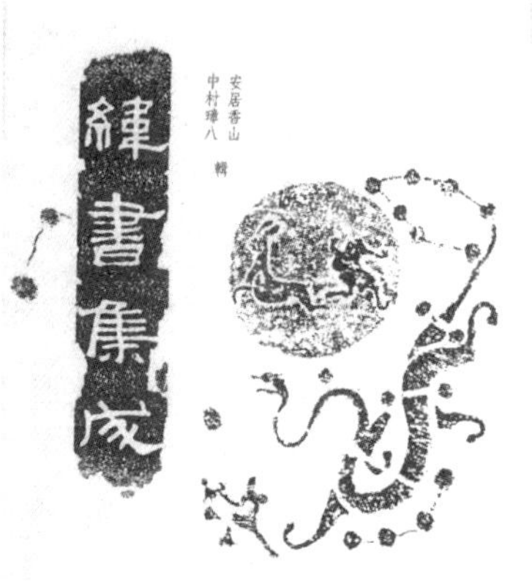

◆《纬书集成》书影

“谶”起源于西周或周以前，《左传》中有关于谶语的记载，现在留存最早的有姜子牙的《乾坤万年歌》。也有学者认为，以《史记·赵世家》所载秦穆公时的“秦谶”为最早。还有一说认为应当以《史记·秦始皇本纪》所载卢生奏录图书之语为最早，如“亡秦者胡也”，就是秦代的一句谶言。

“纬”的概念与纬书

“纬”是相对于“经”而言的，以迷信方术、预言附会儒家经典，是方士假托孔子用诡秘的语言解释经义的著作。

汉武帝之后出现了托名于经书的纬书。东汉时流传的“七纬”有：《易纬》《书纬》《诗纬》《礼纬》《乐纬》《孝经纬》和《春秋纬》，以方术、预言等附会儒家经典，总称为《七经纬》。又与《论语谶》《河图》《洛书》等合称为“谶纬”，共有81篇。

◆ 王莽像

谶纬之学的发展

汉朝是谶纬之学最兴盛的时期，因为谶纬之学以“阴阳五行学说”和董仲舒“天人感应论”为依据，适应了当时封建统治者的需要。

东汉初年，谶纬大盛。东汉光武帝刘秀，曾以符瑞图谶起兵，即位后，崇信谶纬，“宣布图谶于天下”，使之合法化。儒生为了利禄，都兼习谶纬，称“七经纬”为“内学”，而原来的经书反称为“外学”，谶纬的地位实际上凌驾于经书之上。

汉章帝又召集博士和儒生于白虎观讨论五经同异，由班固写成《白虎通义》，把谶纬和今文经学糅合在一起，使经学进一步谶纬化。谶纬之学也成为东汉统治思想的重要组成部分。谶纬在当时具有神圣性，朝廷各种重大问题决策，都要依谶纬来决定。对儒家经典的解释，也要向谶纬看齐。谶纬与经学的结合，推动了汉代经学的神学化。

谶纬之学在魏晋后日渐衰落，谶纬之书亦受到历朝查禁，所存仅少量残篇。20世纪70年代日本明德出版社出版的安居香山、中村口八合编之《纬书集成》，综合参校各家辑本，并附有校勘、索引，是比较完备的谶纬辑本。

延伸阅读

“谶纬”造就千古一帝

谶纬之学在极盛时期造就了一位新朝皇帝，即王莽。王莽原是个清贫儒生，因其伯父是西汉大将军，其姑母是皇后，很快青云直上，被任命为大司马。王莽颇有学识，而且抱负远大，大司马一职并不能使他满足。当时人们对谶纬顶礼膜拜，王莽就灵机一动，想出了计策。他暗中指示益州蛮夷进京贡献白雉，而后又指使群臣上书，盛陈王莽功德，并把白雉说成是感化蛮夷的祥瑞，把王莽比作当年贤德的周公。请太后“宜赐号安汉公，益户、畴爵邑，上应占制，下推行事，以顺天心”。太后见此，自然会采取“顺应天心”的办法，依准了大臣的奏书。西汉平帝驾崩后，王莽以占卜、由神灵选择新帝的名义，暗做手脚，让两岁的子婴登基称帝，王莽任摄政皇帝，执掌了实际政权。尽管如此，王莽仍不甘心。有一天，一位名叫哀章的人，手棒一个表面写着“天帝行玺金柜图”的小柜子来到高帝庙，把柜子交给守庙官，守庙官急忙呈上朝堂。打开金柜后，内有符契图文和策书，其意说天神让子婴禅位于王莽，王莽顾不上扭捏一番，就当堂宣布“赤帝及汉高皇帝神谕，传我帝位，我敬仰神命，不敢不受，今日此刻我即御王冠、登帝位、行天命，定国号为‘新’！”就这样，刘邦浴血拼杀而来的大汉王朝，竟被一纸符契、一张策书给覆灭了，而王莽却脚踩符瑞的阶梯，堂而皇之地登基称帝了。

中国的神学法典：《白虎通义》

《白虎通义》是今文经学的政治学说提要，广泛解释了封建社会的政治制度和道德观念，成为当时封建统治阶级的神学、伦理学法典。

班固（32—92），字孟坚。扶风安陵（今陕西咸阳东北）人，东汉著名史学家、文学家。

建武三十年（公元54），班固父亲班彪去世，班固自太学返回乡里。利用家藏的丰富图书，在父亲已成《史记后传》的基础上，开始撰写《汉书》。然而，当班固沉迷其中的时候，有人告发班固“私修国史”。当时，不仅“私修国史”是被严格禁止的，甚至“国史”也不能为个人所拥有。班固身陷囹圄，班固的弟弟班超立即骑上快马赶到洛阳上疏为班固申冤，这引起汉明帝的重视，特旨召见班超以核实情况。明帝了解了过程并阅读了书稿之后，称赞他所写的的确是一部奇作，下令立即释放，并诏他到京都任兰台令史。后班固与他人共同撰成《世祖本纪》，升迁为郎，负责校定秘书。

◆ 班固像

《白虎通义》，又称《白虎通》《白虎通德论》。“通义”是指统一的、可以通行天下的经学思想。《白虎通义》的内容十分丰富，几乎涉及了汉代社会生活的各个方面，是研究古代政治、哲学、民俗、语言等历史文化现象的重要参考资料。

《白虎通义》继承了《春秋繁露》“天人合一”“天人感应”的神学目的论，并加以发挥，把自然秩序和封建社会秩序紧密结合起来，提出了完整的神学世界观。

唯心主义的宇宙观

关于天地万物的起源问题。《白虎通义》解释为，世界的起源是由太初（气）到太始（形），再到太素（质），经过这三个阶段才形成天地。单由此看，天与地都是物质的实体，但纵观《白虎通义》的整个思想，这种自然物质之天又是从属于道德之天的，如天地运行的规律，日月星辰的运行及关系，都不由其自身规律所决定，而是由伦理道德关系和目的决定的，最终它是从属于一种神灵之天的。因而其宇宙观是一种唯心主义观点。

◆ 现代岩刻“天人合一”

社会化了的阴阳五行说

《白虎通义》将封建制度下君臣、父子、夫妇之义与天地星辰、阴阳五行等各种自然现象相比附，用以神化封建秩序和等级制度。它认为：“子顺父，妻顺夫，臣顺君，何法？法地顺天。”（《天地》）这样一来，君臣、父子、夫妇之间的关系，犹如天在上，地在下一样，是永远不能改变的。它还将太阳比作君主，月亮星辰比作臣民，用日月星辰的自然现象来论证和神化君主的权威。“三纲之义，日为君，月为臣也。”（《日月》）《白虎通义》还用阴阳五行说为皇权至上的中央专制集权制服务。它特别突出和发挥了“土居中央”的观点，把土列为五行之首，其他的金、木、水、火都依赖土而存在。“木非土不生，火非土不荣，金非土不成，水非土不高。”（《五行》）之所以将金木水火土明确划分出等级尊卑贵贱，并以此来比附社会，其目的是将封建等级制度自然化，从而神化君权，巩固封建统治。

认识的对象是“道”

《白虎通义》的认识论是依附于宗教神学的唯心主义之上的。它所要认识的，不是客观事物及其规律，而是由“天”所决定的“道”。所谓“玉不琢，不成器，人不学，不知道。”（《辟雍》）“道”由谁来发现和传授呢？是通天地鬼神的圣人，“圣者，通也，道也，声也。道无所不通，明无所不照，闻声知情，与天地合德、日月合明、四时合序、鬼神合吉凶”。（《辟雍》）由圣人发现，与天有密切联系的“道”，就是“天不变，道亦不变”中的“道”，即封建统治秩序、伦理纲常。

延伸阅读

《白虎通义》成书过程

汉代在统一天下后，废除秦代的书禁，广开献书之路，设立五经博士，经学由此繁荣，成为汉代典章制度的重要依据及统治思想的重要来源。但经学由于文字和师承的不同形成了今文和古文之争，造成了经义的分歧局面，不但令学者无所适从，也不利于政治思想的统一。西汉时，汉宣帝甘露三年(公元前51年)曾在石渠阁大集诸儒，讨论五经的同异，分歧不决的由皇上出面作出最后决定。东汉章帝建初四年(公元79年)，模仿石渠故事，在白虎观召开由廷臣及诸侯参加的讨论五经同异的会议，历时数月之久。会上，由五官中郎将魏应提出需要讨论的问题，由淳于恭将讨论结果上奏，分歧处由章帝作出决断。班固在淳于恭议奏的基础上，将其中统一的意见和章帝决断的结果编撰成书，成为《白虎通义》一书。

为反对谶纬而作的《新论》

桓谭的形神论是唯物主义的，批判了精神可以脱离形体单独存在的唯心主义观点，对稍后的王充有很大的影响。尽管形神论有一定的局限性，但不可否认桓谭在中国思想史上的重大贡献。

桓谭（约前23—公元56），字君山，沛国相县（今安徽淮北市相山）人。东汉哲学家、经学家。桓谭的父亲是汉成帝时的太乐令，桓谭通音律，擅弹琴，他对音乐有自己独到的见解，对那些徒具形式的雅乐很是反感。据史书记载：刘秀即位后，广纳贤才，当时的大司空宋弘举荐了桓谭，桓谭面见光武帝时弹了一些民间琴曲，光武帝龙心大悦，就让他做了掌乐大夫。

由于桓谭“颇离雅操而更为新弄”，遭到了当时保守势力的攻击，大司空宋弘更是大为生气，他斥责桓谭在帝面前“数进郑声以乱雅颂”，并威胁他不得在武帝面前再弹新声。后来，光武帝举行宴会时，让桓谭弹琴，桓谭举止失措，令帝奇怪，宋弘趁机讲了一通雅颂之道，自此，光武帝渐渐疏远了桓谭。

汉代崇尚神仙方士，而桓谭对此非常反感，因为他反对光武帝的谶纬迷信，以致被加上“非圣无法”的罪名，罢官流放，死于途中。

桓谭著有《新论》一书，这是一部涉及学科门类较多的著作，成书于洛阳。此书已亡散，后人做过不少辑佚工作，以清人严可均的《全汉文》辑本为较备。

以烛火喻形神

在当时的社会背景下，方士宣称精神独立于形体之外，而且对形体起决定性作用，故人“养神保真”就可以长生不死。桓谭却论针锋相对，论说精神依赖于形体，形体对精神起决定性作用。他以蜡烛与烛火的关系，作为形体与

◆ 汉光武帝刘秀像

精神关系的比喻，论道：“精神居形体，犹火之然（燃）烛矣，……烛无，火亦不能独行于虚空。”就是说，蜡烛点燃而有烛火，蜡烛烧尽，烛火就熄灭，就不可能凭空燃火。人老至死，就不可能再存在精神，“气索而死，为火烛之俱尽矣”。至于养身，可能延长人的寿命，但也不能使人长生；生命是有限的，“至寿极亦独死耳”。他认为，明智之士不会相信长生不死的谎言，只有愚昧者才迷信之，“明者知其难求，故不以自劳”，是徒劳无益的。

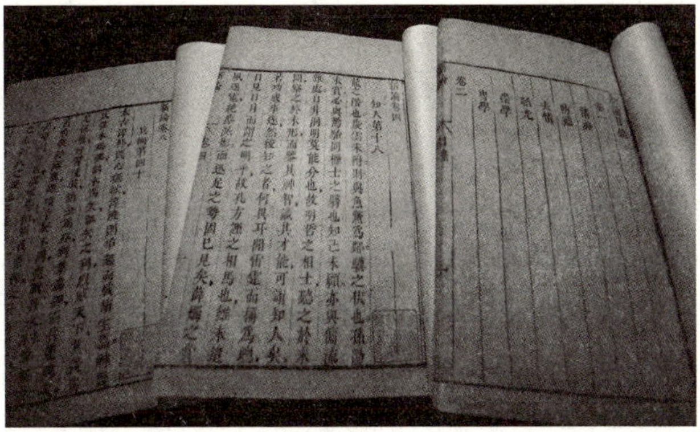

◆《新论》书影

反对谶纬神学

桓谭在阐述他的唯物主义思想时，坚决反对谶纬神学，极言谶之非经，提出当时流行的迷信神学和代表统治者意识的图谶是妄说，是政治迷信。桓谭这种说法遭到当时保守势力的攻击，汉光武帝对桓谭的论点也十分反感。据说刘秀称帝后，要求百官上书表明各自的态度，桓谭上书议论政事，不合光武帝的心意，就未能任用。后来经大司空宋弘的力荐，桓谭被任命为议郎给事中。作为议郎，桓谭常上书议事，可是都不合光武帝心意，反倒惹得光武帝愈来愈不喜欢。有一次，群臣讨论皇宫前的“灵台”应建在什么位置，一时众说纷纭，光武帝对桓谭说：“我想还是用谶言来决定吧！”桓谭耽了半天，才说：“臣不读谶。”光武帝追问，为什么不读谶？桓谭就说了一通谶纬之语是荒诞不经的道理。光武帝大怒说：“桓谭反对圣人，目无王法，拉下去斩了！”吓得桓谭不断叩头，直到额头出血，才得到宽恕。随即，桓谭被贬出京城，到六安去当郡丞。

延伸阅读

桓谭《新论》和寒食节

寒食节在《辞源》《辞海》中的解释是：春秋时，介子推历经磨难辅佐晋公子重耳复国后，隐居介休绵山。重耳烧山逼他出来，子推母子隐迹焚身。晋文公为悼念他，下令在子推忌日（后为冬至后一百零五天）禁火寒食，形成寒食节。

桓谭在《新论》中记载说：“太原郡民，以隆冬不火食五日，虽有疾病缓急，犹不敢犯，为介子推故也。”这是我们能看到的最早的关于介子推与寒食节的记载。

古代无神论的丰碑：《论衡》

《论衡》产生在中国历史上封建国家处于统一和强大、儒学与谶纬神学相结合成为统治阶级的正统思想的时期，它敢于宣布世界是由物质构成的，敢于否认鬼神的存在，敢于向权威挑战，并确立了一个比较完整的古代唯物主义体系，在历史上起到了划时代的作用。

王充（27—约97），字仲任，会稽上虞人。东汉时期杰出的思想家，唯物主义哲学家。王充向著名史学家班彪学习，对各家各派的学说著作都很熟悉。后来曾在北方一些州、县任职，因与长官意见不合，辞职还乡，从事著述。著作有《讥俗》《政务》《论衡》《养性》等。

《论衡》大约成书于汉章帝元和三年（86年），现存文章有85篇。“衡”字的本义是天平，《论衡》就是评定当时言论的价值的天平。它的目的是“冀悟迷惑之心，使知虚实之分”。

传说王充为了写《论衡》，搜集的资料装满了几间屋子，房间的窗台上、书架上都放着写作的工具。他闭门谢客，拒绝应酬，用了几年的功夫才写成。这部著作的主要内容是宣传科学和无神论，对迷信进行了批驳。比如，当时有些人讲这么个故事；春秋时期有个楚惠王，有一天，他吃酸菜，发现酸菜里有一只水蛭。如果他挑出来这条水蛭，厨师就会因此被处死。他怜悯厨师，就不声不响连水蛭一起吞下去了。到了晚上，楚惠王大便时，不但把水蛭排泄了出来，而且原来肚子疼的病也痊愈了。为什么会这样呢？他们说这是“善有善报”的证明。

◆ 王充像

而王充批驳了这种说法，他的解释是：因为人肚内的温度高，水蛭经受不住，热死了，所以被排泄出来。又因为楚惠王肚内有淤血，水蛭恰好吸血，在水蛭还没热死的时候，把他肚内的血都吸走了，所以楚惠王的病自然会好了。这是巧合，而不是“善有善报”。

《论衡》中像这样破除迷信、宣传科学思想的内容非常多。王充作为一位杰出的唯物主义思想家，他的哲学思想可以概括为以下几点：

天是自然之天，人是自然之人

王充认为：天是自然，而不是神。他说，天和地一样，是客观存在的平正无边的物质实体，它有自己的运行规律。日月星辰也都是自然物质，“系于天，随天四时转行”。天和人不一样，没有口眼，没有欲望，没有意识。人和万物都是天地施放出来的“恬淡无欲，无为无事”的“气”自然形成的，并没有什么东西在主宰他们。王充否定君权神授。他说：“人，物也，虽贵为王侯，终不异于物。”指出帝王也是人生的，不是什么天神产生的后代。对于汉代唯心主义神学宣扬的天人感应说，他用大量篇幅一一进行驳斥。指出自然灾异和君主、官吏的政绩得失之间没有什么必然的联系，而且指出即使二者同时发生，也只是一种偶然的巧合，根本不是什么天神的“警告”。

世间本无鬼，庸人自扰之

王充认为人有生即有死。人所以能生，是由于他有精气血脉，“人死血脉竭，竭而精气灭，灭而形体朽，朽而成灰土，何用为鬼?”他很风趣地说，从古到今，死者亿万，大大超过了现在活着的人，如果人死为鬼，那么，道路之上岂不一步一鬼吗？王充认为人是由阴阳之气构成的，“阴气主为骨肉，阳气主为精神”，“精神本以血气为主，血气常附形体”，二者不可分离。他精辟地指出：“天下无独燃之火，世间安得有无体独知之精！”也就是说，精神不能离开人的形体而存在，世间根本不存在死人的灵魂。至于说有人声称见到了鬼，其实是人的恐惧心理造成的。所见的“鬼”只不过是一种幻觉。人们对鬼神的祭祀，有的是为了报答先人的功德，借以勉励后人；有的是对自然灾害无能为力，不得不乞灵于鬼神相助，以获丰收。但是，所有被祭祀的对象都是无知的，实际上并不能给人们带来什么祸福。

圣人并非天神所生

为了适应封建专制主义中央集权的统治需要，汉代的唯心主义神学极力推崇古代的所谓圣人，说圣人是天神生的，能知“天地鬼神、人事成败、古往今来”。王充作为地主阶级的知识分子，虽然也承认孔子是圣人，并且也不反对孔子所提倡的封建伦理道德，但他批判了圣人“前知千岁，后知万岁”，有独见之明，不学自知的唯心主义先验论。他认为圣人只不过是比一般人聪明一些，而聪明又是来自于学习。“不学自知，不问自晓”的人是根本不存在的。他敢于冲破唯心主义神学的精神枷锁，在《论衡》中专门写了《问孔篇》和《刺孟篇》，对孔孟的“圣言”中自相矛盾的地方逐条提出了质问和驳斥。敢于批判圣人，敢于讲圣人没有说过的话，在当时确是难能可贵的。

今优于古

王充针对当时颂古非今的思潮，明确提出，古今无异，今优于古。他驳斥“好褒古而毁今”的世俗之见，认为知古不知今就如同瞎子一样。他重视现实，主张在学习上不必拘泥于师法和古义。他认为汉比过去进步，汉在“百代之上”，是因为汉在“百代之后”。这种见解与“天不变道亦不变”的思想是完全对立的。

延伸阅读

是雷公报应吗？

关于王充，有这样一个故事：有一次，雷电击死了一个人。有些宣传迷信的人就说：这是他做了亏心事，天上的雷公把他打死了，这就是“恶有恶报”。王充到现场之后，发现死者的头发被烧焦了，身上也有被烧焦的臭味。他就解释到：打雷时有闪电，闪电是火，因此雷实际上是天火，被雷公打死的人是被天火烧死的。天上并没有雷公，也不是“恶有恶报”。

汉代思想的转向之作：《潜夫论》

《潜夫论》的问世是东汉思想史上的一个大事件，它的出现不仅标志着汉代思想的转向，而且在中国思想史上产生了积极、深远的影响，在某种程度上构成了从两汉经学到魏晋玄学的一个重要过渡环节。

王符（85？—162？），字节信，安定临泾（今甘肃镇原县）人，东汉后期进步思想家。王符少年好学，但出身低微，又未介入当时人所竞相荐引的游宦之事与精英圈子，因而不得升迁，于是愤而隐居著书，终生不仕。王符因“不欲章显其名”，故将所著书名之为《潜夫论》。这部书不显于当世，直到《隋书•经籍志》才列入了目录。

《潜夫论》共36篇，多数是讨论治国安民之术的政论文章，少数也涉及哲学问题。他对东汉后期政治社会提出广泛尖锐的批判，涉及政治、经济、社会风俗各个方面，指出其本末倒置、名实相违的问题，认为这些皆出于“衰世之务”，并引经据典，用历史教训警告当时的统治者。王符以平民思想家特有的异端情愫成为东汉社会批判思潮的滥觞，使东汉思想界焕然一新，迸发出猛烈的社会批判力量，与其后的崔寔、仲长统一道，共同对四百年的汉家王朝之治道得失进行了理论清算。

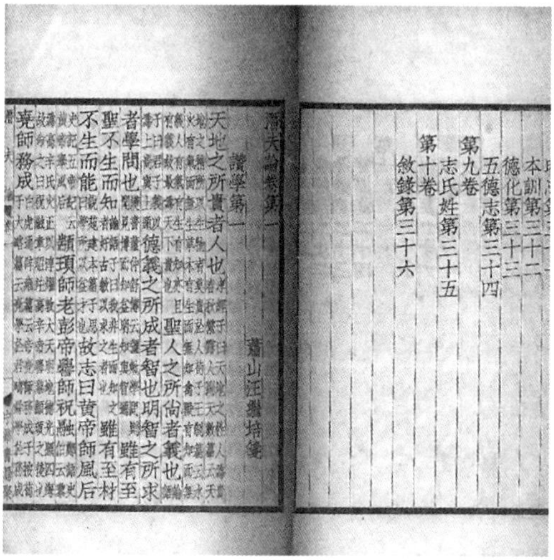

◆《潜夫论》书影

《潜夫论》的思想大致表现在以下几个方面：

二元论倾向的天命观

王符的天命思想，形式上有二元论的倾向，一方面承认天命，一方面又强调人为。他说：“凡人吉凶，以人为主，以命为决。行者己之质也，命者天之制也，在于己者固可为也，在于天者不可知也。”（《正列》）显然，这是天命与人为的二元形式。但从这一形式之中，又可以读出他的轻重语气。他说到最后，依然主张远鬼神，重视德义方面的人为，他说：“妖不胜德，邪不伐正，天之经也。虽时有违，然智者守其正道，而不近于淫鬼。”（《正列》）

◆ 潜夫亭

认识论

王符从天道日施、地道日化，排比出人道的“日为”论，这是唯物主义知识论的根据。他说：“天地之所贵者人也，圣人之所尚者义也，德义之所成者智也，明智之所求者学问也。虽有至圣，不（能）生而智，虽有至材，不（能）生而能……上圣也，犹待学问，其智乃博，其德乃硕，而况于凡人乎？”王符从人道日为的实践创造活动，得出人智日学的认识论，这符合逻辑的发展。

批判宗教迷信思想

王符在《卜列》《巫列》《相列》和《梦列》等篇中，对宗教迷信思想采取批判的态度，并且把迷信行为跟当时权贵们奢靡的生活结合起来加以声讨。特别是在《梦列》篇中，作者对作梦的来源阐述得既科学又具说服力，抨击了谶纬迷信的无稽之论。

富民思想

王符在《潜夫论·务本篇》中明确提出了“为国者，以富民为本”的观点。民本思想、富民思想在中国古代儒家学说中早已有之，但王符“以富民为本”的思想，却有其独到之处。王符在《遏利》篇中说：“帝以天为治，天以民为心，民之所欲，天必从之。”考察王符的天人思想，显然是以人为主，人则以民为主，政则以富民为本。要富民，必须使民众安心勤事生产。但在社会动乱、劳役繁重、刑罚扰民的情况下，百姓难以正常从事生产，那么富民就难以指望。因此，王符写了一篇《爱日》专门论爱惜民时的问题。他说：“民为国基，谷为民命。日力不暇，谷何由盛。公卿师尹，卒劳百姓，轻夺民时，诚可愤诤。”“日力”就是从事生产的时间，它是百姓从事生产的基本要素；没有“日力”，就谈不上从事生产，也就不可能富民富国。所以，王符认为，当政的要务是 “为民爱日”，就是要做到“敬授民时”，不可用劳役“烦民”。

延伸阅读

王符逢掖

王符、度辽将军皇甫规与某用钱买到官职的雁门太守都是同乡。皇甫规解除官职回到安定后，这个曾经的雁门太守也离职回家了。“雁门太守”递名片想见见皇甫规。皇甫规躺着睡觉不出来迎接，那人已经进门后，皇甫规揶揄道：“你以前在郡守任里吃雁肉，味道不错吧！”不久，又有人报告说王符想进来探望。皇甫规听到王符的名号，连忙起床，衣服的带子尚未系好，就趿着鞋子出来迎接，握着王符的手进屋，和他坐在一起，相谈极为欢快。当时人便这样说道：“二千石的府尹，抵不上一介布衣之士。”由此可见，王符在当时是颇有声名的。

一场进行于儒学内部的派系斗争

今文经学与古文经学之争是汉代学术思想领域中最重要的一场论争，它由单纯的对书籍本身的不同看法，扩大到了学术思想、学派体系、政治观念和社会地位等诸方面，几乎贯穿了整个漫长的封建社会，不仅对经学的发展产生了重要的影响，也对中国历史的发展产生了重要的影响。

汉代的今文经学与古文经学之争是汉代始兴的儒学内部的一场派系斗争。作为学术发展不可缺少的备件之一，学术流派之争也是一种很正常的现象。耐人寻味的是，由此而起的经学内部的今文经学与古文经学之争却时起时伏长达两千余年，自汉代起一直波及到清代末年，而且其范围也远远超出了学术论争。

经学以及今文经学、古文经学的起始

这里的“经”指儒家经典部分，也就是“四书五经”“十三经”的“经”。古老的经书内容深奥，语言难以理解，所以主要靠经师的传授得以流传。而经师们在传授过程中往往会根据自己的理解加以发挥，经师众多，理解也众多，由此便产生了以经书为研究对象的学问——经学。

这里的“文”，是指记载经典而使用的文字。今文指的是汉代通行的隶书，古文则指秦始皇统一中国以前的古文字（“蝌蚪文”），即大篆或籀书。

秦初，秦始皇实行愚民政策，大搞“焚书坑儒”，只有“医药、卜筮、种树之书”得以幸免。西汉时期，汉武帝采纳董仲舒“罢黜百家，独尊儒术”的建议，将经过董仲舒改造过的儒家思想，作为官方认可的统治思想。政府还专设“经学”博士，负责讲授儒家经典。至此，儒家思想被提升到“经”的地位。可是，儒家经典在“焚书”过程中已遭到毁灭性的破坏。西汉流行的儒学经典多是靠幸存的经师口传相授，由经生们记录下来。他们用西汉通行

◆ 伏生受经图

的隶书记录，属当时的“今文”，于是这类经书就被称为今文经。

然而，在秦朝焚书时，一些儒生冒死将一些儒学书籍藏在墙壁夹层里。这些经书到了汉代陆续被发现。如汉武帝末年，就在孔府旧宅的墙壁夹层中发现包括《尚书》在内的大批藏书。这些藏书都是用六国时代的蝌蚪文写就的，所以称为古文经。

斗争的始末

西汉的刘歆在协助父亲刘向校书期间，发现了古文本的《春秋左氏传》。刘歆认为《左传》的价值远远超过今文经《公羊传》和《谷梁传》，因此他向朝廷建议将古文经正式列于学官，给以合法地位。但这一建议遭到今文经学博士的强烈反对，并给他扣上“颠倒五经”“变乱师法”的罪名。刘歆的建议最终未被采纳，但中国历史上延续了两千多年的经学今古文之争却由此开始，刘歆也被称为古文经学的奠基人。

西汉时期，今文经学盛行。到东汉中叶以后，古文经学崛起发展，并压倒今文经学。这一时期，出现了一批堪称大师级的古文经学家，如贾逵、马融、许慎等人。而本属古文经学派的郑玄不拘泥于师说，也兼容并包了今文经学中的一些学说，使古文经学更加完善，也使得古文经学最终压倒了今文经学。至此，从西汉末年开始的今古文经学之争才告一段落。

斗争的本质及其范围的延伸

从表面上看，今文学派和古文学派的斗争对象在文字。但从实质上看，它们之间的区别远远不止于文字。今文学派在汉代，特别是西汉时期，受政府支持，属于官学。古文学派则是“在野巨儒”的私学。古文经学想要成为官学，以取得与今文经学相对等的地位，这样会打破今文经学家垄断学术乃至政治舞台的局面，今文经学家自然不会同意。在这里，今古文经学之争实际上已成为政治统治的需要和在经学领域的延伸。

◆ 鲁壁

延伸阅读

古文经学与今文经学的区别

对孔子和六经的看法不同。今文经学家以孔子为政治家，尊孔子为“素王”，即不在位的帝王。认为六经经孔子删订，寄托着孔子的政治理想，六经是治国之道。古文经学家则以孔子为文化学者，尊孔子为先师，六经只是经孔子记录、整理的历史文献。

所尊崇的经典不同。今文经学重视《春秋公羊传》，古文经学家重视《周礼》。

治学原则和方法不同。今文经学家重在发掘六经之中特别是《春秋公羊传》中的“微言大义”，发挥其中的义理，甚至提出许多“非常怪异可骇之论”，同时大讲天人感应、阴阳五行、符瑞灾异等。古文经学家研究儒学经典注重名物考订、文字训诂，学风较为朴实平易。概括而言，今文经学注重义理，有哲学思辨的特色，但往往失之主观臆说；古文经学注重证据，有实事求是的作风，但往往失之繁琐。

今古经学的合流：郑学

郑学破除了过去今古文经学的一家之言的偏见，初步统一了今文经学、古文经学，使经学进入了一统时代，对经学的发展做出了重大贡献。

郑学，亦称“郑氏学”“通学”“综合学派”等，是指东汉末由郑玄开创的经学学派。在遍注群经的基础上，郑玄以古文经学为主，兼采今文经学之长，融会为一，以其丰富的著述创立了“郑学”。

郑学之原创者——郑玄

郑玄（127—200），字康成，北海高密（今山东高密西南）人。东汉儒家学者，中国著名经学家之一。郑玄少年时就志向远大，酷爱读书。史书记载，他聪明颖悟，21岁时已博览群书，精通历数，并擅长算术。

他曾跟随张恭祖学习《古文尚书》《周礼》《左传》等，又拜师学通了《公羊春秋》《京氏易》及《九章算术》等，最后拜当时声名极大的经学大师马融为师。据说郑玄在马融的门下，三年不得相见。有一次马融与他的高徒弟子测算浑天仪数据，久算不得其解，有人提及郑玄或许能解。于是，马融请郑玄参予测算，果然一算得解，四座震惊。从此，郑玄得以与马融相见。郑玄趁机把学习中遇到的一些疑难问题向马融请教，马融一一作了答复。待郑玄学成归去时，马融深有感慨地说：“郑玄今去，吾道东矣！”

◆ 郑玄像

郑玄回到家乡后，广收门徒，聚众讲学。169年，宦官制造的“党锢之祸”牵连到郑玄，郑玄被禁锢达14年之久。在这段时间里，郑玄“杜门不出”，潜心遍注群经。获释后，郑玄仍旧潜心著述。郑玄一生著述达百余万字，其中以《毛诗笺》《三礼注》影响最大。郑玄所注群经，有《周易》《毛诗》《仪礼》《周礼》《礼记》《论语》《孝经》。又注《尚书大传》《周易乾凿度》《乾象历》等。此外又著有《天文七政论》《鲁礼谛祫义》《六艺论》《毛诗谱》《驳许慎五经异义》《答临孝存周礼难》等。

郑学出现的原因

时代发展的需要。东汉后期，外戚专权，

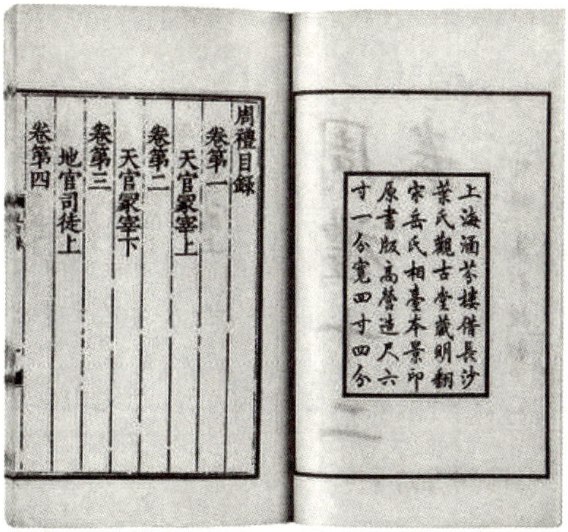

◆ 郑玄注《周礼》书影

宦官擅政，中央政权内部的倾轧与斗争愈演愈烈。到东汉末年，中央政权严重削弱，危机四伏，作为封建统治阶级精神支柱的经学，其内部今、古文经出现混乱局面，这不利于中央集权的巩固。因此，实现经学的统一，是从意识形态方面强化封建统治的当务之急。但是，东汉末年的统治者内外交困，自顾不暇，这个任务就只能由那些忠心维护封建统治的大儒来完成了。而郑玄是东汉古文经学派的最后一位经学大师，有条件、有能力承担这一任务。此外，东汉末年的党锢之祸使大批学者无心仕途，纷纷退居书斋，潜心学术研究，经学的派别之争就相对缓和，从而出现了今、古文合流的可能性。

经学自身发展的需要。西汉经学强调守师法，儒生们大都各抱一经，很少撰述。东汉时期，随着师法的被打破，出现了大规模的撰述活动。随着注经的盛行，出现了日趋繁琐的现象。所以，经学想要进一步发展就必须就简削繁。而郑玄适应了这一要求，他注经极为简约。

大批通儒的注经为郑学打下了坚实的基础。西汉时，经学家大都只通一经。东汉时，才出现了学通数经并且兼学今、古文的潮流。汉章帝曾下诏，要求学今文经的也要学习古文经。这不仅提高了古文经的地位，也对儒生兼学今、古文经产生了较大影响，以至学者通经成为普遍现象，贾逵、马融等就是这样的古文经学大师。

郑学的发展盛况

汉末魏初，郑氏门徒遍于天下，经学界几乎成了郑学的天下。郑门弟子超过万人，他们或在朝廷为官，或任博士，或从事著述，或于民间收徒讲学，共同传授郑玄经注，阐发郑学。以后从魏晋至隋唐，郑学的流传始终很广。清代乾嘉学学派提倡“汉学”，对郑学十分重视，颇多发挥。

延伸阅读

郑玄不其山讲学

汉灵帝中平五年(公元188年)初秋的一天，一辆席棚牛车在一群读书人的簇拥下，朝着树木葱郁的不其山走去。牛车上坐着一位60岁出头的长者，他就是东汉朝野闻名的经学大师郑玄。郑玄这次来不其山，一是因黄巾起义而来此地避难；二是时任不其侯的伏完曾多次邀请他，而伏完的远祖则是首传今文《尚书》的济南伏生。

郑玄来到不其城后，不其侯伏完曾力邀他和门人到城里居住，并给他提供著述讲学的条件，但都被郑玄婉言谢绝了。伏完性格敦厚，也是当时有名的经学家，他尊重郑玄的志向，便派人在不其山下选了一处山清水秀的地方，构筑康成书院，供郑玄及其门人研讨传授经学。

郑玄来到不其山后，不其境内的儒生学子纷纷前来求学，一时门庭若市。郑玄在康成书院呆了大约两年时间，促进了儒学在这一带的传播和提升，影响深远。

前卫的“人事为本，天道为末”

在经历了400余年哲学神学化的过程之后，仲长统“人道为本，天道为末”这个命题的提出，不仅使先秦哲学固有的人道主义思想更加明晰，而且在思想史上具划时代意义，标志着长期遭受神学迷信压抑的哲学理性的重新崛起。

仲长统(179—220)，字公理，山东邹县人，汉末唯物主义哲学家、进步的思想家。著有《昌文》《昌言》是一部政治思想杂论集，共34篇，10余万言。大部分散失，所存者散见于《后汉书》《群书治要》《齐民要术》等书中，有辑佚本。

人事为本，天道为末

古代所谓“天道”，包括两个方面，一方面是科学的天文学的内容，一方面是宗教迷信的虚构。仲长统认识二者的区别，他所说的“指星辰以授民事，顺四时而兴功业”，是就古代所谓“天道”中的科学部分说的。他所说的“大略吉凶之祥”，是就古代所谓“天道”中的迷信部分说的。而他所反对的就是所谓“天道”中的宗教迷信，如董仲舒等所讲的“天人感应”以及“灾异”、“祥瑞”之类。在他看来，这种“天人之学”对世俗的建功立业毫无实际意义。世事的成功与否，完全取决于人事。国家的兴衰存亡，亦是如此。假使“王者所官者，非亲属则宠幸也，所爱者，非美色则巧佞也，以同异为善恶，以喜怒为赏罚，取乎丽女，怠乎万机，黎民冤枉”，则“蓍龟积于庙门之中，牺牲群丽碑之间，冯相坐台上而不下，祝史伏坛旁而不去，犹无益于败亡也”。他由此得出了“人事为本，天道为

◆ 篆书 仲长统乐志论

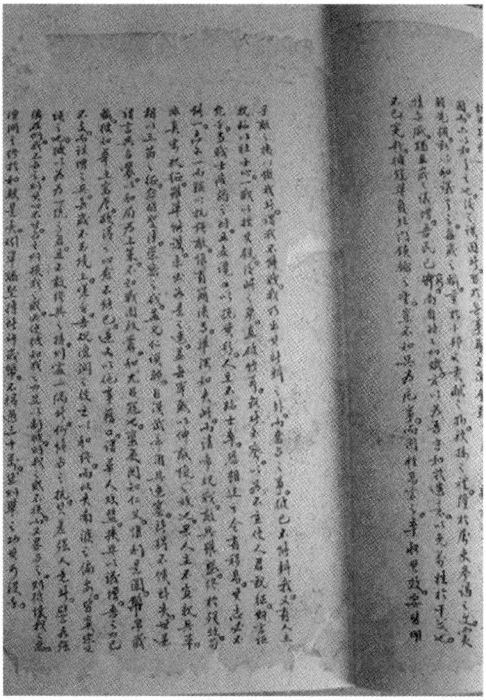

◆ 仲长统《昌言》片段

末”的结论。这个结论，一方面表明了其贬抑“天道”、反对“天道之学”的无神论倾向，另一方面显示了其弘扬“人道”、提倡“尽人事”的人本主义立场。

进步的历史观

在仲长统这里，一个朝代的开创者，本来是无权有天下的(“无天下之分”)。他们虽自称为“当天命”，但其实都是靠武力、才智取得政权的。同时跟他们竞争的人都是“伪假天威”，“矫据方国”同他们“角才智，程勇力”，直到“角智者皆穷，角力者皆负”，才都投降。这些创业者既已取得了政权，他们就又依靠国家机器使“贵有常家，尊在一人”。而到了一个朝代的末期，统治者对于老百姓的压迫和剥削越来越厉害，而老百姓无法忍受，于是一场农民大起义，使一个朝代的统治“土崩瓦解，一朝而去”。一个新的统治者，又开始了“政(治)乱周复”的过程。仲长统认为，这是“天道常然之大数”，就是说，这是一种经常起作用的规律。

仲长统这种历史观打击了封建正统派把政权起源归之于王者为民除害的虚伪的说教。他揭露了封建专制主义所造成的不可避免的政治危机和社会危机，指出封建统治者对劳动人民的残酷剥削和榨取是一个王朝灭亡的根本原因。这些观点，在当时具有很大的进步意义，是汉末农民大起义在思想上的反映。但也可以看出，他把整个历史的发展，仍旧看成是“一治一乱”的循环过程，而且认为“乱世长而化世短”，对历史发展的前途表现出了悲观的情绪。他把朝代兴废归之于“天道常然之大数”，这就又带有历史宿命论的色彩。

延伸阅读

仲长统拒绝高干

仲长统游学到并州，听说袁绍的外甥高干礼贤下士，就前去拜访。高干待他十分优厚，征求他对时局的意见想拉拢他。仲长统却对高干说：“你有英雄志向，却没有英雄才干；喜爱贤能人士，却不知道谁是贤能人士，你应该在这上面检讨。”高干自以为能力高人一等，对仲长统的直言陈辞，认为是一种冒犯，大不高兴。仲长统于是告辞他去别处。高干兵败死了之后，大家都说仲长统有眼光。

第三讲

魏晋隋唐玄学佛学

何谓玄学

魏晋玄学是中国文化发展史上的一个重要阶段。它改造了汉代的儒学与道家思想，同时它还对魏晋南北朝时代的文学艺术，乃至文人学士们的生活习俗等，都产生了相当程度的影响。

玄学，是三国、两晋时期兴起的、以综合道家和儒家思想学说为主的哲学思潮，故通常也称之为“魏晋玄学”。玄学是魏晋时期取代两汉经学思潮的思想主流。

“玄”这一概念，最早见于《老子》：“玄之又玄，众妙之门。”王弼《老子指略》说：“玄，谓之深者也”。玄学即是研究幽深玄远问题的学说。

玄学产生背景

玄学产生于魏晋盛行于隋唐，这和当时的社会有着密切的联系。魏晋时期，朝代更迭频繁，生活在这样的时代里，人们及当时的知识分子都有强烈的朝不保夕的感觉，所以谈玄说易成为当时社会茶余饭后的主要活动，以此来达到精神世界的暂时满足，回避社会现实的残酷。乱世之中，老庄思想抬头，加上曹操等人崇法术刑名，便有了玄学产生的历史背景。

玄学发展阶段

魏晋玄学的发展经过四个时期：第一是曹魏正始时期。玄学家以何晏、王弼为代表，以《易》《老》为理论论据，盛倡“贵无”，主张“言不尽意”“名教出于自然”，为门阀士族利益服务。第二是西晋初至元康时期。玄学家以竹林名士阮籍、嵇康为代表，思想上与何王学派对立，在名教与自然的关系上主张“越名教而任自然”，代表庶族寒门的利益。第三是晋元康时期。玄学家以裴頠为代表，提倡“崇有论”，反对“贵无论”。第四是晋永嘉时期。玄学家以向秀、郭象为代表，是玄学的综合和完成时期。

魏晋玄学的基本特点

①以“三玄”为主要研究对象，并用

◆ 魏晋士人清谈玄学

◆ 高逸图（所绘内容是魏晋时期的“竹林七贤”） 唐·孙位

《老子》、《庄子》来注解《易经》。

②以辩证“有无”问题为中心。以何晏、王弼为代表的玄学贵“无”派把“无”作为世界的根本和世界统一性的基础；崇“有”论者裴颜则认为“有”是自生的，自生之物以“有”为体。

③以探究世界本体为其哲学的基本内容。贵“无”派把“无”当作“有”的存在根据，提出了“以无为本”的本体论思想 ；郭象则主张独化说，认为“有”是独自存在的，不需要“无”作为自己的本体。

④以解决名教与自然的关系问题为其哲学目的。王弼用以老解儒的方法注解《易经》和《论语》，把儒道调和起来，认为名教是“末”，自然是“本”，名教是自然的必然表现，两者是本末体用的关系。阮籍、嵇康提出“越名教而任自然”的主张，表现出反儒的倾向 。

⑤以“得意忘言”为方法。针对汉儒支离繁琐的解释方法 ，王弼、郭象等强调在论证问题时应注意把握义理，反对执著言、象 ，提出“得意忘言”、“寄言出意”的方法。

⑥以“辨名析理”为其哲学的思维形式。玄学家重名理之辨，善作概念的分析与推理，辨析名理是其思维形式的基本特征之一。

延伸阅读

玄学五体

随着时代的发展，玄学的内涵不断被后世方术家所充实，产生了包括山、医、命、卜、相在内的五种体系。

山，包含的内容是指修身养性，静坐内炼等，大略可以包括有：导引内丹术外丹术武术等。代表著作有《太清导引养生经》《伍柳仙踪》《唱道真言》《铜符铁》以及太极拳五行拳等。

医，就是古代中医系统，治疗手段为：针灸汤剂推拿祝由等。代表书籍有《黄帝内经》《黄帝八十一难经》《脉经》《针灸大成》《本草纲目》《汤头歌》等。

命，指的是占算人生命运的学问。大略分有：四柱紫微斗数九星论命等。代表著作有《渊海子平》《滴命髓》《紫微斗数全书》等。

卜，指占卜运程的行为，大略分有：六爻梅花六壬奇门等。代表著作有《易林》《增删卜易》《梅花易数》《皇极经世书》《大六壬全书》《奇门旨归》等。

相，是观察人的面貌地理环境等的方法。大略分为：面相手相风水等。代表著作有《柳庄神相》《麻衣神相》《地理全书》等。

名教与自然之辩

名教与自然的关系问题是封建社会士人必须面对的一个基本问题，因为它关乎到士人的个体自由与群体秩序的关系。

玄学作为学术思潮，是顺着名教与自然之辩、有无之辩和言意之辩这三大辩论来展开的，有无之辩为名教与自然之辩提供了理论支持，言意之辩为有无之辩提供了思维方式上的依据。名教，一般指以正名分、定尊卑为主要内容的封建礼教和道德规范。自然，主要指天道自然，认为天是自然之天，天地的运转、万物的生化都是自然而然、自己如此的。

“名教”与“自然”的来源

“名教”和“自然”观念产生于先秦。孔子主张正名，强调礼治；老子主张天道自然，提倡无为。所以，孔子和老子被后世看作“贵名教”与“明自然”的宗师。

“名教”与“自然”之辩的过程

古代思想家们对名教、自然以及这二者之间关系的认识，有一个发展过程。

两汉时期，董仲舒为了确定“独尊儒术”的地位，他发挥孔子的正名思想，强调社会上的等级名分。而《淮南子》和王充则用道家的自然观念与董仲舒的名教观念相对抗。

魏晋时期，社会混乱，玄学家的哲学倾向和政治见解也各不相同，“名教”与“自然”的关系就成为一个争辩的论题。玄学家们试图通过这一论题的争辩，把儒家的名教观念和道家的自然观念调和起来，为名教存在的合理性寻找新的理论根据。

正始时期，夏侯玄率先提出调和名教与自然的论题。正始十年(249)以后，嵇康、阮籍对司马氏表面上标榜名教而实际上却篡权的行为非常不满，他们强调名教与自然的对立，主张“越名教而任自然”。嵇康、

◆ 渊明嗅菊图 清·张风

◆ 人与自然和谐

阮籍主张“心不存于矜尚”，“情不系于所欲”。他们认为名教是束缚人性的枷锁，是“天下残、贱、乱、危、死亡之术”，并非出于自然，期望没有“仁义之端，礼律之文”的自然境界。

西晋太康之后，门阀贵族子弟受阮籍、嵇康影响而“放达”之风盛行，他们蔑弃名教，使名教发生危机。乐广批评当时的“放达”之风说：“名教中自有乐地，何必乃尔”。郭象对名教与自然的统一进行了论证，他认为名教即是自然、自然即是名教，二者不可分离。他指出，事物现存的状态，即君臣上下，尊卑贵贱，仁义礼法，都是“天理自然”，“任名教”就是“任自然”。他认为“圣王”最能领会名教就是自然的道理，“虽在庙堂之上，然其心无异于山林之中”，也就是说做帝王的虽然过着世俗生活，而精神却十分清高，“外王”（名教）和“内圣”（自然）是一回事。郭象在理论上使名教与自然的对立走向统一，虽然这个统一是虚构的。

东晋末期，陶渊明真正做到了弃离名教而全身心融入自然。在他看来，那种脱离名教的“自然”是自己本来应有的生活归宿，是“质性自然，非矫厉所得”（《归去来兮辞》）。和阮籍一样，他也贪恋酒杯，生活放荡，但他并不像阮籍那样始终在名教的羁绊中痛苦挣扎，而是安贫乐道，怡然自得。他的隐逸，不是名教与自然相互调和的结果，而是真正彻底地归与了自然、融入了自然。所以当他成为隐逸士人的人格风范时，标志着玄学思想发展的极致，也标志着玄学“自然”观发展的终结。

延伸阅读

陶渊明不为五斗米折腰

公元405年秋天，陶渊明为了养家糊口，来到离家乡不远的彭泽当县令。这年冬天，他的上司派来一名官员来视察。这位官员是一个粗俗而又傲慢的人，他一到彭泽县的地界，就停止不前，派人叫县令亲自去迎接他。

陶渊明得到消息后，虽然心里对这种假借上司名义发号施令的人很瞧不起，但出于礼节，不得不去迎接。当时天色已晚，陶渊明刚回家休息，穿着平常的百姓服饰。他生性随意而为，准备就这样去迎接他的上司。不料他的师爷拦住陶渊明说：“参见这位官员要十分注意小节，衣服要穿得整齐，态度要谦恭，不然的话，他会在上司面前说你的坏话。那样就会影响你的远大前程。”

一向正直清高的陶渊明再也忍不住了，他长叹一声，说道：“我宁肯饿死，也不能因为五斗米的俸禄，向这种粗俗傲慢、自以为是的人弯腰。”他马上写了一封辞职信，离开了只当了80多天的县令职位，从此隐逸田园，再也没有做过官。

成一家之言的《中论》

徐干的《中论》集其哲学思想之大成，书中的许多哲学思想在今天仍是可资借鉴的，并且对研究历史、研究儒家思想发展史而言，它也是十分珍贵的资料。

徐干（170—217），东汉末文学家、思想家，“建安七子”之一。字伟长，北海郡(今山东昌乐附近)人。有学术著作《中论》传世。

徐干自幼受家教薰陶。14岁开始读五经，废寝忘食，夜以继日，以致父亲担心这样会伤害身体而时常加以禁阻。20岁之前他已能背诵五经，并博览传记。言则成章，操笔成文，与孔融、陈琳、王粲、阮瑀、应玚、刘桢并称“建安七子”。

徐干生活的时代，正值汉灵帝末年，宦官专权，朝政腐败。他“轻官忽禄，不耽世荣”。徐干的思想和人生价值观，主要以儒家正统思想为基调，这从他在《中论》一书中对儒家仁义道德观念和政治学说的种种强调可以得到印证。但他最终辞官归隐，似乎也受有道家思想的影响。

◆《建安七子集》书影

天道观

在天道观方面，徐干持“天道自然”的认识立场。一方面，他对凌驾于人之上的自然和社会力量感到一定的神秘莫测、迷惘不解；另一方面，他也同样认为天是无目的、无意志的，并不能主宰人事。在徐干看来，自然界和社会存在着“常道”和“变数”，事物的规律就由“常道”和“变数”构成，不能因“变数”而否定“常道”之存在及其作用，亦不能因为“常道”而否定“变数”的存在和作用。比如人的生命之长短与其性格、心理以及修养状态是有关系的，孔子所说的“仁者寿”应是一种“常道”，不能因存在着“颜渊仁而夭死”这一“变数”而否定“常道”之存在。

名实论

名实思想在《中论》中占有重要的位

◆ “建安七子”图

置，《考伪》《贵验》《谴交》《核辩》均涉及到了名实辩言问题。徐干认为，事物必须经过实践的验证才是可贵的。他主张不讲无益之言，像水、火、金石一样虽无言而人无不尽知其寒、热、坚刚之性。在《考伪》篇中他说：“夫名之系于实出，犹物之系于时也。物者春也吐华，夏也布叶，秋也凋零，冬也成实，斯无为而自成者也。若强为之，则伤其性矣，名亦如之，故伪名者皆欲伤之者也。人徒知名之为善，不知伪善者为不善也。”他主张以实为本，实立而名从之。他明确地指出“实名”与“伪名”的性质区别。以实为本之名属善，伪名者则属于恶。在如何对待名的问题上，他的这种求实的科学态度在今天仍有十分可贵的现实意义。

人才观

讨论人才评价标准和如何选人、用人，也是《中论》的重要内容之一。徐干提出了智慧重于德行的新观点。在徐干看来，圣人之所以为圣人，“非徒空行也，智也”。圣人是最能“尽聪明”而发挥聪明才智的人。圣人并非是空有德行，而是有智慧才能。圣人最看重有特殊智慧的人，他们能立功、立事，有益于世，至于德行方面即使有些缺陷也不大紧要。相反，隐居独处的德行之士，虽有美行，但对社会却没有什么用处。在《智行》篇中，徐干特别强调的一点是智慧能生财富民，能解救人民的苦难，最大限度地肯定了智慧推动社会发展进步的积极意义。

学习论

徐干非常强调学习的重要性，在《治学》篇中专门论述了学习的意义以及学习的方法。徐干认为，学习是君子修身养德、建功立业，从而达到“身没而名不朽”的唯一途径。

知识小百科

建安七子

“建安七子”是建安年间(196—220)七位文学家的合称。包括：孔融、陈琳、王粲、徐干、阮瑀、应玚、刘桢。“七子”之称，最早见于曹丕所著《典论·论文》。这七人大体上代表了建安时期除曹氏父子外的优秀文学家，所以“七子”之说，得到后世的普遍承认。七子中除了孔融与曹操政见不合外，其余六人虽然各自经历不同，但都亲身经受过汉末离乱之苦，后来投奔曹操，地位发生了变化，才有了安定、富贵的生活。他们多视曹操为知己，想依赖他干一番事业。故而他们的作品与曹氏父子有许多共同之处。因建安七子曾同居魏都邺(今邯郸临漳）中，又号“邺中七子”。

魏晋遴选人才之书：《人物志》

刘劭的思想是汉学向魏晋玄学过渡的中间环节。他的《人物志》使人物品鉴论向理性和形而上的方向前进了一大步，开启了以后“四本才性”和以老庄思想解释儒家“圣人观”而融通儒老的先河，不管是对当时还是以后的人才选拔和培养，都有重要的指导意义。

刘劭，三国时魏国思想家。具体的生卒年不详，约生于汉灵帝建宁(168—172)年间，卒于魏正始（240—249）年间。字孔才，广平邯郸(今河北邯郸)人。

《人物志》约成书于曹魏明帝统治时期（227—239），是在推行九品中正品评人物、选择人材的大背景下形成的，旨在为推行九品中正制在理论上提供依据，在实践上总结经验，以推动这一制度的发展和完善。全书共三卷十八篇，这本书不仅包含了刘劭的政治思想和哲学思想，反映了汉魏之际的学术思想内容及其变迁，而且是中国现存的第一部专门论述考察才性以选拔人才的理论著作。

人是禀“元一”以为质的

就具体而言，刘劭认为人是五种不同性质的元一之气“五行”构成的，因此，五行之质即人之质，“五物恒性”，而在气禀的过程中摄取的数量不同，就会出现千差万别的具体之质。并且，人的各种德行，仁、义、礼、智、信也分别与五行及形体直接相连。他通过五行的流衍，论及了人的精神品质，以此作为人的才能高下、品质优劣的内在根据。

质诚于中则形于外

刘劭认为，构成人的本质的五行之气在身体上都是有形的，所谓木骨、金筋、火气、土肌、水血，而且“五物之实各有所济”，都有各自的功用和表达的质的特征。因而，人的内在本质必然要表现为

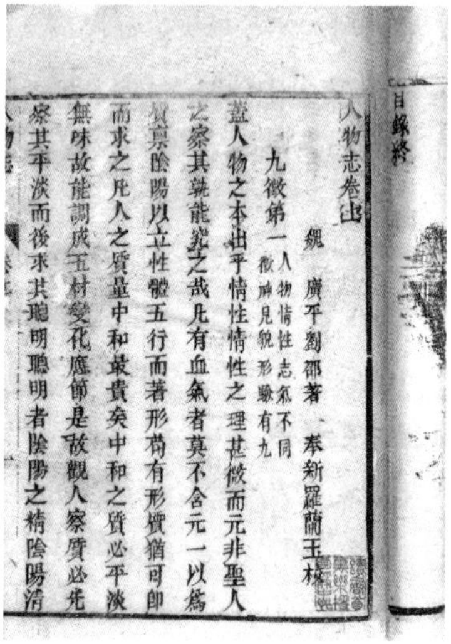
目錄終
人物志卷上
魏 廣平劉邵著 奉新羅藺玉校
九徵第一 人物情性志氣不同徵神見貌形驗有九
蓋人物之本出乎情性情性之理甚微而元非聖人之察其孰能究之哉凡有血氣者莫不含元一以為質稟陰陽以立性體五行而著形苟有形質猶可即而求之凡人之質量中和最貴矣中和之質必平淡無味故能調成五材變化應節是故觀人察質必先察其平淡而後求其聰明聰明者陰陽之精陰陽清

◆ 《人物志》书影

"仪""容""声""色""情""貌"等。如从"仪"来说，"心质亮直，其仪劲固；心质休决，其仪进猛；心质平理，其仪安闲……"总之，人的内在品质，必然表现为外在特征，这些就是品鉴人物的根据。

人禀阴阳以立性

"阴阳"是元一之气所具有的两种相互对立和统一的根本属性，如"动"与"静"。"性"是指人由于禀阴阳的兼偏而出现的拘抗、宽急、燥静等相与区别的性格特点。"阴阳清和"，则"中睿处明"，能动能静，动静适宜；阴阳失调则性分拘抗；"拘抗违中，故善有所章而理有所失"。

"质"与"性"是互相联系、互相依赖的

质、性具体统一便构成气质，这就是"材"。由于质的偏兼，性的拘抗，就使气质具有不同类型，使"材"具有不同的特点。材有全、有兼、有偏、有依似、有间杂。据此，刘劭根据人物的质性高下，把人才分为五等。"圣人"是最高的一种人，但不算是"材"，而是"德"的范畴，因为他兼有"众材"，"兼材之人，以德为目"。这种人各方面的内在特质与外在表现都是和谐统一和完善的。

能出于材

刘劭说："夫人材不同，能各有异。"由于"五物各有所济"，就使一些人的气质具备了胜任某些工作和顺利完成一定活动所必需的各种能力，这就是"能"。材、能既紧密相联系，又有一定区别。材为源，能为

◆ 曹操像

流；材为本，能为用；能决定于材，材又须通过能来表达。

总之，刘劭《人物志》力图以古代"元气""五行""阴阳"等学说来解释人材的某些本质性问题，从重视人的生理素质对人才形成的重要性和物质地解释人才问题的本质来说，是有积极的理论意义的，但这种解释忽略了人的社会性。

延伸阅读

魏晋注重品评人的形体相貌

《世说新语·容止》有一个关于曹操的故事：魏武帝曹操有一次准备接见匈奴的使者，认为自己容貌丑陋，不足以威慑匈奴，于是选了一个替身冒充自己接见匈奴使者，而曹操本人却持刀站立在一旁。接见完毕，曹操派人向匈奴使者询问接见的感受，使者说："魏王（指曹操替身）雅望非常，但是旁边那个持刀人才是真正的英雄。"曹操听说后，大失所望，便派人追杀了匈奴的使者。曹操企图以个人的容颜相貌来威慑敌国，结果弄巧成拙，成为笑柄。这个故事反映了魏晋时期的一种观念或一种风气：注重对人的形体相貌的品评。

何晏倡导“以无为本”

在魏晋“贵无论”玄学的建立过程中，作为倡导者的何晏的功绩是不可泯灭的。何晏依据《周易》和《老子》这两部经典提炼出了“以无为本”的命题，这是玄学的基本命题，哲学史上从经学思潮过渡到玄学思潮就是以这个命题的出现为标志的。

何晏（约190—249），三国曹魏时期的哲学家、文学家，字平叔，南阳宛(今河南南阳)人，汉末大将军何进之孙。何进因董卓之乱被杀后，其母尹氏被曹操纳为夫人，晏亦被收养，后来又娶曹操女儿金乡公主为妻。何晏性骄矜，曹丕、曹植都讨厌他，所以长期得不到任用。至正始初，曹爽执政，何晏才被重用，擢为散骑侍郎，迁侍中、吏部尚书。正始十年(249),司马懿发动政变，何晏作为曹爽党羽之一被杀。

◆ 汉代帛书《老子》残片

何晏与夏侯玄、王弼等倡导玄学，竞事清谈，遂开一时风气，为魏晋玄学的创始人之一。何晏坚持以道解儒，他的思想主导方面属于道家，遂将道家思想引入他的玄学思想体系。何晏的主要著作有《论语集解》、《道德论》、《景福殿赋》等篇。

“贵无”的玄学本体论

在宇宙观方面，何晏改造了道家的宇宙生成说。《老子》在给道作质的规定时，虽常立它“无名”、“无声”、“无象”、“不可系”，但实际上是把道当作一种实体看待的，何晏则认为“道”是“无”，是空无所有。如说：“夫道之而无语，名之而无名，视之而无形，听之而无声，则道之全焉。”其本意是说道没有任何具体事物的那种局限性，不偏执拘泥于某物、某形、某声。这样它就可以作为世界万物的本体。由此看出，何晏讲的“无”“无所有”是指事物的共性，“有所有”是指具体事物而言，讲的是个性。他认为，共性要概括所有事物，它本身只能是“无”。何晏不把“道”和“无”看成实体，并企图对宇宙进行逻辑的分析，这在克服宇宙生成论方面起了开路的作用。

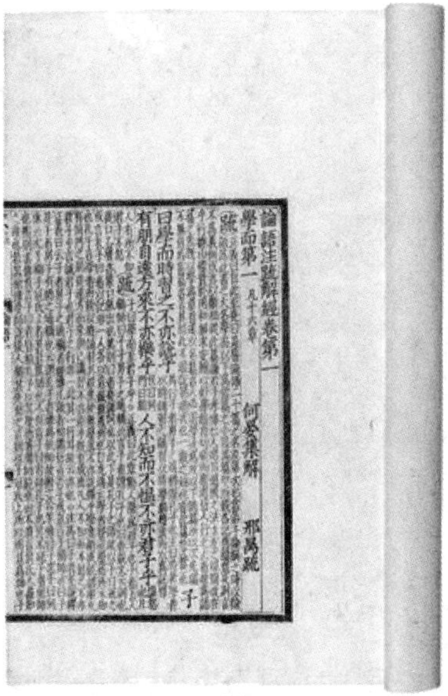

論語注疏解經卷第一

學而第一

何晏集解　邢昺疏

◆《论语注疏解经》书影

自然无为思想

在社会政治思想方面，何晏坚持和发展了道家的自然无为思想。他在《景福殿赋》里说：“体天作制，顺时立政，远则袭阴阳之自然，近则本人物之至情……想周公之昔戒，慕咎繇之典谟。除无用之官，省生事之政，绝流遁之繁礼，反民情于太素。”这里虽然也景仰周公那样的儒者，但通篇都是讴歌道家的自然无为、崇尚朴素的思想。何晏对道家的无为思想是有因有革的。道家的自然无为，一层含义是因循自然，遵从自然规律，顺物之性而作；另一层含义是，无所作为，乃至废弃科学、文化、政治伦常等制度。而何晏只主张顺乎自然，反对繁文缛节，主张清静无为，对于名教，他并不主张废除，只要求从简，“除无用之官，省生事之政”。这是对道家“无为而治”思想的进一步发挥。

◆ 老子骑牛图

延伸阅读

傅粉何郎

何晏才华出众，容貌俊美，而且喜欢修饰打扮，面容细腻洁白，无与伦比，因此魏明帝疑心他脸上搽了一层厚厚的白粉。一次，大热天之时，魏明帝让人把他找来，赏赐他热汤面吃。不一会儿，他便大汗淋漓，只好用自己穿的衣服擦汗。可他擦完汗后，脸色显得更白了，明帝这才相信他没有搽粉，而是“天姿”白美。后来因他娶了魏公主，被拜为驸马都尉，于是后人就把“傅粉何郎”作为一个典故，用来形容人面容白净漂亮，甚至也用来形容一些洁白的物品。

完整的“贵无论”玄学体系

大事记：王弼的“玄学”，是借《老子注》《周易注》与《论语释疑》建立起来的，是魏晋南北朝玄学哲学的代表，他的“以无为本”，作为哲学的最高范畴，取代了老子哲学的“道”，使我国古代哲学的发展，名副其实地进入了理性发展的历史阶段。

王弼（226—249），字辅嗣，山阳郡高平县（治今山东省鱼台市东北）人，三国魏玄学家，出生名门大族。祖父王凯，是著名文学家王粲的族兄；父亲王业，官至尚书郎。由于家庭的熏陶和自身的天赋，王弼慧颖早成。十多岁时，便十分爱读《老子》等道家著作，能言善辩，颖悟过人。当时有位大学者裴徽，精通《易》《老》《庄》之义理，以善清谈而闻名。王弼前往拜访，交谈后，裴徽对这位年轻人肃然起敬。王弼由此而名声大噪，逐渐成为驰名当世的玄学大家。

正始年间（240—249），魏国朝政被宗族曹爽把持。曹爽为扶持亲信而任用一大批玄谈高手，为玄学的成熟提供了肥沃的土壤。主持官吏选拔的何晏，是一位很有影响的大哲学家，对王弼哲学体系的完善产生了重大影响。王弼因何晏走入仕途，但从政非他所长，且不受重用，因此以专心研究玄学为务。正始十年（249）正月，蓄谋已久的司马懿突然发动政变，废掉曹爽，政局大变。何晏因是曹爽主要党羽，被处死。王弼在这场政权更迭中被免官。何晏的死使王弼悲伤不已，身心受到极大伤害。同年秋天，因患传染病去世，时年仅24岁。

王弼虽英年早逝，却著述颇丰。有《老子注》二卷、《老子指略》，自成体系而又颇多发明；有《论语释疑》三卷；有《周易注》十卷、《周易略例》，为《周易》的重要注本。在所有这些著作中，以《周易注》最为重要，被收入《十三经注疏》中。

“以无为本”的本体论

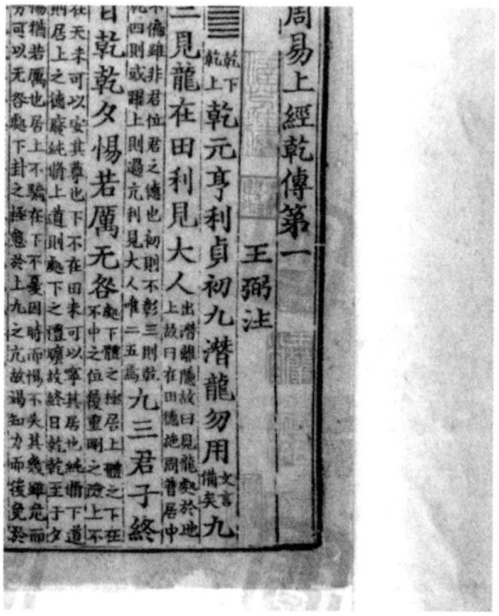
周易上經乾傳第一
王弼注
乾元亨利貞初九潛龍勿用九
二見龍在田利見大人九三君子終
日乾乾夕惕若厲无咎

◆ 王弼注《周易》书影

王弼在老子思想的基础上，进一步肯定了“无”在哲学中的重要价值。他说：“万物万形，其归一也。何由致一，由于无也。”也就是说，万物虽千变万化，千差万别，但最终只能回到它们的共同根本——“无”。“无”是抽象的，王弼对它的描述是：“听之不可得而闻，视之不可得而彰，体之不可得而知，味之不可得而尝”。这种无色、无味、无声、无觉的东西就是“无”。正因为“无”，什么也没有，所以什么都在里边，也就能孕育世界万物。同时，王弼更加明晰了“无”和“有”的哲学关系。王弼认为，“无”和“有”是一对既相互依存又相互排斥的矛盾，它们相辅相成，缺一不可。“无”是“有”产生的原因，而“有”是了解“无”的必然途径。“无”虽然生“有”，但二者在时间上不分先后，在空间上不分彼此，它们是本末和体用的关系。

言意之辨

王弼的“言意之辨”思想在魏晋玄学史乃至中国哲学史上都是十分重要的一章，其基本思想主要集中体现在《周易略例·明象》章中。“言意之辨”包含着两方面的意义，一是有形的现象世界，即“共相的言象意”，认为属于思想层面的“意”，虽然很抽象深微，不能直接用属语言层面的“言”表达，但“言”可表达“象”，“意”则可以通过“象”而显示，即可以用“言”和“象”来尽“意”。另一方面是无形的本体，即所谓“殊相的言象意”，是不可用“言”和“象”尽意，只能用“微言”来启发，用意会进行内心体验。王弼清楚地区别了“言”“象”“意”三者的不同，对于理解语言和思想有很大启示。

圣人有常情

对圣人的讨论，一向是玄学家们关注的焦点。焦点中的一个问题是，圣人有无喜怒哀乐等人之常情。一般认为，圣人之所以为圣，就是因为他们超越了常人的情感羁绊，因而才创造了无比辉煌的业绩。但王弼对此有自己的看法。他认为，圣人也是人，肯定也有自已的喜怒哀乐。圣人超过常人的只是他们特出的智能。圣人遇到重大悲喜时，他们的情绪也有相应的反应。只是因为圣人能体察到“无”的道理，从而被圣人的这种假象所蒙蔽，那就大错特错了。王弼对圣人的看法是比较开明的，在一个到处充斥着对圣人顶礼膜拜的封建时代，能有这样的认识是很不容易的。

延伸阅读

王弼与何晏

何晏性情放纵而又自命不凡，十分高傲。但自从王弼出现后，何晏一反常态，对王弼赞叹有加。有一次，何晏府上谈客盈座，共论玄理，气氛非常热烈。王弼后至，何晏便列举讨论过的命题对王弼说：“这些玄理我认为已无懈可击，你看还可以再进行辩驳吗？”王弼略一思索，便提出反驳，满座皆以为屈。王弼又自问自答数次，众人皆服。后来，何晏曾深情地评价王弼道：“孔夫子曾说过后生可畏。我看像王弼这样的人，可以和他探讨世界万物的基本哲理了。”何晏和王弼几乎同时在给《老子》作注。何晏见到王弼的《老子注》，自愧不如，半晌无语，自此便不再作注，而改写《道德论》。足见王弼的学术思想水平，已比何晏高出一筹。

阮籍行为实践玄学主张

从魏晋之世到南北朝终的数百年间，相比于玄学理论，阮籍那种宏放旷达的精神风貌、生活情趣或行为，对当时的士大夫阶层影响更大。

阮籍（210—263），字嗣宗，陈留尉氏（河南今县）人。父亲阮瑀，是有名的“建安七子”之一。

阮籍是一位诗人，又是一位思想家，一生著述宏丰。《乐论》《通易论》《通老论》《达庄论》和《大人先生传》，是他在哲学、政治思想方面的主要著作。由其著作来看，阮籍的哲学、政治思想大致经历了三个发展阶段：

崇尚儒学期

大约在正始以前，也就是阮籍30岁之前，他“本有济世意”，《乐论》是这时期的代表。在《乐论》里，他赞颂礼乐的教化作用，强调要维护封建等级制度和封建道德规范。他说：“尊卑有分，上下有等，谓之礼；人安其生，情意无哀，谓之乐。”这时的阮籍把礼正乐平看成是“固上下之位，定性命之真”的表征，是“四海共其欢，九州一其节”的反映。为此，他对魏明帝时期的弊政深表不满。

◆ 西善桥宫山墓阮籍画像

推崇老庄，主张名教自然相结合期

大约在40岁前后，在玄学思潮的影响下，阮籍已转而用道家思想去解释儒学，主张名教本之于自然。《通老论》和《通易论》可视为这一时期的作品。在《通老论》中，他强调要因循自然，说：“圣人明于天人之理，达于自然之分，通于治化之本，审于大慎之训。故君臣垂拱，完太素之朴；百姓熙怡，保性命之和。”这里讲的“天人之理”，实际上就是名教与自然的结合。在《通易论》中，阮籍对名教和自然的关系作了进一步发挥，认为“《易》顺天地，序万物，方圆有正体，四时有常位，事业有所丽，鸟兽有所萃，故万物莫一也”。这种因循自然的哲学观点，表现在政治思想上便是无为而治。他说：“是故圣人以建天下之位，定尊卑之制，序阴阳之道，别刚柔之节，保之者身安，失之者身危。”为此，他希望为人君者，“在上不凌乎下”；为百姓者，“处卑而不犯乎贵”。这样，就会出现安定太平的局面。

倡导“无君”说，诋毁礼教期

正始十年（249）发生的“高平陵事件”，使阮籍的思想发生了更大的变化。《大人先生传》和《达庄论》是这一时期思想的代表。在《达庄论》中，他否认有主宰天地万物的神，还认为那些“诵乎六经之教，习乎吾儒之迹”的人是伪君子，是“出媚君上，入欺父兄”岌岌于名利富贵的可怜虫。在《大人先生传》中，他进一步讽刺那些礼法之士，不过是“饥则啮人”的钻进裤裆里的虱子。阮籍在鄙弃虚伪的礼教前提下，主张建立一个“无君”的社会，他的论点是：“君立而虐兴，臣设而贼生”；“盖无君而庶物定，无臣而万物理”。他认为，“夫无贵则贱者不怒，无富则贫者不争”，没有贫贱富贵，没有君臣礼法，才是一个理想的“至德之世”。阮籍这种无君无臣无富无贵的思想，实际上是在反对司马氏集团，反对虚伪的礼教。但他为了生存不敢公开去反对他们，因而在生活行为上故意违礼背俗，纵酒佯狂。

总而言之，阮籍的哲学观点和政治思想，比何晏、王弼的“贵无论”前进了一大步。他的无君臣、无贵贱、无贫富的主张，反映出他对当时的社会现实的认识，以及对理想社会的向往。

◆ 南京秦淮区阮籍墓

延伸阅读

阮籍不拘礼法

阮籍秉性极孝，但听到母亲去世的消息时，他正在和别人下围棋，对方要求终止这盘棋，阮籍却执意要一赌输赢。回家后饮酒两斗，大声一号，吐血几升。等到母亲快要下葬时，吃了一只蒸熟的小猪，喝了两斗酒，然后与母亲作最后的诀别，一直到说不出话，后来又大号一声，吐血几升，因过度哀伤，形体消瘦，几乎到了没命的地步。

传说阮籍黑白眼珠非常分明，能用青眼和白眼看人。母亲去世了，嵇喜来安慰他，阮籍用白眼对待，嵇喜十分不高兴地回去了。嵇喜的弟弟嵇康听说后，就带着酒夹着琴去拜访他，阮籍很高兴，就用青眼对待嵇康。因此，拘于礼法的人都十分恨他。

《傅子》中的唯物思想

傅玄从自然界本身出发去说明自然界的运动、变化和发展，丰富和发展了汉以来的自然宇宙生成说，体现了无神论的精神，为我国古代哲学思想史增添了光彩。

傅玄（217—278），字休奕，北地泥阳（今陕西耀县东南）人，西晋初年的文学家、思想家。

傅玄年幼时，任扶风太守的父亲不幸病死，傅氏家族从此陷入困境。生活的变迁使傅玄过早经受了严峻生活的锻炼。由于他出身士族世家，没有泯灭报效国家的壮志，凭借聪颖的资质，发愤苦读，经、史、子、集无所不览。

魏齐王正始元年，年仅20出头的傅玄，被州郡举为秀才，任郎中。正始六年，升为著作郎，与阮籍等名士参与编撰《魏书》。后又升任弘农太守，领典农校尉，初步显示了自己的政治才华。

◆ 晋武帝司马炎像

曹魏末年，司马氏掌权，傅玄依然深受器重，被封为鹑觚男，并担任散骑常侍。晋王司马炎对其十分信任，频频迁升其爵职，直至司隶校尉。

晋武帝即位之初，傅玄参掌谏职。鉴于当时门阀世族专权，吏治败坏，他上疏建议整顿朝纲，严肃吏治，区分良莠，选贤任能。他认为，帝王必须有良臣辅弼，才能治理好天下，因此，应把选官用人作为治国之本和王政之急。他的奏疏深受晋武帝的赏识，遂升为侍中。泰始四年(268年)，任御史中丞。

魏晋之际，玄学盛行，士族子弟崇尚清淡，多以《老子》《庄子》《周易》为立言之本，傅玄对这种于世无补的空谈之风颇为反感。

傅玄的政治、哲学、经济及教育思想集中体现在其著作《傅子》中。

元气论

在哲学上，傅玄基本上倾向于朴素唯

◆ 傅玄讲学

物主义。他认为“元气”是构成宇宙万物的基本元素。他说：“浩浩元气，遐载太清，五行流迈，日月伐征，随时变化，庶物乃成。”又说：“昔在浑成时，两仪尚未分，阳升垂清景，阴降兴浮云，中和合氛氲，万物各异群。”以“元气”始分阴阳说明自然宇宙万物的生成和演化，发展了汉以来元气一元论的宇宙论，开了魏晋南北朝神灭论的先河。

顺应天时，重视人力人事的作用

傅玄认为，客观规律是不能违背的。他说：“夏令披裘，冬令披褐，虽有严令，终不肯从者，逆时也。”可见，逆时而动，严令责成，以主观意志一味孤行，不按客观规律办事，那是行不通的。但是，人在自然面前，又不应该是无能为力、无所作为的。有的情况下，人力是可以胜天的。比如，不顾水田、旱田之客观实际，硬要在旱田里徒费功力，是不可行的；看不到水田具有旱涝保收的条件，不懂得“人力”能使“地利”发挥作用的道理，更是不可取的。

贵学轻言

在认识论上，傅玄也是唯物主义的。他批评玄学是“虚无放诞之论”，力图挽救传统儒学济世救时的地位，目的是为司马氏政权服务。他认为儒学是“王教”“至教”，是不能怀疑的；礼教“三纲”是“大本”，而玄学则是“巧言”“空言”。因此他一方面提倡“贵教”“贵学”，另一方面主张严格审验“饰辩”之言。

延伸阅读

傅玄教太子“近朱者赤，近墨者黑”

傅玄因其品学兼优和为人正派，被请来做太子的老师。

太子府除了宫女、太监外还有大批为太子办事的官员，他们大都讨好太子，以求日后谋得一官半职。当时太子年幼，喜欢玩耍。傅玄之前的几个老师也不敢严格要求，太子想干什么就干什么。傅玄来后，在功课上严格要求，但他一走太子就又胡闹起来，身边的人都不加劝阻。几次之后，傅玄十分忧虑。

一天，傅玄给太子讲课时说：“近朱者赤，近墨者黑；声和则响清，形正则影直。”太子不明白，傅玄解释说：“您如果接近正人君子，那么符合道义的话就会听得多，自己的行为就会逐渐符合规范和准则。倘若您多接近小人，那就有如进入卖鲍鱼的店一样，时间久了，您就闻不到兰花的香味了。”太子听后陷入沉思，开始反省自己。皇帝听说后，很欣赏傅玄的话，就让写在屏风上，放在太子房中。

全新的宇宙生成论著作：《物理论》

杨泉的《物理论》独辟蹊径，综合了天体学说中各家积极的成分，对宇宙形成作出了全新的解说，增添了薪新的内容，大大丰富了前人的认识，因而它的宇宙观更为坚实，它显现的唯物主义哲学思想更彻底。

杨泉字德渊，生卒年不可考。三国时期吴国人。关于他的事迹，史书上有关的记载也很少，只知道他是吴国的“处士”。晋太康元年（280年），吴国被晋灭亡，杨泉入晋，据虞世南《北堂书钞》引《晋录》的记载，会稽相朱则曾推荐他为官，晋朝廷诏拜为郎中，但未就职。他是吴、晋间一位隐士，可能是终身从事学术研究和著述。

据史志记载，杨泉著有《物理论》十六卷、《太元经》十四卷、《杨泉集》二卷。其中《物理论》仅存几种辑本，是原书的一小部分。后二者大部分佚失。

《物理论》是反映其哲理思想的代表作。在这部著作中，杨泉表述了自己独特的天体学说，并由此构建了唯物主义的哲学思想体系；在观察、解释天地万物、自然现象和人类社会生活方面，发表了极有价值的见解。

水一元论

杨泉说：“成天地者气也。”仅就此看，好像他讲的是气一元论，实际上并非如此。他说：“所以立天地者，水也。”这句话，可以解释为天地立在水中。在《物理论》的另一篇说：“所以立天地者，水也。夫水，地之本也。吐元气，发日月，经星辰，皆由水而兴。”照这个说法，水是地之根本，天地元气以及日月星辰，都是从水产生出来的。照这

◆ 隐居生活

些话看起来，杨泉的宇宙发生论，不是气一元论，而是水一元论。

杨泉的水一元论大概是认为水是根本。水里的混浊部分，下沉成为土。水变为蒸气，就成为天。杨泉说："土气合和而庶类自生。"这个气就是天，土就是地，土气合和就是天地合和，庶类就是万物。在这种天地和合的情况下，万物皆自然发生。"自"字很重要，就是说这里用不着上帝，用不着造物者。

◆ 水为万物之本

形死神灭论

关于形、神问题，杨泉说："人含气而生，精尽而死。死犹澌也，灭也。譬如火焉，薪尽而火灭，则无光矣。故灭火之余，无遗焰矣；人死之后，无遗魂矣。"就是说：身体和精神的关系，就如燃料与火的关系。燃料烧完以后，不会有余光；身体死了以后，也不会有余魂。这也是继承桓谭的形死神灭的唯物主义的理论。

人力可胜天

关于人和自然界的关系，杨泉宣扬人力可以胜天。只要充分发挥人力，就能够充分利用土地的资源。在发挥人力方面，杨泉极力称赞机械的作用。他作有一篇《织机赋》称赞织布机。这篇赋的开始，用一种封建社会中称颂皇帝的话，称颂机械。对于机械，可以说是推崇备至了。末尾的几句话是说机械的制造，是应用自然的规律，以满足生活的需要。这种对机械的看法，也是唯物主义的。对于制造机械的工匠，杨泉更为颂扬。这在封建社会时代是很难得的。

延伸阅读

《物理论》中的"扁鹊"

杨泉《物理论》中记载了这样一个故事：

赵简子有疾，扁鹊诊后出，曰："疾可治也，而必杀医焉！"以告太子，太子保之。扁鹊频召不入，入而著履登床，简子大怒，便以戟追杀之。扁鹊知简子大怒则气通，血脉畅达也。

其实这则故事出于《吕氏春秋·至忠篇》。原文是叙述宋国名医文贽用激怒的方法为齐闵王治好了病，结果却被烹而死的悲惨故事。杨泉在《物理论》中引用这则故事时却变成了扁鹊诊赵简子，这可能是杨泉记忆有误或故意移花接木。更有趣的是《太平御览》在引用《史记·扁鹊传》和《吕氏春秋》有关记述后，又引用了杨泉改编过的这则故事，从而留下了典型的重在叙事而疏于考证有关人物的例子。

现实与理想：越名教而任自然

嵇康超越了自己人格的双重性，以生命的代价弥合了“理想人格”与“外在人格”的分裂，实现了人格的升华和完全的独立，最后表现为出一种卓特独立的人格特征，这种人格特征给了后世一种深远的影响。

嵇康（223—262或224—263），字叔夜，谯郡铚县(今安徽濉溪）人。“竹林七贤”的领袖人物，三国魏末著名的文学家、思想家、音乐家，是魏晋玄学的代表人物之一。

嵇康幼年丧父，成年后娶长乐亭主为妻，任郎中，中散大夫。嵇康不喜为官，平时以打铁为乐（一说以此谋生）。大将军司马昭曾想聘他为自己的掾吏，嵇康坚守志向不愿出仕，并躲避到河东。司隶校尉钟会想结交嵇康，但嵇康与向秀在树荫下锻铁，对于钟会不予理睬。钟会准备离开时，嵇康开口问：“何所闻而来，何所见而去？”钟会回答：“闻所闻而来，见所见而去。”从此有了怨结。

◆ 嵇康像

景元二年，同为“竹林七贤”的山涛升迁之前举荐嵇康代替自己的位置。嵇康写下了著名的《与山巨源绝交书》，以明自己的心志。嵇康原本与东平吕巽、吕安兄弟为友。吕安之妻被其兄吕巽奸污，吕安原本准备休妻并起诉吕巽。吕巽请嵇康从中劝解，但是吕巽怕吕安反悔，后来抢先告吕安不孝（司马昭当时标榜孝）。嵇康义不负心，写信与吕巽绝交，并出面为吕安作证，因此也被收押。钟会劝司马昭乘此机会除掉嵇康，判处其死刑。

临刑前，嵇康如同平常一般。他顾看日影，离行刑尚有一段时间，便向兄长要来平时爱用的琴，在刑场上抚了一曲《广陵散》。曲毕，嵇康把琴放下，叹息道：“昔袁孝尼尝从吾学《广陵散》，吾每靳固之，《广陵散》于今绝矣！”说完，嵇康从容就戮，年仅40岁。

嵇康的著作流传下来的有鲁迅辑校的《嵇康集》、戴明扬的《嵇康集校注》。

◆ 七贤图

“越名教而任自然”的政治思想

儒家名教和忠、孝、节、义等封建道德，自两汉以来即是统治者束缚下民、维护封建统治的得力工具，司马氏觊觎君位，无法利用忠节就倡导并特别突出一个“孝”字。嵇康对此深恶痛绝，他强调了“名教”和“自然”的对立，主张取缔假礼法，“越名教而任自然”。他说：“矜尚不存乎心，故能越名教而任自然；情不系于所欲，故能审贵贱而通物情。”他认为六经与礼法都是统治者用以束缚人性的工具，只有恢复人的本性，才能符合自然的规律，社会上存在虚诈和争夺，是统治者假造所谓仁义道德的结果。嵇康的这种观点具有积极意义。

嵇康不仅主张摒弃“名教”，而且还希望建设无伪无争的社会。他说：“鸿荒之世，大朴未亏，君无文于上，民无竟于下，物全理顺，莫不自得。饱则安寝，饥则求食，怡然鼓腹，不知为至德之世也。若此，则安知仁义之端，礼律之文？”嵇康所以如此称赞愚昧的原始社会，不能简单地理解为他真的想开历史倒车，而只是不满于现实，借古讽今而已。

唯物主义自然观

唯物主义自然观是嵇康哲学思想的基础，他认为世界的本源是“元气”，这是从王充那里继承过来的。嵇康的唯物主义思想大量地体现在他的《声无哀乐论》一文中。文中对世上流传的一些迷信传说提出了有力的批驳。在声音与人的感情关系上，嵇康反复强调声音本身并无所谓哀乐，只是“物之自然”，和人内心的喜怒哀乐并不相干，声音乃人们意志之外的客观存在。嵇康这种看法符合唯物主义原则，但是他没有把自然的声音（声波）同经过人为艺术加工的音乐区别开来，就否定了音乐的社会性。作为上层建筑的意识形态的音乐必然体现着作者的思想感情，这是不能与声音等同的。在人的形体和精神关系上，嵇康认为二者是相互依赖的，但未分别主次。

“求之自然之理”的唯物主义认识论

嵇康的认识论强调对自然的认识问题。他认为判断事物不能只靠感性认识，更重要的是做出理性判断。只有这样，才能正确反映事物的本质。如果没有掌握事物的本质及其规律，只以古人的话为依据，进行无休止的推论，是无法得到正确认识的。他反对“以己为度”的主观臆断。他说：“故善求者观物于微，触类而长，不以己为度也。”同时，嵇康也强调用“效验”来鉴别认识的真伪，他说：“夫所知麦之善于菽，稻之胜于稷，由有效而识之”。说明嵇康是强调认识问题应当有客观标准的。正因为这样，嵇康才敢于反对“立六经以为准”“以周孔为关键”的俗儒认识标准。

着眼于现实的玄学之作：《崇有论》

《崇有论》在玄学的发展过程中，既上承何晏、王弼“以无为本”的“贵无论”，对它进行了理论上的分析批判，又提出了“始生者自生”的思想，给了“独化论”的理论以启示和借鉴。对玄学思想的发展，起到了承前启后的理论中介作用。

裴頠（267—300），字逸民，河东闻喜（在山西）人。其父裴秀是西晋王朝的开国功臣之一。裴頠少时聪悟有识，很早就因善谈《老子》《易经》而知名于世。曹魏高贵乡公正元二年(255年)，他由大将钟会推荐，做了辅政的大将军司马昭的僚属，后升为尚书郎。其后仕途一帆风顺，但后来还是因“八王之乱”而死。

裴頠的著作有《崇有论》和《辩才论》。《辩才论》大概是讨论当时所谓才性问题的，还没有写成，他就被害了。现在流传下来的只有《崇有论》，《晋书》把它完全载入裴頠的传中。裴頠的《崇有论》是反对王弼、何晏的，是他们的“贵无论”的对立面，但它还是玄学理论。他和“贵无论”的斗争，是玄学内部的斗争。裴頠《崇有论》的落脚点是维护名教制度的，是想把人们从“任自然”的边缘拉回现实中来的。裴頠的主要观点如下：

◆《晋书》书影

“道”和“万有”

裴頠所说的“有”是指“万有”，即现实存在的事物。“崇有”就是注重现实存在的事物。他认为万有的整体是最根本的“道”；“万有”不是由“无”产生的，而是“自生”的，因此又说“自生而必体有”。他明确地说：“夫至无者，无以能生。”否定“有生于无”的唯心主义观点。

万物生化有其“理”

裴頠认为万有的生生化化有其“理”，即规律，“理之所体，所有有也”，即

“理”是以“有”作为它的存在根据的；规律表现在事物的变化和相互关系之中，所以万物的变化和错综复杂的关系是寻求事物规律迹象的根据，“化感错综，理迹之原也”。

万有相互支持

裴頠认为，事物虽是“自生”的，但每个具体事物都是万物的一部分，因此不能“自足”，要依靠别的东西作为存在的条件。他说：“夫品而为族，则所禀者偏，偏无自足，故凭乎外资。”“资”就是依靠的意思。事物的存在要依靠一定的条件，条件适合某一事物的存在，对于某一事物叫作“宜”，选择适合存在的条件是人们所要求的。也就是说，裴頠认为，在“有”之为“有”的过程中，“有”首先选择有利于自己的“有”，而不断抛弃不利于自己的“有”。那些利己的他“有”在此过程中，与“有”自身一起不断地实现着此“有”的本质。而那些被抛弃的、无助于此“有”的他“有”，相对于此“有”而言，就成为了“无”。在这个意义上，“无”只是“有”的衍生状态，而非“有”的本体。有之为“有”，全是“有”之间的相济之功，而非“无”之用。

◆ 裴頠像

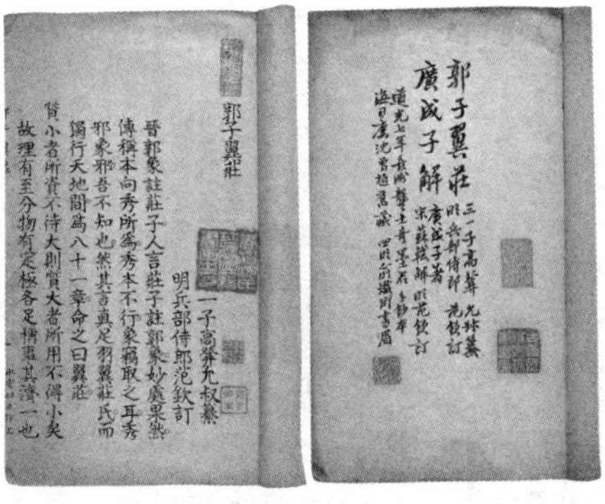

◆ 《郭子翼庄》书影（郭象和裴頠同为“崇有论”的代表，郭象大体以庄子为宗）

“无”是什么

裴頠对“无”作了解释，他说：“生以有为已分，则虚无是有之所谓遗者也。”认为“无”是“有”消失了的状态。“无”不能对事物的存在和发展起积极作用，只有“有”才对事物的发展变化起积极的影响。

延伸阅读

裴頠豁达善辩

《世说新语》里记载了这样一个故事：晋武帝在登基后，曾卜卦预测西晋的命运，卜卦的结果是得了个“一’字，晋武帝很不高兴，以为只有一世，大臣们也个个相顾失色。裴頠却依照何晏的《老子注》解释说，“天得一以清，地得一以宁，侯王得—以为天下正”，他的这一解释使晋武帝高兴了，也使群臣顿时都转忧为喜。

言意之辩和《言尽意论》

语言文字能否充分地表达思想客观对象的意蕴，是人类认识史上一个永恒的课题。言意之辩，作为贯通于魏晋南北朝的社会思潮，对于玄学以及文学艺术的发展都具有深远的意义。

“言”与“意”的关系问题，是我国哲学史上的古老问题。到了魏晋时代，更成为思想界热烈争辩的重大问题。

魏晋时期，对于言意关系的问题主要有三种不同的意见：一是以荀粲为代表的言不尽意说，二是以王弼为代表的得意忘象（或得意忘言）说，三是以欧阳建为代表的言尽意说。

魏晋时期“言意之辩”的主要观点

①荀粲的“言不尽意”。荀粲认为最精微的大道理，不仅是言外的东西，而且也是意外的东西。即使言能尽意，能够把意内的东西完全表达出来，可是那些意外的东西，言语还是不能表达的。这就是说，这些细微的道理，不仅是不可言说，而且还是不可思议的。

◆ 魏晋士人

②王弼的“得意忘象”。王弼一方面肯定言、象具有表达意义的功能，一方面又强调言、象只是表达意义的手段，为了不使手段妨碍目的（得意），可以把手段忘记，这就叫作“得意忘象”（得意忘言）。只有“忘象”“忘言”，才能认清客观对象的真实本质——“意”。意才是应该把握的要旨。王弼“得意忘言”的方法，破除了汉代经学拘泥于字义、训诂的烦琐学风，为重新解读儒、道经典开创了新思路。

③嵇康的“心不系于所言”。嵇康从各民族语言不同这一社会现象出发，认为语言与表达对象之间并无必然联系，而且不同民族的人们看待事物的角度不尽相同，因此，言、意是不相干涉的。嵇康的“心不系于所言”，是要为“越名教而任自然”提供一种理论支撑；或者说，是要以抽象的理论形式表达自己的内心世界。

◆ 言意之辩

④郭象的“寄言出意”。郭象认为，读《庄子》应重在融会贯通，了解根本精神，而不必拘泥于字字句句，每事每物。只要体悟了“意”，就可以“遗其所寄”了。从本质上说，这是与“得意忘象”一致的。

以上这些观点虽有所不同，但都认为“言”是不能充分表达“意”的，都是贬低或否定语言的作用，而欧阳健则提出了与他们不同的观点。

欧阳健和《言尽意论》

欧阳建(270—300)，字坚石，西晋思想家。他出身于冀州名门大族，名气很大，当时人评论他为“渤海赫赫，欧阳坚石”。西晋元康时，欧阳建官至冯翊太守。永康元年(300)，被赵王伦和孙秀所杀。其代表作《言尽意论》和嵇康的《声无哀乐论》《养生论》被合称为玄学中的“三理”。

欧阳建的《言尽意论》全文只有268个字，虽然很短，但是，明确地说明了唯物主义的认识论的基本原则反映论。

欧阳建首先确认事物及其属性是客观存在，不依人所设的名称为转移。这是从哲学的高度肯定了客观事物的第一性地位，为“言尽意”论奠定了唯物主义哲学基础。然后，他又进一步说，名称、概念和语言在认识过程中是必不可少的，因为它们具有表达客观世界、区别客观事实的重大作用。为了分辨不同的事物和表达不同的意思，就需要有不同的名称。而名称是根据客观事物而有的，事物本身就是名称的依据。有什么样的物，才有什么样的名；有什么样的理，才有什么样的言。名、言和物、理是一致的，而不是分离的，其间的关系犹如“声发响随，形存影附，不得相与为二”。既然如此，那么名、言就能完全表示出物、理而“无不尽”，名称和概念完全能够反映客观事物，即“言能尽意”。

知识小百科

玄学三理

哲学史上把“声无哀乐”“养生”“言尽意”称作玄学三理。西晋嵇康《声无哀乐论》《养生论》与欧阳建的《言尽意论》合称三理。《声无哀乐论》认为“心之与声，明为二物”，但作为物之自然的声音，虽“无系于人情”却可用于表达哀乐。《养生论》以养生道理说明形神“表裏俱济”不可相分的关系，认为“形恃神以立，神须形以存”。《言尽意论》主要论述名与物、言与理的关系，承认语言概念能表达事物真相。

儒、道的成功综合与超越

郭象哲学是中国思想史上对儒道的第一次成功的综合和超越，其个体主义本体论、认识论、人生观、社会历史观和美学思想对于中国主流思想具有极大的异质性、否定性、独创性，这使得郭象成为中国古代个体主义思想潮流的代表人物。

郭象（252—312），西晋时期著名的玄学家，字子玄，河南洛阳人，官至黄门侍郎、太傅主簿。他的著作保存下来的主要有《庄子注》一书，此书是在向秀所作《庄子注》的基础上完成的。

郭象终其一生经历了西晋王朝从建立到走向灭亡的全过程。这一时期，战乱频繁，生灵涂炭，一大批名士也都死于非命。知识分子感受到一系列尖锐的矛盾，思维陷入内在的不安，处于一种辩证法的紧张之中，由此而凝结为一种弥漫于全身心的极为深重的忧患之感。在这种忧患感中，郭象积极思考，努力想把两个对立的命题统一起来，一方面针对阮籍、嵇康一派着眼于超越的玄学，指出现实是不能超越的；另一方面又针对裴頠一派着眼于现实的玄学，指出现实是必须超越的。

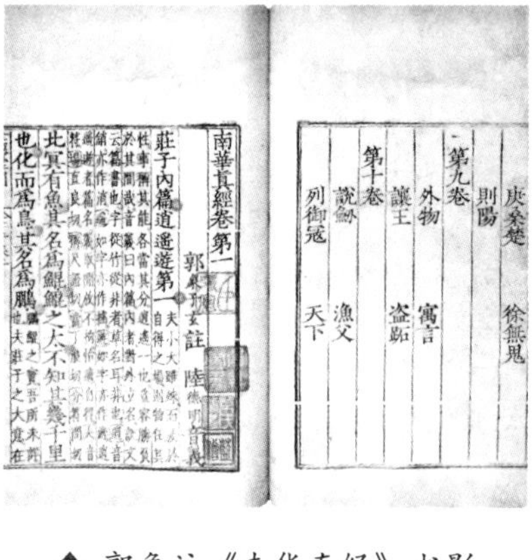

◆ 郭象注《南华真经》书影

独化论的理解

郭象的独化论认为：万物自生，无造物者。在郭象看来，万物的生成者不是超越万物的“无”，不是尚未生成的“有”，也不是自我的意愿，相反却取决于自然生成的过程。在此基础上，郭象认为万物各自俱足，而无所待。他说：“物各自造，而无所待焉……若责其所待，而寻其所由，卒至于无待，而独化之理明矣。”也就是说，万物运动变化没有终极的根据和原因：天不运而自行，地不处而自载，日月不争而自代谢，皆“无故而自尔也”。这些说法有唯物主义的意味。但他又认为，万物之间都是各自“独化”而不相关：“夫死者独化而死”，“生者独化而生”。这就又颇有些孤立静止的形而上学意味。

玄冥之境

所谓“玄冥之境”，就是“玄同彼我”“与物冥合”的精神境界或心灵境界，其根本特点就是取消物我内外的区别和界限，取消主观同客观的界限，实现二者的合一。所谓“玄同”，就是完全的直接的同一，没有什么中间环节或中介，不是经过某种对象认识，然后取得统一，而是存在意义上的合一或同一。这一点是符合中国哲学基本精神的，只是郭象的“玄冥之境”更具有存在哲学的特征。如何实现这种境界也是郭象着重论述的问题。在他看来，这种境界是“自得”的，不是从其他地方获得的，换句话说，这种境界是心灵自身的创造，与认识的问题无关。

名教即自然

郭象不赞成阮籍、嵇康的把名教与自然对立起来的理论，认为名教完全符合于人的自然本性，人的本性的自然发挥也一定符合名教。他认为，仁义等道德规范就在人的本性之中，说：“仁义自是人之情性。”郭象还认为，物各有性，而“性各有分”。一切贵贱高下等级，都是“天理自然”“天性所受”，人们如果“各安其天性”，则名教的秩序就自然安定了。因此，名教与自然两者是不矛盾的。

“有为”与“无为”

郭象不赞成把“有为”和“无为”截然对立起来，认为人们把“无为”理解为“拱默乎山林之中”是完全错误的。他说：“各用其性，而天机玄发。率性而动，故谓之无为也。”即只要是顺着本性，在本性范围之内的一切活动，就是“无为”。所以他说：“圣人虽终日见形，而神气无变；俯仰万机，而淡然自若……虽在庙堂之上，然其心无异于山林之中”。从而在“各安其天性”的前提下把“有为”和“无为”统一了起来。

延伸阅读

郭象口若悬河

郭象年少的时候好学，青年时期已经是知识十分渊博的人了。后来，他又潜心研究老子和庄子的学说，并有了深刻的理解。过了些年，朝廷一再派人来请他。他实在推辞不掉，只得答应了。到了京城，由于他的知识很丰富，所以无论对什么事情都能说得头头是道，再加上他的口才很好，又非常喜欢发表自己的见解，因此每当人们听他谈论时，都觉得津津有味。当时有一位太尉王衍，十分欣赏郭象的口才，常常在别人面前赞扬郭象说：“听郭象说话，就好像一条倒悬起来的河流，滔滔不绝地往下灌注，永远没有枯竭的时候。”郭象的辩才，由此可知。

葛洪和《抱朴子》

《抱朴子》总结了战国以来神仙家的理论，从此确立了道教神仙理论体系；又继承魏伯阳炼丹理论，集魏晋炼丹术之大成；它也是研究我国晋代以前道教史及思想史的宝贵材料。

葛洪(284—364)，东晋道教理论家、炼丹家、医学家。字稚川，号抱朴子，人称“葛仙翁”，丹阳句容县（今江苏省句容县）人。

葛洪从小就喜欢学习，但因家穷，只好上山打柴去换取纸、笔等学习用品。晚上他就诵读并抄写书籍。他性情平淡，没有什么特别的嗜好，为人质朴寡言，不善辞令，不好交游。但是，为了寻找书籍或请教疑难问题，他却可以不远数千里，一定要达到目的才罢休。传说，葛洪的叔祖葛玄是在三国时吴国学道成仙的人物，人称“葛仙人”。葛玄把他炼丹的秘术传给了徒弟郑隐，葛洪就向郑隐学习。后来他又拜南海郡的太守鲍玄为师，鲍玄对葛洪深为器重，将女儿嫁他作妻子。葛洪承传了鲍玄的修炼方法和实践，并且同时博览、研习医术。

◆ 《抱朴子》书影

葛洪一生淡泊名利，曾数次推却官职，将主要精力放在了修养炼丹、著书立说上。

葛洪的著作主要有《抱朴子》和《肘后救卒方》。《抱朴子》分内篇20卷，外篇50卷。内篇说的是神仙方药，鬼怪变化，养生延年，禳邪却病等事，属道教著作。其中《金丹》《仙药》《黄白》等部分是总结我国古代炼丹术的名篇；外篇说的是人间得失，世道好坏等事。

“玄”和“道”的概念理解

在《抱朴子》第一篇《畅玄》中，葛洪说：“玄者，自然之祖，而万殊之大宗

◆ 葛洪塑像

也。”万殊，指万物。葛洪认为，“玄”是无所不存，神秘莫测的，它细微深远，连绵不绝。它能使天以之高，地以之卑，云行之行，雨以之施，能够诞生元一之气。总之，“玄”是天地万物之母，宇宙发生的总根源。

道教以“道”命名其教，足见“道”这一范畴的核心地位。《抱朴子》中说：“道者涵乾括坤，其本无名。论其无，则影响尤为有焉；论其有，则万物尚为无焉。”这就是说，“道”是实有而非物、本无而不空，同时不能用概念指谓、不能用语言符号表示涵盖宇宙万物的本体。

葛洪的这些思想观点，为道教的“神仙学”寻觅到了基础性的理论依据，由“玄”的超越性、永恒性，引申出人若获得“玄道”，也可永恒。得到“玄道”的人，就是“神人”“真人”“至人”，可以做到“出乎无上，入乎无下”，“恢恢荡荡，与浑成等其自然；浩浩荡荡，与造化钧其符契”。这样，“玄道”观念与神仙形象就获得了沟通。

如何修道

作为宗教，道教给人的希望是修道成仙。《抱朴子》中强调若要修道成仙，首先应该向内认识自我，涤除玄览，排除情欲，摒绝外部干扰，所谓“学仙之法，欲得恬愉淡泊，涤除嗜欲，内视反声，尸居无心”。这显然是一种向内观照的唯心主义的认识活动。同时《抱朴子》还主张修道的人要刻苦力行：“积其功勤，蒙霜冒险，栉风沐雨，而躬亲洒扫……试以危困，性驾行贞，心无怨贰。”这显然是一种宗教实践活动。

延伸阅读

葛洪与古代炼丹术

在封建社会里，贵族官僚为了永远享受骄奢淫逸的生活，自然会妄想长生不老。有些人就想炼制出“仙丹”来，满足他们的奢欲，于是产生了一种“炼丹术”，即炼丹的人把一些矿物放在密封的鼎里，用火来烧炼。矿物在高温高压下就会发生化学变化，产生出新的物质来。炼丹术在我国发展得比较早，葛洪就是一个炼丹家。长生不老的仙丹是贵族官僚的幻想，当然是炼不出来的。但是在炼丹的过程中，人们却发现了一些物质变化的规律，这就成了现代化学的先声。如葛洪在炼制水银的过程中，就发现了化学反应的可逆性。

佛教的传入与盛行

佛教自传入中国之后，千余年来一直是中国人民的主要信仰，其哲理部分与儒、道等相融会、相激荡，汇入了中华文化源远流长的大海里，形成了中华文化的主流之一。

在世界各大宗教中，佛教是创立时间最早的一种宗教，时间在公元前6世纪，其创始人名为悉达多，姓乔达摩（前565－前486年），佛教徒尊称其为“释迦牟尼”（意为：释迦族的圣人）。

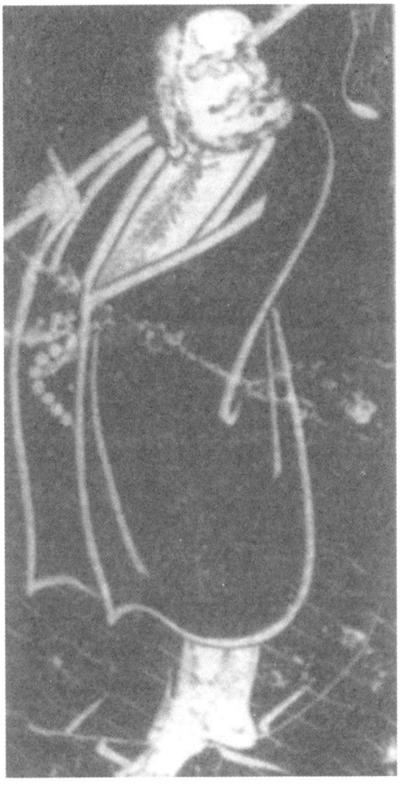

◆ 菩萨达摩渡江图碑

佛教传入中国

佛教传入中国的具体时间和年代，现在很难考定，一般公认是始于汉明帝。

据说有天晚上，汉明帝做了个梦，梦里看见有个金人，头顶上有一道白光，绕着大殿飞行，忽然升到天空，往西去了。第二天，他把这个梦告诉大臣们，大臣们说不出那个头顶发光的金人是谁。有个叫傅毅的博士说：“天竺有神名叫佛。陛下梦见的金人准是天竺的佛。”

傅毅的话，引起了汉明帝的好奇心。他就派蔡愔和秦景两名官员到天竺去求佛经。蔡愔和秦景经过千山万水，终于到达了天竺国。

天竺人听到中国派使者来求佛经，表示欢迎。天竺有两个沙门（高级僧人），一个名叫摄摩腾，一个叫竺法兰，帮助蔡愔和秦景懂得了一些佛教的道理。蔡愔和秦景就邀请他们到中国来。公元67年，蔡愔、秦景带着两个沙门，用白马驮着一幅佛像和四十二章佛经，经过西域，回到了洛阳。

汉明帝既不懂佛经，也不清楚佛教的道理，但是很尊敬前来送经的两位沙门。第二年，他命令在洛阳城的西面按照天竺的式样，

◆ 中国第一座佛寺——白马寺

造一座佛寺，把送经的白马也供养在那儿，这座佛寺就叫白马寺（在今洛阳市东）。

根据这个传说来看，佛教传入中国即使不始于汉明帝，但佛教作为一个宗教，得到政府的认可与崇信，并在中国初步建立了它的基础和规模，也可以说是始于汉明帝年代。

佛教在中国的盛行

佛教刚开始传入中国时，流传的地区有限，佛教信徒也比较少，多是社会上层人物。到了魏晋南北朝时期，佛教开始普遍流传。其原因大概有两个：一是在社会矛盾激化、长期战争的状况下，民不聊生，恐惧、悲观、厌世的情绪充斥在整个社会中。而佛教宣扬的灵魂不灭、生死轮回、因果报应等思想，为苦难中挣扎的穷苦百姓找到了一条精神解脱的道路。二是佛教教义适合统治者加强思想控制的需要，因而统治者大力提倡佛教。统治者一方面组织人力翻译了大量佛经，另一方面兴建和开凿了许多的寺院和石窟，“南朝四百八十寺，多少楼台烟雨中”正是这一时期佛教发展的真实写照。

佛教在隋唐时期进入全面繁荣和鼎盛时期。其繁荣和鼎盛的原因，主要是统治者的提倡，隋唐统治者及时总结历史经验教训，在佛道关系上有意识通过儒家思想予以调和，消融两者间的矛盾。这样，在唐朝，儒、佛、道三者一方面鼎足而立，另一方面又在统治者的有意协调下表现得和谐一致。这一时期佛教繁荣的主要标志就是众多佛教宗派的形成，主要有天台宗、三论宗、法相宗、华严宗、律宗、禅宗、净土宗、密宗八宗。

延伸阅读

“腊八粥”与佛教

对于“腊八粥”的来历和传说很多，各地说法不一。其中流传最广的是有关纪念释迦牟尼成佛的故事。

传说释迦牟尼逃出王宫到迦嘟山当了和尚以后，在深山之中苦度6年学习经典，而学经完毕的日子正是腊月初八，也就是佛教所说的“释迦牟尼得道日”。释迦牟尼因6年苦行，无暇顾及个人衣食，每天只吃一些麻麦，常年不得温饱。在他学成之时，已是瘦骨嶙峋，容形似枯木一般。

他疲惫不堪地走下迦嘟山，坐在河畔，向村人乞讨。村中一牧牛女子，用钵盂煮牛奶给释迦牟尼吃，使释迦牟尼很快恢复健康。佛教兴盛以后，为了纪念这件事，就规定这个日子为古印度人民“斋僧”和救济穷人而施舍饮食的日子。

东汉佛教传入中国以后，腊月初八施舍这件事逐渐变成了熬煮“腊八粥”的习俗。随着佛教的兴盛，腊八粥也流行到民间。有钱人家的腊八粥要用几十种米豆果料熬成，亲朋好友之间还互相赠送。穷人也要在这一天用小米红枣熬一锅粥应应时令。传说“腊八不喝粥，明年会更穷”。

因果报应和神不灭论

慧远的净土思想是古印度净土教在我国初始弘传的理论结晶，是佛教文化与中国文化碰撞交融的产物，同时又与东晋时代的苦难现实的催化以及慧远个人的修学背景相关。

慧远（334—416），东晋时名僧。本姓贾，雁门楼烦（今山西宁武）人，出身于仕宦家庭。他从小喜好读书，13岁时即随其舅父令狐氏游学于许昌、洛阳一带，读了大量儒家、道家典籍。当时的宿儒贤达，莫不叹服他学识渊博。永和十年，21岁的他和18岁的弟弟慧持，在奔赴太行的恒山途中参见了名僧道安。他在听了道安宣讲的《般若经》之后，非常感动，认为与佛教相比，“儒道九流皆糠秕耳”。于是，兄弟俩拜道安为师，出家为僧了。参见道安，这是一个偶然。然而，正是这个偶然，导致了慧远重新设计人生。自此，他开始以建立佛教的中国宗派和弘扬佛法为终生奋斗的目标。

◆ 东林寺

慧远是继著名高僧道安之后的佛教首领，因其大力弘扬净土法门，被后人尊为净土宗初祖。表现慧远佛学思想的主要著作有《法性论》（已佚）、《沙门不敬王者论》《明报应论》《三报论》和《大智论抄序》。

法性不变论

慧远在道安的“本无”论基础上，发挥了“法性不变论”。他在《法性论》中说“至极以不变为性，得性以体极为宗”。“至极”就是佛教的真如本体，慧远称之为“法性”。“法性”是长驻不变的、永恒的本体。慧远关于“法性”的理论可归结为三个要点：

①就佛教哲学说，“法性”指宇宙万物的自性，而自性是“有”，而不是“空”；

②从佛教的宗教修证方面讲，“法性”指“涅槃”（即“圆寂”，佛教修养所达到的最高精神境界），是常住不灭的；

③“法性”和“涅槃”二者是统一的，“涅槃”以“法性”为本性，而得到法性就是证得了涅槃。慧远强调得到了“法性”，就达到了佛教的最高境界，也就是成了佛。

神不灭论

慧远从“法性不变论”出发，提出“形尽神不灭”的命题，并在《沙门不敬王者论·形尽神不灭五》中作了集中的论述，其中心意思是：形与神异，形可尽，神则不灭。他以“火之传异薪，犹神之传异形”的烛火之喻，来验证神之不灭，认为人的形体消灭了，灵魂（神）却永恒不灭。他说“神有冥移之功”，即能在冥冥中传化迁移，从一个形体传到另一个形体上去，即所谓的“神之传异形”。慧远的形尽神不灭论，目的在于论证成佛的问题，是其出世主义和因果报应的理论基础。

因果报应

因果报应是慧远佛教思想的重点，其理论基础是“神不灭”论。印度佛教认为，世界万物都处于一种因果联系中：“已作不失，未作不得”（《瑜伽师地论》）。这是说，“因”在得“果”之前，不会自行消失；反之，无一定的“因”也不会得相应的“果”。人们的任何思想行为都会导致相应的果报，这叫“业报”。“业”指人的一切活动，“报”指由活动所得到的报应。慧远接受了这一教义，并根据中国的具体情况作了多方面的论证。他认为报应有三种：一是现报，指现身作业现身受报；二是生报，指“来世”受报；三是后报，指经过若干世的轮回后受报。由“三报”就引出“三世”或“三生”。总之，人有“三业”，“业”有“三报”，“生”有“三世”，而维系这个因果报应的“主体”即是不灭的“灵魂”

◆ 慧远大师

（神）。之所以有报应，是由于人的“无明”（愚痴）所导致的思想、情欲引起的。因果报应是“自然的惩罚”“必然之数”。要想摆脱，就只有接受佛教，加强修炼，使精神处于即灭状态。

三世轮回

“轮回”也叫“生世轮回”“流转”等，是佛教吸收婆罗门教的主要内容之后补充而构成的。主要是“十二因缘”（就是把生死轮回的全部过程分为十二个阶段，各个阶段之间都有严格的因果关系）和过去、现在、未来“三世”相应，就成为“三世轮回”。“灵魂”在三世因果关系的支配下轮回于生死之间。佛教认为，众生依据其行为而在“五道”（或“六道”）中流转（“五道”，指地狱、鬼、畜生、人、天，加上“阿修罗”或“非天”叫“六道”）。作善者上升，为恶者下降。只有信奉佛教，经过修习，才能超脱这种轮回，进入佛的世界。

佛教哲学的重要著作：《肇论》

《肇论》是中国哲学史上一部重要的著作，它既代表了僧肇本人的理论思辨水平，也是当时中国佛教理论发展的高峰，对后世中国佛教的发展有着重要影响。

僧肇(384—414)，东晋后期著名的佛教高僧、学者、理论家，俗姓张，京兆（今陕西西安）人。自幼家贫，以代人抄书度日，从而使得他有机会博览经史典籍。原本喜欢老、庄，后来读《维摩经》，非常欣赏，于是在鸠摩罗什门下出家，成为鸠摩罗什的得意门生，被称为“法中龙象”。弘始十六年（414），僧肇31岁早逝，僧俗大众倍感惋惜。

◆ 乔达摩佛陀像

僧肇重要的著述是《物不迁论》《不真空论》《般若无知论》和《涅槃无名论》，这四论合而为一，称为《肇论》，在中国佛教史上具有崇高的地位。此外还有《宗本义》一书。

《不真空论》

《不真空论》阐述的对象是“有”“无”即“色”“空”问题。僧肇认为，一切存在都是因缘和合而生，是无自性的虚妄假相，虚妄即“不真”，“不真”故“空”。僧肇认为，不能从字面上来理解“有”和“无”，要从实质上来理解“空”的意义。空宗理论所讲的“空”并没有简单地否认“有”和“无”的存在，只是告诉人们这些“有”和“无”都不是真实存在的，因此世界是“空”的。僧肇反对“有”之上或之外还有一个“无”，认为应该从万物的本身去认识它的虚假，而不应另设一个虚无，因此，在他看来承认现象存在与认为世界的本质是“空”的两者之间并没有矛盾。正确地说，物既是“非有”，也是“非无”。

◆ 头戴精美王冠的佛像头部

《物不迁论》

《物不迁论》是一部力作，阐发般若性空学说，以“即动即静”之义阐明“即体即用”之理论。物不迁，也就是事物没有实在的运动变化的意思，指事物虽有生起、流转等现象，然其本体恒不迁（不动）。事物的存在只是当下的、转瞬即逝的，不会从古至今，也不会从今返古，各性只住于一世，事物是静而不迁的，因为在佛家看来事物因缘起而自性本空。物不迁思想的存在，是和僧肇的动静观、时空观密不可分的。《物不迁论》所要破除的是实体性的时间，引导我们认识时间的空性。

《般若无知论》

在《般若无知论》中，僧肇认为“般若”之所以是最高智慧，在于它是“无知”的，正由于它无知，故能无所不知。一般人的智慧，都是以客观存在为认识对象来说的，所以叫有“知”。而佛教要认识的真理不是一般所讲的对象，而是世界本质的“空”，所以佛教所谓的智慧根本不同于一般的知识，就它没有任何具体认识来讲，也可以叫作“无知”，然而它却是解脱种种烦恼的“真智”。

从总体来看，《肇论》有一个完整的体系，它以般若为中心，对当时玄学所讨论的一些主要问题，也是佛教哲学上的基本问题，作出了总结性的回答，把神学问题和认识问题紧密结合起来，以高度抽象的理论形式系统地表达出来。这标志着中国佛教的哲学思想和当时的玄学水平进入了一个新的阶段。

延伸阅读

鸠摩罗什来中国

鸠摩罗什名震西域后，他的声名也传到了东方各地。当时苻坚在关中称王(前秦)。苻坚建元十三年(公元377年)正月，太史上奏说：“有星在外国上空，这说明有大德大智的人来辅助中国。”苻坚听后，就出兵向西域征伐，并且要求他们必须把鸠摩罗什俘获来。后来，大将军吕光抓获了鸠摩罗什，带兵返回前秦，走到半路，将军队安置在一座山脚下，将士们都休息了，鸠摩罗什对吕光说：“在此休息，必有灾祸，应将军队带到陇上。”吕光没有采纳，结果半夜下起大雨，山洪暴发，淹死了几千人。鸠摩罗什对吕光说：“我们不宜停留，应尽快返回长安，中途必有福地可居。”这次吕光听从了鸠摩罗什的话，走到凉州，听到了苻坚被后秦姚苌杀害的消息，吕光三军戴孝，到凉州城自立为王，即历史上的后凉。

后来，后秦王姚兴遣使敦请鸠摩罗什，后凉不放人，于是姚兴派陇西公硕德去讨伐后凉，将鸠摩罗什带到长安。姚兴待之以国师之礼，二人常常整日交谈，研讨佛理，乐而忘倦。鸠摩罗什到来后，被请到逍遥园，翻译佛经。他能够背诵许多佛经，又通汉语，翻译的经文非常流畅。

反佛之利刃：《神灭论》

范缜撰写的《神灭论》，在我国古代思想发展史上具有划时代的意义。他不仅从理论上揭穿了神学的谎言，而且也谴责了当时封建帝王和世家大族佞佛所造成的社会危机，有着积极的实践意义。他那坚持唯物主义的无神论思想和为捍卫真理勇于战斗的精神，千百年来始终闪烁着耀眼的光芒。

范缜(约450—约515），南朝齐、梁时的思想家，无神论者，字子真，南阳舞阴（今河南泌阳县西北）人。曾任宁蛮主簿、尚书殿中郎、宜都太守、晋安太守。

南北朝时代，佛教渐渐盛行起来。南朝齐的朝廷里，从皇帝到大臣，都提倡佛教。

◆ 范缜像

宰相萧子良就是一个笃信佛教的人，范缜曾和他进行过公开的论战。

萧子良在建康郊外的鸡笼山有一座别墅，他常常在那里招待名士文人，喝酒谈天，有时也请来一些和尚讲解佛教的道理，还亲自给和尚备饭倒茶。人家都认为他这样做有失宰相的体统，他却并不在乎。有一天，萧子良让范云（范缜的哥哥）把范缜叫来。

萧子良问范缜说："你不相信因果报应，那么，你倒说说，为什么有的人生下来富贵，有的人生下来就贫贱呢？"

范缜不慌不忙地说："这没有什么奇怪。打个比方，人生好比树上的花瓣。花经风一吹，花瓣随风飘落。有的掠过窗帘，落在座席上面；有的吹到篱笆外，落在茅坑里。"

萧子良瞪着眼睛，一时还没明白。范缜接着说："落在座席上就像您；落在茅坑里的，就像我。富贵、贫贱，就是这么一回事，哪里有什么因果报应呢？"

范缜从萧子良那里回来，觉得虽然驳斥

◆ 镌造于南朝齐梁年间的佛像

了萧子良，但是还没把他反对佛教迷信的道理说透彻，就专门写了一篇文章，这篇文章就是《神灭论》。《神灭论》的思想主要包含以下两点：

形神相即

范缜在《神灭论》一开始就提出了“形神相即”的观点。他说：“神即形也，形即神也。是以形存则神存，形谢则神灭也。”“即”有“不离”与“不异”双重意义。范缜认为，精神与形体不可分离，形体存在，精神才存在；形体衰亡，精神也就归于消灭。这就是说，形神“名殊而体一”，二者既有区别，又有联系，是一个不可分割的统一体。范缜称此为“形神不二”或“不得相异”。这种形神一元论是直接针对当时一些佛教徒论证“神不灭”的形神二元论的。

形质神用

范缜在“形神相即”“不得相异”的基础上，进一步提出了“形质神用”的著名论点。他说：“形者神之质，神者形之用，是则形称其质，神言其用，形之与神，不得相异也。”即认为形体是精神的质体，精神是形体的作用，两者不能分离。他用了一个恰如其分的比喻说：“神之于质，犹利之于刃；形之于用，犹刃之于利。利之名非刃也，刃之名非利也；然而舍利无刃，舍刃无利，未闻刃没而利存，岂容形亡而神在？”这就是说，精神与肉体之间的关系，就好像刀刃与刀刃的锋利之间的关系，锋利指的不是刀刃，刀刃指的也不是锋利。然而，离开刀刃也就无所谓锋利，离开了锋利也就无所谓刀刃。既然从未听说过刀刃没有了而锋利还存在的，怎么能说肉体死亡后而精神还能存在呢？这就有力地证明了精神与形体的不可分割的依赖关系。

延伸阅读

决不卖论取官

《神灭论》抓住了时弊，击中了佛教的痛处，它一问世，人们争相传抄，朝野为之喧哗。竟陵王萧子良凭借宰相的权力，慌忙调集众僧名士，软硬兼施，轮番围攻范缜。但由于他们讲不出像样的道理，尽管人多势众，也没有压倒坚持真理的范缜。佛门信徒太原名士王琰，借儒家讲究孝道为武器，撰文立著，企图一下子封住范缜的口，他带着嘲讽的口吻说：“呜呼！范子，你怎么竟连自己的祖先在哪里都不知道！”但范缜当即反唇相讥说：“呜呼！王子，你既然知道自己的祖先的神灵在哪里，为什么不杀身去追随它们呢？”王琰哑口无言，败下阵来。萧子良又派名士王融到范缜那儿，企图用官位加以利诱，王融对范缜说：“神灭之说既然是异端邪说，而你却坚持己见，恐怕会有伤名教。以你出众的才华和美德，何愁官至中书郎。而你为什么要违背众人的信仰，自讨身败名裂呢？”范缜听后哈哈大笑，回答说：“倘若我范缜肯于出卖人格，背叛信仰，去捞取官位，恐怕早就当上了尚书令、尚书仆射一类的高官，你说的中书郎又岂在话下！”

一统经学局面的著作：《五经正义》

唐初大儒孔颖达编订的《五经正义》在中国经学史上具有重要意义，它摒弃南学与北学的地域偏见，将西汉以来的经学成果尽行保存，完成了中国经学史上从纷争到统一的演变过程。

孔颖达（574—648），唐代著名的经学家。字冲远，冀州衡水（今属河北）人。

孔颖达是孔子第三十三代孙。隋文帝开皇元年，8岁的孔颖达开始就学。他聪明过人，每天能背诵经书一千多字。数年以后，已经通晓《春秋左氏传》《郑氏尚书》《王氏易》《毛诗》《礼记》等儒家经典。又精通算术历法，擅长写文章。

19岁那年，孔颖达外出遍访名师。同郡有老儒刘焯，名重天下，孔颖达遂到其门下受业。由于刘焯是当时的名家通儒，门人弟子众多，对年轻的孔颖达并不看重。一天，孔颖达“请质疑滞，多出其意表”，刘焯才“改容敬之”。孔颖达在名师门下兢兢事学，虚心求教，饱学之后，要求辞归，刘焯苦苦挽留，不成。孔颖达回家后，以教授为业。

◆ 《五经》书影

隋朝大业初年，孔颖达“举明经高第”，授河内郡博士。隋炀帝征集诸郡儒官集于东都洛阳，令国子秘书学士与之论难。孔颖达在辩论中十分突出，年少气盛，完全压倒了当时的许多先辈宿儒。这些人气愤不平，暗地派遣刺客谋刺。主持这项辩论工作的礼部尚书杨玄感知道后，将孔颖达藏在府中，才使少年才子幸免于难。隋末天下大乱，孔颖达避难于虎牢（在今河南荥阳）。

唐朝统一海内后，孔颖达曾位列“十八学士”，常与唐太宗李世民讨论坟籍，商略前载。后来孔颖达又成为全国最高学府的高级教官。贞观十四年（640），孔颖达为国子祭酒，太宗亲临国学，举行祭祀先圣孔子的释奠大礼。会上，群儒执经宣义，孔颖达主讲《孝经》，他声若洪钟，口如悬河，义理分明。太宗令群儒发难辩驳，孔颖达排难解纷，令众儒师大为折服。太宗称赞他为“关西孔子”。

贞观二十二年，孔颖达病死，陪葬昭陵，此墓是他的衣冠冢。现孔颖达墓存于河北衡水境内。

孔颖达在经学上的最大成就是奉诏编纂《五经正义》。《周易正义》是其中一部分，阐发了系统的宇宙变化思想。

《易经》之主旨

孔颖达揭示了《易经》主旨在明变化之道，说："易者变化之总名，改换之殊称。"变化运动存在于天地开辟之际，世间一切事物的存在形式即是运动："自天地开辟，阴阳运行，寒暑送来，日有更出。"每一事物，无时无刻不处于运动变化之中。世界乃"新新不停，生生相续"，不断更新的世界。其更新不已的力量源泉在于运动，在于"变化之力，换代之功"。"易"之称即是对运动现象的概括，《易》建立的基础也就是运动变化。

《易经》的特征

孔颖达指出《易经》的特征是抽象性和象征性："易者象也；爻者效也。" 象即像，即仿照；交即效，即效法。作《易》之圣人，"仰观俯察，象天地而育群品；云行而施，效四时以生万物。"简言之即效法天地及自然规律以生育众生，长养万物。

"易兼三义"说

易的基本意义是运动变化，但这只是易义的一个方面。孔颖达从《易纬乾凿度》说："易一名而含三义，所谓易（简）也，交易也，不易也。"易（简）是说天地无言，日月星辰布满天空，光明灿烂，并不繁冗，是因为蕴藏着无限神机，即自然规律的客观性和必然性。变易，指阴阳作为无所不在而又对立统一的两种力量，实际是事物的矛盾性。天地变化，四时更替，乃至人世之进退无不是这一矛盾规律的具体表现。不易，指尊卑之位。天上地下、君南臣北、父坐子伏等等皆是。"易兼三义"实际包含了矛盾运动的规律性（易简）和运动形式（绝对的运动和相对的静止），这是合乎辩证运动观的。

"易兼有无"

孔颖达援道入儒，提出"易兼有无"的命题。他在《乾凿度》中说："有形生于无形，则乾坤安从而生？故有太易，有太初，有太始，有太素。"太易是看不见的气；太初是气体的开始；太始是形体的开始；太素是品质的开始。气、形、质未分之时即"浑沌"，浑沌的特征是"视之不见，听之不闻，循之不得"，这就是玄妙无比不可捉摸的"太易"，这就是道家之"无"。可见易理中蕴含有"无"的意义。

知识小百科

《五经正义》

《五经正义》是唐代颁布的一部官书，规定其中的解释为经学的标准解释。五经指五部儒家经典著作，即《诗》（《诗经》）、《书》（《尚书》）、《礼》（《礼记》）、《易》（《周易》）、《春秋》。汉武帝时，朝廷正式将这五部书宣为经典，故称"五经"。《五经正义》引用大量史料诠释典章制度、名器物色，又详于文字训诂，为后人研读经书提供了方便。

玄奘和佛教唯识宗思想

法相唯识宗是中国佛教哲学的一大宗派，它真正在中国的流传，始于玄奘及其弟子。玄奘全面地翻译并融汇介绍了印度唯识学的理论著作，玄奘弟子对玄奘的唯识学著作做了大量的注疏，在此基础上建构了中国唯识学的基本模式和理论体系。

以玄奘西行取经为蓝本的《西游记》故事在中国乃至全世界广泛传播，使得唐僧(玄奘)的故事家喻户晓，妇孺皆知。在联合国教科文组织评选的世界百位文化名人中，玄奘名列其中。

玄奘（602—664）俗名陈祎，洛州缑氏（今河南偃师缑氏镇）人，唐代僧人，旅行家，四大译经家之一，法相宗创始人。通称三藏法师，俗称唐僧。

玄奘家贫，父母早丧，不得已13岁就出家，20岁时玄奘想在法华寺剃度。法华寺是当时的名寺，有众多的名僧。有个小和尚告诉玄奘，这里有名的人太多了，你若想在这里有一番作为，真是比登天还难，还不如去偏僻的寺院，发展机会会更多一些。玄奘觉得有道理，就去向方丈辞行。

◆ 唐玄奘取经图　元　王振鹏

方丈没说什么，只是带他去了寺旁的一个小山坡，让他看上面长的树木。玄奘看到树木很少，只有数得清的几棵，虽很粗壮，但是枝条乱斜，难作大料。之后，方丈又带他去离寺院较远的一个森林，还是让他看那里的树。玄奘看到这里的树密密的，每一棵都直直的，树枝都往上伸展着，大有直刺云霄的霸气。这时，方丈问他："你明白了什么？"玄奘不语。方丈说："森林中长满了树，为了多得到一缕阳光，多吸收一丝水分，他们都拼命地长着。久而久之，就都成了栋梁之材。山坡上树少，光照充足，水分充足，这些树就少了生长的动力，成了现在的模样。"玄奘一下子顿悟了，他说："师傅，我明白了。"此后，玄奘在法华寺一心修行。

玄奘曾经游历各地，参访名师，但感觉到各派学说分歧很大，难得定论，便决心到天竺学习佛法。唐太宗贞观三年（公元629

◆ 玄奘至印度携回佛经

年，一说贞观元年），玄奘从凉州出玉门关西行，历经艰难抵达天竺。初在那烂陀寺从戒贤受学，后又游学天竺各地。

回长安不久，唐太宗接见并劝其还俗出仕，玄奘婉言辞谢。尔后留长安弘福寺译经，由朝廷供给所需，并召各地名僧20余人助译，组成了完备的译场。相传大雁塔也是玄奘取经回来后，亲自督造的专门从事译经和藏经的地方。玄奘20年间译经75部1335卷，主要有《瑜伽师地论》《大般若经》等，又将《老子》等译成梵文，并著《大唐西域记》。

玄奘的重要业绩，除了翻译经论外，还创立了唐代第一个佛教宗派唯识宗。唯识宗的思想主要有以下几方面：

五种姓说

玄奘进一步发挥了印度戒贤一系的五种姓说，即把一切众生划分为声闻种姓、缘觉种姓、如来种姓、不定种姓、无种姓，认为根据人的先天素质可以决定修道的结果。玄奘在此总结印度诸家的学说，对五种姓说作了系统的阐述。

唯识论

玄奘及其学派主张，世界上的一切（包括人类的自我）皆非独立存在的，而是由人们的意识变现出来的，即所谓“唯识所变”。最根本的意识称作“阿赖耶识”，是世界各种事物、现象的一切“种子”，是宇宙的本源。

因明

因明指古印度的逻辑学。因，指推理的根据、理由、原因。明，指显明、知识、学问。因明源于古印度的辩论术，在印度瑜伽学系中就十分发达。玄奘在前人将因明与唯识学说相结合的基础上又有了新的发展。他在印度提出了“真唯识量”。回国以后，除翻译了因明的主要著作外，还对因明辩论、论证的性质作了精细的发挥，深化了因明立量的方法。

延伸阅读

玄奘和《大唐西域记》

玄奘携带大量经卷和佛像回到长安后，唐太宗在洛阳宫仪鸾殿召见了他。当时大唐王朝正在对西域用兵，急需了解西域地区的历史地理、风土人情等情况，唐太宗就请玄奘将其在西域及印度的所见所闻撰写成书。于是，玄奘口述，弟子辨机执笔写成了《大唐西域记》一书。《大唐西域记》共分12卷，约十余万字，书中记载了玄奘游历印度途中所亲历的110个国家和传闻的28个国家的情况。全书内容丰富，文字流畅，叙事详实。

菩提本无树，明镜亦非台

《六祖法宝坛经》集中体现了六祖慧能的思想，其中的禅学理论不仅在中国思想文化发展史上占有重要的地位，而且对世界文明也有积极的影响。六祖慧能被视为世界杰出的思想家之一，其塑像矗立在英国伦敦大英博物馆里。

慧能（638—713），又称惠能，俗姓卢，中国唐代僧人，禅宗南宗创始人。他生于广东新兴，少时父亲早亡，靠卖柴养活老母。一日，慧能在街市中听人诵《金刚经》，心有所感，于是到湖北黄梅，参拜说此经的五祖弘忍大师，愿求作佛。五祖随口说："你是岭南未开化的蛮人，哪里能成佛！"慧能回答："人有南北之分，佛性并无南北之分。"五祖看出慧能有慧根，但见左右弟子众多，就安排他随众劳动，在碓房舂米。慧能乐于从命，终日舂米，干得欢快。

一日，五祖命各徒弟作偈，若悟大意，将选为继承人，作第六代祖。大弟子神秀在半夜三更时分，独自掌灯，在佛堂的南廊写下一偈："身是菩提树，心如明镜台，时时勤拂拭，莫使有尘埃。"清晨时，弘忍大师见到此偈后漠然不语。慧能闻声来到廊下，他要求也作一偈，得到许可，于是他高声念道："菩提本无树，明镜亦非台，本来无一物，何处惹尘埃。"慧能所作偈，指出世间本无任何事务，故无尘埃可沾；佛性本来是清净的，怎么会染上尘埃？这与佛教大乘空宗一切皆空，万法皆空的宗旨最契合，故而胜神秀一筹。

◆ 达摩至慧能六代祖师像 局部

众弟子见了，大为惊叹。五祖怕人忌妒慧能，说："也未见性。"第二天，五祖悄悄来到碓房，见慧能负着石碓奋力舂米，感叹道：求道之人，为法忘躯，就应该这样啊。于是问："米熟了没有？"慧能答道："米早熟了，只差没有筛子。"五祖用拐杖在碓上敲了三下走了，慧能会意，三更时来到五祖住处。五祖为慧能讲《金刚经》，慧能大悟。

三更受法，没有一人知道。五祖又把世代相传的衣钵正式传与慧能，令他为第六代祖，广度有情，流布将来，无令断绝。五祖吩咐慧能：你必须快快离开，否则有人会害你，不到必要的时机，不要把自己是禅宗六祖的身份讲出来，免得僧人来争夺衣钵。慧能急急逃到韶关曹溪，又被恶人寻逐，于是避难于猎人队中，过了15年的隐居生活。

一日，慧能想，现在是弘法的时候了，不能逃一辈子，于是来到广州法性寺。当时法性寺主持印宗法师讲经，风吹幡动，一僧说是风动，一僧说是幡动，争论不已。慧能上前说：不是风动，不是幡动，人者心动。众人大惊。印宗法师说："行者定非常人，久闻五祖衣法南来，难道是行者吗？"慧能说："不敢。"于是取衣钵出示大众。不久，印宗法师为慧能剃度，后又召集高僧名师为慧能举行了隆重的授戒仪式。次年春，慧能离开法性寺，北上南华寺开山传法。从此，形成禅宗的南派。

在南华寺，六祖慧能传教说法长达37年之久。其言行被弟子法海汇编成书，这就是被奉为禅宗宗经的《六祖大师法宝坛经》。在佛教中，除了释迦牟尼的言行记录能被称作"经"外，慧能是绝无仅有一个言行记录被称为"经"的。

慧能佛教学说的哲学基础是性净自悟，其主要思想有以下四点：

①一切众生皆有佛性。慧能认为人人皆可成佛。

②无念为宗。《坛经》提出"世人性净"，人人都具有清净的佛性。但由于有妄念浮云遮盖，清净的佛性显现不出来。所以要下一番功夫把妄念浮云吹散，使清净的佛

◆ 六祖像图 明 丁云鹏

性显现出来。要吹散妄念浮云，并非难事，只要"无念"即可。

③预悟成佛。慧能主张顿悟，只要一念与教义一致，就可成佛。

④行住坐卧皆是坐禅。慧能反对坐禅，认为坐禅不但不能使人成佛，反而会使人离佛更远。他还对禅定作出新的解说，"外离相曰禅，内不乱曰定"。外离相就是不执取外境，内不乱就是无妄念。不于外著境和"无妄念"都是"无念"，只要做到"无念"，就体现了禅定功夫。这是对禅学理论的重大发展。

慧能的佛教理论明快简易，从而吸引了更多的信徒，流行也更为久远。他的禅学思想对中国中唐以后的佛教及宋明理学都产生了广泛而深远的影响。

韩愈反佛兴儒的道统论

韩愈站在时代的高度，面对外来佛教文化及本土道教文化的挑战，以弘扬儒家圣人之道的基本精神为己任，正式提出了儒家道统思想。经韩愈的努力，儒学再度复兴，并在宋末以后占据了社会文化的主导地位。韩愈的道统思想，对后世产生了重大而深远的影响。

韩愈（768—824），唐代文学家、哲学家，“唐宋八大家”之一。字退之，河南河阳（今孟县）人，祖籍昌黎，世称韩昌黎。因官至吏部侍郎，又称韩吏部。谥号文，又称韩文公。

韩愈24岁考中进士，却在之后的10年里没有得到一官半职，但这期间他结交了像柳宗元和刘禹锡这样的才子，使自己的学业大有长进。36岁时担任监察御史，但是他上书说天旱人饥，请求减免徭役赋税，并指斥朝政，随后被贬为阳山令。到宪宗即位后，韩愈被赦免回朝，不断任职，但因为他先后与宦官、权要等相对抗，所以为官经历一直不顺畅。50岁那年，他跟随裴度征讨淮西吴元济，因平定叛乱有功，所以升任刑部侍郎。53岁那年，因为谏迎佛骨又被贬为潮洲刺史。不久回朝，先后担任国子祭酒、兵部侍郎、吏部侍郎、京兆尹等显职。最后这一阶段，政治上较有作为。公元824年，韩愈在长安去世。

◆ 韩愈像

在哲学上，韩愈是开启宋明理学初源的哲学家，他的著作《原人》《原道》《原性》《原龟》等篇，代表了他的哲学思想。

以儒的“道统”对抗佛的“法统”

韩愈在反佛斗争中建立了他的“道统”说。这一理论包括两方面：先王之道及其传道系统。韩愈认为儒家的仁义之道，是天下公认的真理，是“正统”。老子之道“去仁与义”，佛之道根本不谈仁义，都只是宗教修养的处世原则。而他自己所维护的“道”，这是一个治国平天下、积极有为的入世学说。他以此

“先王之道”批判佛老的反仁义言行。为了与佛教的“法统”相抗衡，他虚构出一个“先王之道”的传授系统：“尧以是传之舜，舜以是传之禹，禹以是传之汤，汤以是传之文、武、周公，文武周公传之孔子，孔子传之孟轲。柯之死，不得其传焉”（《原道》）。韩愈以继承儒家“道统”为己任，这一道统说，在中国哲学史上是一个不可缺少的环节，起着承先启后的作用。

性情“三品”的人性论

韩愈在《原性》中提出了“性情三品”的学说。他说“性也者，与生俱来也”，是先天的，“其所以为性者五：曰仁、曰礼、曰信、曰义、曰智”。根据人性中五种道德的情况，他把人性分为三品：上品者五德俱备，是善；中品者，五德有所欠缺，可善可恶；下品者，五德俱缺，是恶。与此相连的还有“情”，“情也者，接于物而生”，是后天的，有“喜、怒、哀、惧、爱、恶、欲”七情。情的品级与性是对应的，也分“上、中、下”三品。上品的七情恰当而适中；中品的七情稍微有些过甚有些缺乏；下品于七情之中不是过甚就是缺乏，皆任情而行。韩愈认为，中品的“性、情”通过引导，可以变为上品或下品，但“上品”与“下品”却是先天注定而不可改变的。以上合之谓“性情三品”。

“圣人立教”的唯心史观

韩愈在《原道》中提出了“圣人创制立法”的思想，他所说的“圣人”就是以仁义为道的先王和少数统治者。因此圣人就是仁义，仁义就是圣人，二者是一体的。他说：“有圣人立，然后有教以相生养之道。”圣人还制礼乐刑政，以安定社会秩序，这是圣人博爱之仁的表现。总之，认为社会历史是由圣人安排造就的。

◆ 法门寺（819年，韩愈上书《谏迎佛骨表》，反对唐宪宗从法门寺迎佛骨供奉宫中）

延伸阅读

韩愈谏迎佛骨

唐宪宗晚年迷信佛法。他听说凤翔法门寺护国真身塔里供奉着一根骨头，传说是释迦牟尼佛的一节指骨，每30年开放一次，让人瞻仰礼拜，这样就能风调雨顺，人人平安。于是就派人到法门寺把佛骨隆重地迎接到长安，并把佛骨先后放在皇宫和寺里让大家供奉瞻仰。下面的王公大臣也争相效仿。

韩愈向来不信佛，更反对这样铺张浪费迎佛骨，于是就给唐宪宗上了一道奏章说，佛法在中国古代是没有的，只是后来才从西域传了进来。他还说，历史上凡是信佛的王朝，寿命都不长，可见佛是不可信的。唐宪宗看后大发脾气，说韩愈诽谤朝廷，要处死刑。宰相裴度等连忙求情，唐宪宗气消之后虽没杀韩愈，但还是把他贬到潮州去了。

开创理学先声之作：《复性书》

李翱的《复性书》对儒家心性理论进行了创造性的发挥，开启了宋明理学的基本方法和主题，在中国思想史上具有重要的影响。

李翱（772—841），字习之，陇西（今甘肃）人。唐代思想家，文学家。自幼就“勤于儒学，博雅好古”，写文章注重气质。25岁时，在汴州与韩愈相识。从此，他以韩愈为师，勤奋好学，并娶韩愈侄女为妻。26岁那年，李翱进士及第，初任校书郎，后三迁至京兆府司录参军。宪宗元和初年，转国子博士、史馆修撰等职。

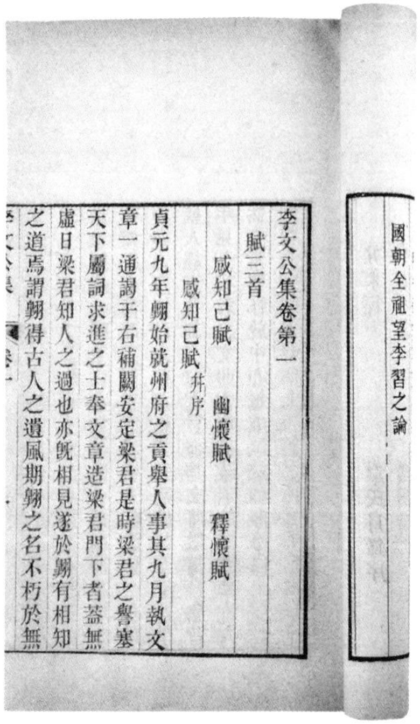
國朝全祖望李習之論

李文公集卷第一

賦三首

感知己賦　幽懷賦　釋懷賦

感知己賦并序

貞元九年翱始就州府之貢舉人事其九月執文章一通謁于右補闕安定梁君是時梁君之譽塞天下屬詞求進之士奉文章造梁君門下者蓋無虛日梁君知人之過也亦旣相見遂於翱有相知之道焉謂翱得古人之遺風期翱之名不朽於無

◆《李文公集》书影（《复性书》收录其中）

李翱是一个性格耿直，说话无所避忌的人。权贵们虽然“重其学”，但是“恶其激讦”。因为重振朝纲的抱负无法实现，他郁愤无处发泄，便去见宰相李逢吉，当面指责他的过失，并提出自己将告病回乡。李逢吉并未计较李翱的言行，还上奏让李翱担任庐州刺史。李翱到庐州后，正值旱灾严重，逃亡人数达万人，官吏们大量抢购田屋，以获取暴利，倾家荡产的人家，却仍要交纳赋税。李翱下令“以田占租”，不得隐瞒。收缴大户豪门万余缗，使贫苦百姓得以安生。这是他比较突出的政绩。

在思想上，李翱和韩愈一样力主排佛，致力于儒学的复兴，但他也受到佛教禅宗的影响。李翱的著作有《李文公集》，其中《复性书》代表他的哲学思想。

“性善情恶”的人性论

李翱以《中庸》为依据，继承和发展了韩愈的人性论，提出了“性善情恶”论。他认为性与情是对立的，“性无不善”；而情却是多变的，“情有善有不善”，“情本邪也，妄也”。因而情能掩盖性的善与明，“情即昏，性斯匿也”。他说：

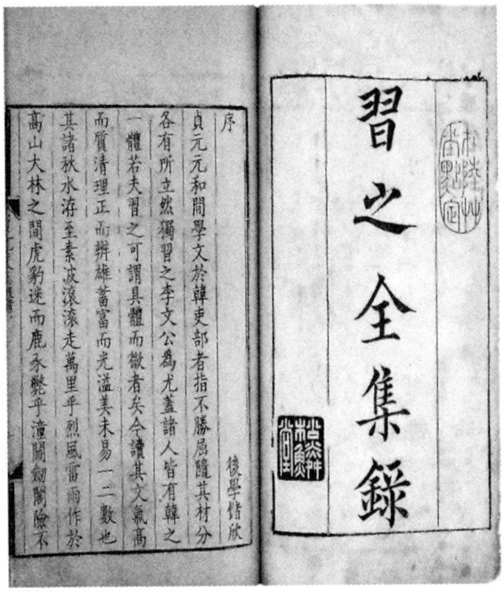
習之全集錄

序　　後學佶欣

貞元元和間學文於韓吏部者指不勝屈隨其材分
各有所立然獨習之李文公爲尤蓋諸人皆有韓之
一體若夫習之可謂具體而微者矣今讀其文氣高
而質清理正而辯雄蓄富而光溢美未易一二數也
其諸秋水溶至素波滾滾走萬里乎烈風雷雨作於
高山大林之間虎豹迷而鹿豕斃乎潼關劍閣險不

◆ 李翱《习之全集录》书影

“人之所以为圣人者，性也；人之所以惑其性也者，情也……性者天之命也，圣人得之而不惑者也。情者性之动也，百姓溺之而不能知其本者也。”这就是说性出自天命无有不善；而人之所以有不善，是由于溺于情欲而惑其性。而一般人如使其性恢复原来的光明，同样能成为“圣人”。于是他详细阐述了如何“复性”以成圣人，提出了“弗思弗虑”的“不动心”的修养方法。李翱的“性善情恶”的人性论明显地受到佛教禅宗的影响，这种性情相对立说，实为宋明理学“存天理，灭人欲”说之滥觞。

“弗思弗虑”的复性方法

李翱从其“性善其恶”论出发，主张“复性”说。具体包括：

（1）圣人能“复其性”“尽其性”，因为圣人能“知情之为邪也，邪即为明所觉矣，觉即无邪”，并且圣人的“七情”都受到性的节制，因而总是恰当适中。“圣人”“复性”和“尽性命”的境界叫作“觉”或“至诚”，在此境界中“其心寂然，光照天地”，“无不知也，无弗为也”。

（2）“凡人”要像圣人那样恢复人的本性，途径就是“忘嗜欲”。复性的外部手段是“制礼以节之，作乐以和之”；复性的内心修养方法则是“知心无思”和“知本无所思”。前者是对心的强制（“斋戒”），后者是领悟到只有“性”才是唯一真实，经过这一领悟过程，就达了圣人的“至诚”境界。这是心自然地“止定”于性的“寂然不动”，是绝对的静止（“离静与动”）。其认识路线就是通过心的内省功夫（“止”）达到主观精神与客观性命的合一（“诚”）。

延伸阅读

李翱和“云在青天水在瓶”

李翱任朗州刺史时非常向往惟严禅师的德行，曾多次邀请惟严禅师下山参禅论道，都被惟严拒绝了，所以李翱就亲自去拜见惟严禅师，巧遇禅师正在山边树下看经。虽知太守来，但惟严仍无起迎之意，侍者在旁提示，他仍然专注于经卷上。李翱看禅师对自己不理不睬，一时怒起，忍不住斥道：“见面不如闻名！”说完便拂袖欲去。惟严禅师至此才冷冷说道：“太守何得贵耳贱目？”短短一句话，李翱为之所动，就转身拱手致歉，并问道：“如何是道？”惟严禅师以手指上下说：“会（领悟了）吗？”太守摇了摇头说不会。惟严：“云在青天水在瓶！”李翱听了，欣然作礼，随述偈曰：“练得身形似鹤形，千株松下两函经，我来问道无余说，云在青天水在瓶。”

答屈原《天问》的《天对》

柳宗元的《天对》是中国古代哲学中的一部奇书。屈原在《天问》中发出170多个质疑性的问题，从战国时期到唐代，无一人作出回答。柳宗元被贬柳州后，将其概括为122条，并逐个作了精辟的回答。它反映了作者对宇宙万物的认识水平和自然哲学思想。

柳宗元（773—819），字子厚，世称“柳河东”，因官终柳州刺史，又称“柳柳州”。唐代文学家、哲学家、散文家和思想家，与韩愈共同倡导唐代古文运动，并称为“韩柳”，为“唐宋八大家”之一。柳宗元的哲学著作有《天说》《天对》《封建论》《非国语》等。

在北朝时，柳氏是著名的门阀士族。自北魏以来，柳宗元的祖先世代显宦，到唐朝，河东柳氏作为“关陇集团”的一个有势力的家族，在朝廷中据有显赫的地位。柳宗元的父亲柳镇，在玄宗天宝末曾做过太常博士，安史之乱后又继续为官。

◆ 柳宗元像

柳宗元出生的时候，“安史之乱”刚刚平定20年。虽处于和平时期，但此时的唐王朝已逐渐走向衰朽。柳宗元九岁那年，爆发了由李惟岳引起的继安史之乱后又一次大规模的割据战争。12岁那年，柳宗元又亲历了李希烈引发的藩镇割据的战火。

贞元元年（785），柳镇到江西做官。柳宗元开始了随父亲宦游的生活，他到过南至长沙、北至九江的广大地区。这段经历使柳宗元直接接触到社会，增长了见识。从这以后，他开始参与社交，结纳友朋，并作为一个有才华的少年受到人们的重视。

柳宗元的父亲柳镇信奉传统的儒学，他明经术，“得《诗》之群，《书》之政，《易》之直、方、大，《春秋》之惩劝，以植于内而文于外，垂声当时。”母亲卢氏是一位虔诚的佛教徒，聪明贤淑，很有见识，并有一定的文化素养。父亲和母亲给了柳宗元儒学和佛学的双重影响，这为他后来“统合儒释”思想的形成奠定了基础。

统合儒释

柳宗元明确提出了“统合儒释”的主张，认为儒、佛二教“皆有以佐世”，对佛教应选择吸收其有用的思想精华，用来丰富儒家学说。在他看来，佛教中有些理论是与儒家的精神实质相契合的。如佛教中“诸行无常”的观念与儒家《周易》的变易思想是不谋而合的；佛教的佛性论与儒家的人性论也相符合。他提出佛教本于孝敬的思想，拉近了佛教与儒家以孝为仁之本的距离，为二者提供了一个共同的思想基础。

天人不相干预

在柳宗元看来，“天”是自营自成的自然界，是宇宙，不是虚无缥缈的神。“天”是物的天，是客观存在的天，没有意识，没有感知。“天”并不是谁经营创造的，而是由元气的无限积聚而形成的。元气是一切自然现象发生之源，一切自然现象统一于元气。这一思想从根本上否认了造物主的存在，坚持了世界的物质性，表示了鲜明的无神论立场。在“天”和“人”的关系上，柳宗元认为“天”不能够有意干预“人”的“法制”与“悖乱”，“人”也不能够干预“天”；天与人“相分”，“各行不相预”。

阴阳三合，一以统同

这是柳宗元《天对》中的命题。屈原在《天问》中曾问：“阴阳三合，何本何化？”柳宗元《天对》中答道：“合焉者三，一以统同；吁炎吹冷，交错用功。”柳

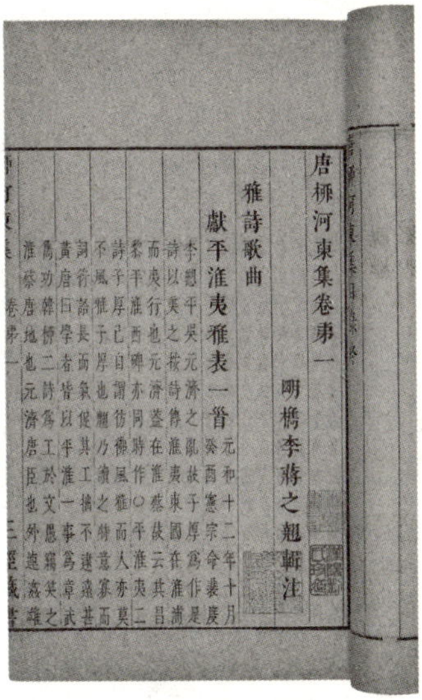
唐柳河東集卷第一　明 檇李 蔣之翹 輯注
雅詩歌曲
獻平淮夷雅表一首

◆ 《柳河东集》书影

宗元认为，天地中充满了元气，元气分为阴阳二气。万物的形成和变化，是阴阳二气矛盾运动的结果，即元气的自然运动（吁、吹）导致阴阳寒暑的冷热的变化，因此而有产生万物的效果。柳宗元的命题肯定了万物统一于元气，肯定了元气本身对立物的交错作用是运动的根源，是中国古代朴素唯物主义与朴素辩证法结合的产物。

延伸阅读

“死在柳州”的缘由

自古有“穿在苏州，玩在杭州，吃在广州，死在柳州”的说法。“死在柳州”指在柳州死后，可有副上好的柳州棺材入葬，这是赞誉柳州的棺材(柳州地区人称棺材为寿枋，亦叫长寿)。据说，柳州棺材名声大噪还是源于柳宗元。晚年的柳宗元被贬到柳州，并客死异乡。当时，柳州人民为了纪念柳宗元，特地用了一口由上等的雪松木制成的棺材来装殓他的遗体。遗体运到西安后，居然完好无损。从此，柳州的棺材声名远扬。

古代唯物论思想的新高峰：《天论》

刘禹锡的《天论》从哲学的意义上划清了天道观上“自然之说”与“阴骘之说”的根本界限，对从董仲舒到韩愈的一切有神论思想，其中包括玄学和佛学的基本论点进行了理论清理，提出了许多带有创见性的哲学观点，从而把我国古代唯物论思想推到了一个新的高度。

刘禹锡（772—842），字梦得，洛阳人，唐朝文学家、哲学家。因曾任太子宾客，故称“刘宾客”，晚年曾加检校礼部尚书、秘书监等虚衔，故又称“秘书刘尚书”。著有《刘梦得文集》。

刘禹锡的哲学论著是《天论》上、中、下三篇。

万物“乘气而生”的自然观

刘禹锡认为物质性的“气”是世界万物存在的基础，并且用清气和浊气、阳气和阴气，以及它们的相互作用来说明世界万物的生成和变化。在刘禹锡看来，天空有日、月、星辰高悬着，它们是宇宙万象中最神奇、明亮的部分，然而它们本源于山川五行之气。天是清而轻的气，地是浊而重的气，浊而重的气是清而轻的气之根本。天地一经形成就相互发生作用，元气缓慢地运动形成了雨露，急剧地运动形成了风雷。万物凭借着元气的运动而产生，又按其不同的性质群分类聚，有植物，有动物，而人是动物中最有智慧的。

◆ 刘禹锡像

天人交相胜

这是刘禹锡关于“天人关系”的著名观点。刘禹锡认为天与人既相区别，又相联系。天的基本作用是“生植”，天的规律是强者制服弱者。人的主要作用在于“法制”，人类社会的特色是规定“是非”的标准，按标准行动。凡合标准者赏，反之则罚。社会安定，是非分明，赏罚合乎标准，此时人生的准则发生效力，是“人理胜”，即人理胜过天理，强制弱

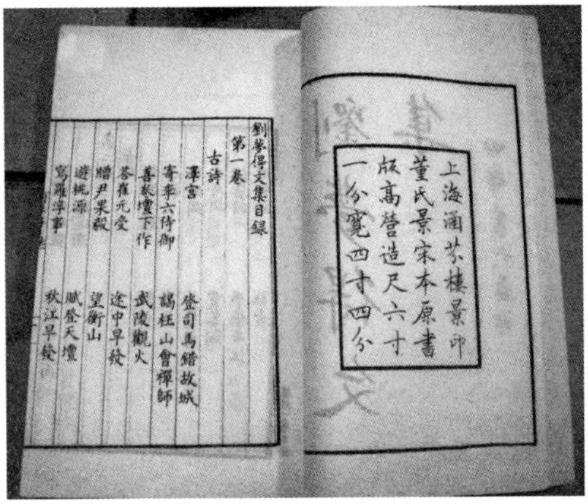

◆《刘梦得文集》书影

的自然规律不能在人类社会中发生作用；如果社会混乱，是非不明，赏罚不分，道德法律都失去效力，此时人类生活就会受强有力者占先的自然规律支配，是为“天理胜”，即天理胜于人理。刘禹锡以此证明天不能干预人的“治乱”，人也不能干预天的“寒暑”。人在社会安定、“人道”有效力时，无论是得祸得福，都不言“天”；在社会混乱、“人道”失去效力时，人们就会把祸福的原因归之于天。刘禹锡初步认识到人类社会和自然界的联系和区别，对古代天人关系学说做出了理论贡献。

“数”“势”决定事物的存在及其变化

刘禹锡以“数”和“势”来解释客观事物的存在及其变化。所谓“数”，是指客观事物的恒常的规律性，是人们可以认识客观世界的基础；“势”指客观事物变化的必然趋势。他说：“天形恒而色恒青，周回可以度得，昼夜可以表假，非数之存乎？恒高而不卑，恒动而不已，非势之乘乎？”认为“数”与“势”的关系是“数存而势生”，它们都以物的存在为基础，无论什么事物都有其“数”和“势”并受其支配，而不能“逃乎数而越乎势”。他认为这是宇宙间极普遍的原理，所以，人类就可以运用智慧去认识客观世界，驾御客观事物的变化，并依据“人理”（即以“法制”为内容的“人之道”）来“与天交胜，用天之利”，以达到自己的目的。

延伸阅读

三迁其家著千古奇文

刘禹锡因参与政治革新得罪当朝权贵，被贬为安徽和州通判。按当时规定，通判应住衙门里三间三厦的屋子。可和州知县见刘禹锡是被贬而来，便多方刁难。先是安排他住在县城南门，面江而居。刘禹锡没有埋怨，撰写一幅对联贴于房门：“面对大江观白帆，身在和州思争辩。”这个举动气坏了知县，又令衙内书吏将刘禹锡的住房由城南门调到城北门，由三间改为一间半。新宅临河，杨柳依依，刘禹锡写了一幅对联：“杨柳青青江水边，人在历阳心在京。”然后安心住下，读书作文。知县见他还是悠然自得，将其住房再度调到城中、而且只给一间，仅能容下一床一桌一椅。半年时间，刘禹锡连搬三次家，住房一次比一次小，全家老小根本无法安身。刘禹锡觉得这县官欺人太甚，愤然提笔写下了《陋室铭》一文，并请大书法家柳公权书碑勒石，立于门前，以示“纪念”，一时轰动朝野。

第四讲

宋元明清理学

儒学发展的新阶段：理学

宋明理学反映了古代社会后期有思想有见识的中国人在思考和解决现实社会问题与文化问题中所生发出来的哲学智慧，它深深影响了封建社会后半期的社会发展和文明走势。然而，这个智慧成果也改换了先秦儒学中的积极精神，把民族精神在一定程度上引向了萎靡和颓废。

理学，是中国封建社会后期的统治思想。它以儒学的内容为主，同时吸收了佛教和道教思想，是在唐代三教融合、渗透的基础上孕育、发展起来的。它产生于北宋，盛行于南宋与元、明时代，清中期以后逐渐衰落，但其影响一直延续到近代。

宋代儒士解经，大都不顾旧有传注，往往抛弃传统的训诂义疏，直接从经书原文中阐释性命义理（即人的本性及其根源），因此被称为“性命义理之学”，简称为“理学”。由于宋儒认为这种理学是经孔子、子思、孟子这样一代代传承下来的，他们自己则继承了孔孟的道统，因此又称其为“道学”。

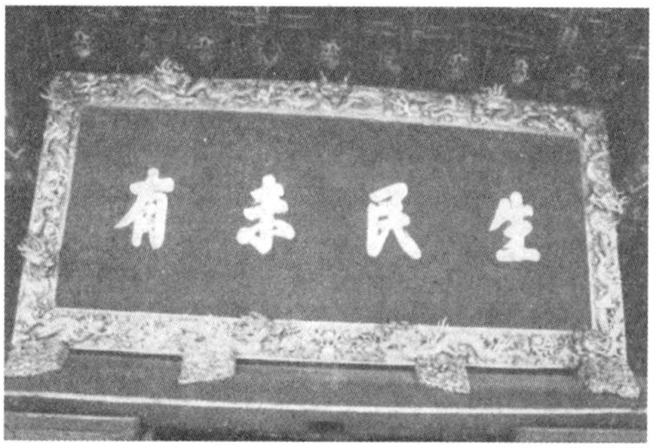

◆ 山东曲阜孔庙“生民未有”匾额

理学有广义和狭义之分，从广义上讲，是指宋明时期，以研究儒学经典“四书”“五经”之义理的“义理之学”；从狭义上讲，是指程朱理学和陆王心学的共称。因为无论程朱之学或陆王之学，都把“理”（或称天理）作为其学说的核心范畴。

理学兴起的原因

理学的兴起与宋代政治特点密切相关。隋唐五代的长期分裂和混乱，破坏了传统的伦理道德规范，纲常松弛，道德势微，这不利于大一统政治的稳定和巩固。因此，宋代统治者一开始就倡导尊儒读经，宋代的儒学复兴便由此而形成。

理学的兴起与宋代经济、文化的发展密切相关。宋代形成统一局面后，农业、手工业得到迅速恢复和大规模发展，在此基础上，科学文化的进步尤其引人注目。哲学本来就以自然科学的发展为基础，理学对自然及社会规律的思考，正是宋代科学文化发展的必然结果。

理学的兴起与思想史自身进程密切相

◆ 武夷书院

关。理学是儒、释、道三教长期论争和融合的果实。唐代韩愈倡儒学道统，辟佛、道，打破了三教并盛的局面，为儒学复兴打下基础。北宋学者大胆抛弃汉唐学者师古泥古的学风，敢于疑经改经，相互辩论，相互启发，独立思考，大胆立论，讲注义理，为理学的产生提供了一个相对宽松的思想环境。

理学发展基本过程

北宋初，胡瑗、孙复、石介被称为“理学三先生”。然而理学实际创始人为周敦颐、邵雍、张载、二程兄弟，至南宋朱熹集大成。建立了一个比较完整的客观唯心主义体系，提出“理”先于天地而存在，其为学主张“即物而穷理”。与朱熹对立的是陆九渊的主观唯心主义，提出“宇宙便是吾心”的命题。明代，王守仁进一步发展陆九渊的学说，认为“心外无物”“心外无理”，断言“心”之“灵明”为宇宙万物的根源。为学主张“明体心”“致良知”。此外，北宋张载提出的气一元论，与二程截然不同。明代王廷相以及清初的王夫之、颜元等，对程朱、陆王皆持反对态度。至戴震著《孟子字义疏征》，得出“理存于欲”，指出“后儒以理杀人”，则更给予了理学以有力的批判。

理学的流派

按现代学术界的通常做法，可以把宋明理学体系区分为四派：气学（张载为代表）、数学（邵雍为代表）、理学（程朱为代表）、心学（陆王为代表）。

理学讨论的问题

本体论问题，即世界的本原问题。在这个问题上，理学家虽然有不同的回答，但都否认人格神和彼岸世界的存在。

心性论问题，即人性的来源和心、性、情的关系问题。

认识论问题，即认识的来源和认识方法问题。

延伸阅读

宋明理学为什么又被称为“新儒学”

西方学者一般将宋明理学称为“新儒学”(New—Confucianism)。新儒学的“新”，是指宋明理学在外来佛教文化与本土道教文化的不断冲击下，建构在具有理性的形而上学本体论思维之上，通过诠释心性与本体、伦理与天道的联系及人与世界的关系，使儒家道德学说获得了形上性和整体性的论述，传统儒学内部的逻辑结构、价值转向、道德结构都获得了新的认识。

“盱江先生”的哲学思想

李觏是我国北宋中期一位具有朴素唯物主义倾向的哲学家和具有进步倾向的思想家，他的思想对当时和以后都产生了很大的影响。

李觏(1009—1059)，北宋著名思想家、诗人。字泰伯，建昌军南城(今属江西)人。南城在盱江边，李觏在此创立“盱江书院”，故又被称为“盱江先生”。

李觏的先祖可能为官，但他的父祖辈没能继承，而使家道中落。李觏的父亲虽读过书，却未曾应试或做官，以农为生。他勉励儿子读书、作诗赋、应科举。李觏“六七岁时，调声韵，习字书”，10岁“知声律”。14岁，父亲去世，家境更困难，由于母亲郑氏昼耕夜织，勤俭持家，才免于饥寒，并使李觏17岁时能出游求师访友。

李觏29岁入京参加乡举，未中，悲愤彷徨中去拜访范仲淹。之后，经范仲淹的邀请与推荐，李觏去润州讲学。34岁时，再次入京应试，仍未中。此次落第，对李觏刺激很大，决心不再仕进，从此他著书立说，以著作文章传世为归旨。51岁时卒于家中。

李觏的唯物主义思想主要表现在他的《易论》中。

宇宙根源于“气”

李觏继承和发展了中国古代元气本体论的朴素唯物主义思想，他认为，宇宙中的人和万物，都是根源于气，都是由阴阳二气相互会合、相互作用而产生和形成的。其产生和形成的过程和模式是：原始之初，由一气而分为阴阳二气，阴阳二气会合产生五行，五行变化而形成万物，所以说“气”为万物之源。

万物均在“易”中

李觏在其朴素唯物主义宇宙观的基础上，提出了万物都在“易”中的朴素辩证法思想。所谓“易”，就是指变易、变化、发

◆ 李觏雕像

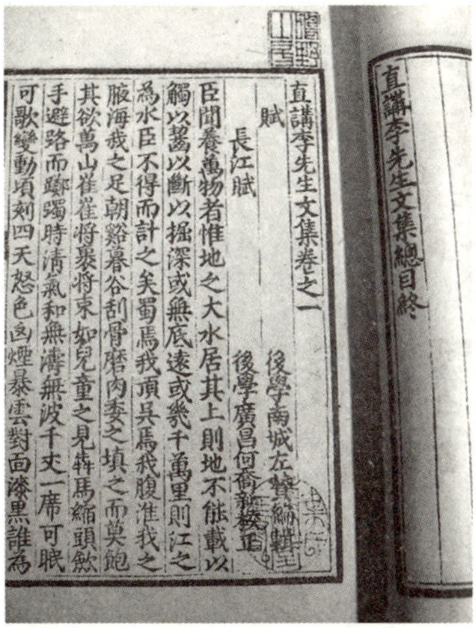

直講李先生文集總目終

直講李先生文集卷之一
賦　　後學南城左贊編輯
長江賦　　後學廣昌何喬新校正
臣聞養萬物者惟地之大水居其上則地不能載以
觸以齧以斷以摇深或無底遠或幾千萬里則江之
爲水臣不得而計之矣蜀焉我項吳焉我腹淮我之
腋海我之足朝谿暮谷刮骨磨肉委之填之而莫飽
其欲萬山崔崔將裂將束如兒童之見犇馬縮頭斂
手避路而趨獨時清氣和無濤無波千丈一席可眠
可歌變動頃刻四天怒色凶煙暴雲對面漆黑誰爲

◆《直讲李先生文集》（又称《盱江全集》《李泰伯先生全集》《盱江集》《盱江先生全集》）书影

生、发展，变动不居，往来无穷。李觏认为，由于阴阳二气的浮沉、升降、动静、刚柔的矛盾运动，不息变化，相感相应，相交相合，从而化生了宇宙万物。因此，由“气”化生和构成的宇宙万物，在阴阳的矛盾对立中处于不停的运动状态，这就是万物均在“易”中的道理。

唯物主义的知行观

李觏认为，由物质性的“气”所产生和形成的宇宙万物，是真实的客观存在，人们的主观意识来自客观事物，是对客观事物的反映。因此，他提出了“见习而知”“习之是”而“见之广”的唯物主义认识论。他说：“夫心官于耳目，耳目狭而心广者，未之有也。耳目有得则感于心，感则思，思则无所不尽矣。”人对客观事物的认识，是由耳目等感觉器官与外界事物的接触而获得感性认识，再由耳目与心思相感而获得理性知识。这样才完成了认识的过程。李觏还认为人要达到圣贤的境界，就必须学习、习行；人要认识各种事物，获得知识，就必须广闻、博见，这就是“习之是”“见之广”。

功利主义的历史观

李觏大胆提出了功利主义的理论，反对道学家们不许谈“利”言“欲”的虚伪道德观念。他从实际物质利益是人类社会生活的根本这一基本观点出发，解释社会历史现象，认为治理国家的基础，是经济，是物质财富。所以，他反对把实际物质利益和道德原则，即“利”和“义”对立起来。

延伸阅读

李觏门下有高徒

庆历年间，李觏常在江西南城十贤堂讲课，听讲者有唐宋八大家之一、号称“南丰先生”的曾巩。有一次，李觏应邀赴豫章春游，随行学生十余人。时值暮春三月，逆风顺水，船家扯下帆篷，装上桨橹，摇橹前进。舱内李觏居中而坐，对众学生说：“此去豫章尚远，我们不妨以行船为题，对一对联，用来消遣。”诸生说：“请先生拟上联。”李觏手指船橹说道：“两橹并摇，好似双刀分绿水。”诸生依次对来。李觏或抚髯静听，或评论修改一番，似乎都不满意。最后，只见曾巩说：“孤桅独立，犹如一笔扫青天！”李觏听罢，不禁连声叫好：“此联气魄雄伟，思路开阔，对仗准确，实为难得之妙联。”正在摇橹的船家也说：“真是名师门下有高徒啊！”

邵氏易学

邵氏易学的价值不在于对传统象数易学的继承，而在于继承传统象易学基础上对易学所进行的精心的改造和创新。恰恰是这些不符合《易》之本文或与传统易学相违背的观点和思想表现出勃勃的生命力，推动易学不断地发展和臻于完善。

邵雍（1011—1077），北宋象数学家、理学家。字尧夫，谥号康节，后人称他为百源先生。邵雍少年时就胸怀大志，书籍无所不读。后来，他为了增长见识，还游学四方。当时的高人李挺之，传授他《河图》《洛书》《伏羲八卦》等易学秘奥。因邵雍根基过人，善于融会贯通、妙悟自得，终成一代易学大师。朝廷屡次授官给他，他都不赴任。晚年隐居洛阳。

邵雍根据《易经》关于八卦形成的解释，掺杂道教思想，虚构了一个宇宙构造图式和学说体系，成为他的象数之学也叫先天易学。邵雍认为历史是按照定数演化的。他以他的先天易数，用元、会、运、世等概念来推算天地的演化和历史的循环。据说他曾预言到王安石变法。

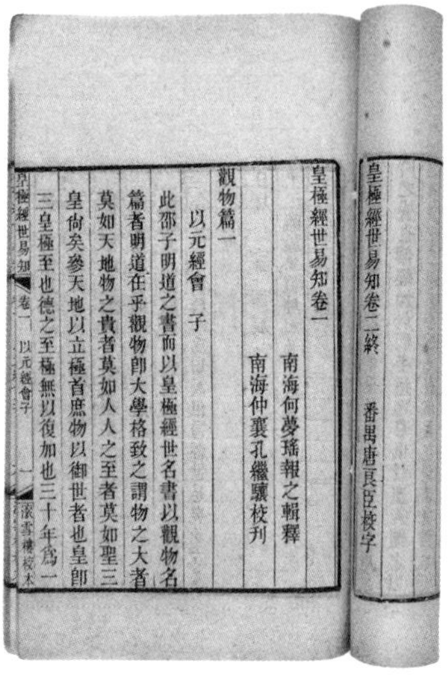
皇極經世易知卷二終
番禺唐良臣校字
皇極經世易知卷一
南海何夢瑤報之輯釋
南海仲襄孔繼驥校刊
觀物篇一
以元經會　子
此邵子明道之書而以皇極經世名書以觀物名
篇者明道在乎觀物即大學格致之謂物之大者
莫如天地物之貴者莫如人人之至者莫如聖三
皇尙矣參天地以立極首庶物以御世者也皇即
三皇極至也德之至極無以復加也三十年爲一
皇極經世易知　卷一　以元經會子　一

◆《皇极经世易知》书影

邵雍著有《皇极经世》《观物内外篇》等。《皇极经世》堪称中国思想史上的奇书，玄思异想，世所罕见。

反映象数思想的“先天之学”

“先天之学”是邵雍移居洛阳之后逐渐发展并完善起来的。邵雍对“先天之学”和“后天之学”的界定是：“先天之学，心也；后天之学，迹也。”也就是说先天意谓自然的本然的原则，后天意谓人为的规定。在“先天之学”中，他创造了一种系统的唯心主义象数体系。他运用一分为二、二分为四、四分为八这样简单的等比级数的抽象概念，说明现实世界，推测过去和未来。他的象数思想在一定程度上揭示了事物在矛盾中发展变化的规律，推进了古代象数学的发展。他坚持唯心主义观点，认为宇宙的本原是“太极”，即“道”“心”。他据《周易》

关于八卦形成的解释，掺杂道教思想，绘制“先天图”，说“天地万物尽在其中”。

“以物观物”的思想

邵雍认为观物有以目观、以心观、以理观三个层次，但以心观和以理观才算得上真正的观物，然而他又认为这两种观物方法也有深浅之别。观之以心，不免失之于“有我”，即局限于一己之见；观之以理，即以天下普遍之理体验万物，便能跳出“有我”之局限而获“天下之真知”。这种所谓“观之以理”的观物方法，他称为“以物观物”，也称为“反观”，与“以我观物”不同。“以我观物”与“以物观物”作为两种体物方法，其根本区别在于，前者是以凡人之心观物，为有限之观物，后者是以万物之理观物，以道心观物，为无限之观物。

“皇帝王霸”的社会历史观

邵雍认为，在人类历史发展中，大致经历了皇、帝、王、霸（伯）四种形式。皇，以道化民，尚自然；帝，以德教民，尚让；王，以功劝民，故尚功；霸，以力率民，故尚争。这里的皇帝，绝非指三皇五帝，而是“但用无为则皇，用恩信则帝，用公正则王，用智力则霸”。并且，他还在皇帝王霸下，又根据道德功力分层次，如皇之皇，皇之帝等。这种社会历史观，可能来自《老子》“道、德、仁、义、礼”的社会论影响。

◆ 邵雍墓牌坊

河洛理數卷之一
宋 華山希夷先生陳 摶著
康節堯夫先生邵 雍述
明 覃懷史應選念冲甫重訂
○序大易源流
一八卦之書始於伏羲有畫無文先天之易也
一六十四卦重於文王卦下有辭後天之易也
一爻象無文則易道不顯故係之者周公也
一繫辭十傳乃吾夫子所著兼先後二天而總括之
一至是謂中天之易也乃若乾坤文言則穆姜常稱之

◆ 《河洛理数》书影

延伸阅读

邵雍《先天图》与二进制

近年来学术界讨论的一个非常热门的话题就是：德国大哲学家、数学家莱布尼茨发明二进制与邵雍《先天图》的关系。讨论的焦点大致有两个：一是邵雍的《先天图》卦序是否一种二进制的记数方法？或是一种“无意识的巧合”而符合二进制的记数方法？二是莱布尼茨发明二进制是否受了邵雍《先天图》的启发？主流的学术观点认为，邵雍的《先天图》不是二进制的记数方法，或至少不是一种自觉运用的二进制的记数方法；莱布尼茨在其发明二进制之前并未看到邵雍的《先天图》。有些学者则认为邵雍的“加一倍法”就是二进制的记数方法，这是中国先哲的智慧和光荣。

理学开山之作：《太极图说》

《太极图说》是中国思想史上第一部系统、完整地论述宇宙发生、发展的著作，它建立了一个与儒家的文化价值理想相符合的宇宙论的理论框架，比以前的儒家演说更加精细和富于理性色彩，更富于时代特点，而这些对后来理学的发展有很大的影响。

周敦颐（1017—1073），字茂叔，原名敦实，亦称惇颐、濂溪先生，道州营道（今湖南道县）人。中国宋代思想家、理学的奠基者。著有《太极图说》《通书》等。

周敦颐从小喜爱读书，在家乡颇有名气，人们都说他志趣高远，博学力行，有古人之风。由于大量广泛地阅读，周敦颐接触到许多不同种类的思想。从先秦时代的诸子百家，一直到汉代才传入中国的印度佛家，他都有所涉猎，这为他而后精研中国古代哲学奠定了基础。

◆ 周敦颐铜像

15岁时，他和母亲一同到京城投奔当时任龙图阁大学士的舅父郑向。舅父对周敦颐母子十分眷顾。周敦颐20岁时，舅父向皇帝保奏，他得到了分宁县监主薄的职位。当时有一件久拖未决的案子，周敦颐到任后，只审讯一次就弄清楚了，表现了果敢、干练的作风和出色的才能。

周敦颐平生酷爱莲花。他任赣州通判时，曾在他的府衙东侧开辟一块四十余丈宽长的莲池，池中建赏莲亭，南北曲桥连岸。夏秋之交，莲花盛开，披霞含露，亭亭玉立。每当微风吹过，田田荷叶轻摇，朵朵鲜花颔首，阵阵馨香扑面。某日，先生凭栏放目，触景生情，爱莲花之洁白，感宦海之混沌，写下了著名的《爱莲说》。后来，人们便把这莲池誉名为“爱莲池”。

周敦颐生前并不为人所推崇，学术地位也不高。南宋时，学者胡宏对周敦颐的理论学加以尊信，理学集大成者朱熹对他评价也很高，又为《太极图》《易通》作了注解，其名声大起。宁宗赐敦颐谥号为“元”，因此敦颐又被称为“元公”，到理宗时，从祀孔子庙庭，确定了周敦颐的理学开山地位。他的哲学思想集中体现在所著的《太极图说》中。

《太极图说》全文仅250字，是一个言简意赅的宇宙发生发展论纲，却被奉为“宋理学之宗祖”。

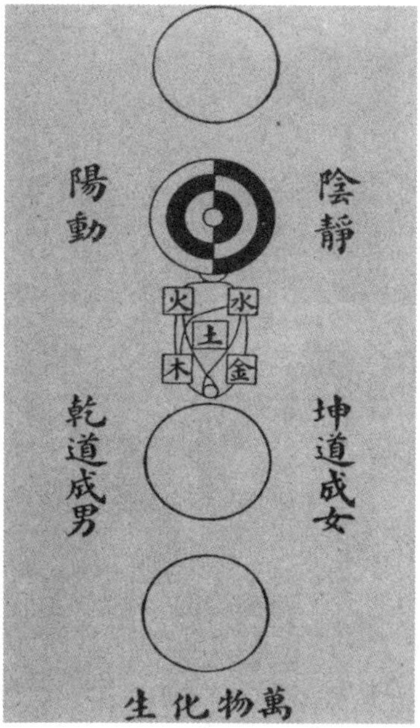

◆ 周敦颐的“太极图”

唯物的宇宙发生论

周敦颐认为世界是由太极元气演变而来的，是物质性的，“太极动而生阳，动极而静，静而生阴”。阴阳生五行，五行生万物，万物变化无穷，但都是阴阳二气和五行相互作用的结果。

“主静”“无欲”的道德修养论

周敦颐提出“主静”“无欲”的道德修养论，认为“无欲则静虚动直，静虚则明，明则通。动直则公，公则溥”，认为人们通过学习和修养，能够“自易其恶”、恢复善性，使自己的一切言行都不违背封建的仁义礼智，从而建立起“君君臣臣、父父子子、兄兄弟弟、夫夫妇妇”的封建人伦关系。他的存“诚”“无欲”的人性论和禁欲主义，对程朱学派“存天理、灭人欲”的思想产生了重要影响。

人性论

周敦颐认为圣人定出中正仁义的规范，是作为区分善恶、处理万事的标准，这突出了人与万物的区别，说明人独得阴阳五行之秀而为万物之灵，具有与万物不相同的五常之性以及为善为恶的道德选择，强调人的社会本性。

延伸阅读

周敦颐与“廉泉”

周敦颐任广东路提刑期间，曾多次去连州巡视。一次，他来到巾峰山麓，见泉美水清，掬而饮之，清流于胸，暑气尽消。他立于山麓，遥看连州，想起连州的历代名宦刘瞻、黄损、孟宾于，想起被贬至连州的唐代文学家韩愈、诗人刘禹锡……他们都才华横溢，为官清廉，刚正不阿。正是这巾峰山的泉水滋养了一方清廉正直的人民，想到此，他激动不已，思如泉涌，于是命人侍侯笔墨，在泉水之下的石崖上奋笔写下了“廉泉之源”四个大字，并命工匠将字凿入岩石中。

孔颜乐处

"孔颜乐处"是宋明理学中一个重要命题，很多理学家都对此问题作过解释。对此命题的阐释涉及对理学"成圣"之目标的理解，并凸现出不同理学家各异的思想倾向。

"孔颜乐处"出自《论语》中《述而》章"饭疏食饮水,曲肱而枕之,乐亦在其中矣"和《雍也》章"贤哉,回也!一箪食,一瓢饮,在陋巷,人不堪其忧,回也不改其乐"。

说到"孔颜乐处"，《宋元学案》中记载，周敦颐常常让前来请教的程颐、程颢两兄弟寻（探究）孔子、颜渊乐处所乐何事。那么，周敦颐为什么要二程去寻"孔颜乐处"呢？

其实，在此之前，周敦颐曾向黄龙南禅师问道。黄龙南禅师就以"孔颜所乐者何事"开示于他："只消向你自家屋里打点，孔子谓朝闻道，夕死可矣，毕竟以何为道，夕死可耶？颜子不改其乐，所乐者何事？但于此究竟，久久自然有个契合处。"周敦颐有一天又问佛印元禅师："毕竟以何为道？"禅师说："满目青山一任看。"周敦颐刚想争辩，禅师却呵呵笑了。周敦颐猛然有所省悟，他悟到了"孔颜乐处"的真谛。所以，当二程兄弟来问道时，他又照样以这个话题让他们去参悟。更有意思的是，后来程颐的学生鲜于侁又以这个话题请教程颐："颜子在陋巷不改其乐，不知所乐者何事？"程颐说："寻常道颜子所乐者何？"侁曰："不过是说所乐者道。"先生曰："若有道可乐，不是颜子。"

从周敦颐到二程，从程颐到鲜于侁，理学家总喜欢用"孔颜乐处"这个话题去让弟子参悟。为什么呢？从程颐的"若有道可乐，不是颜子"这句话可知，"孔颜乐处"的真正含义已不是一般儒者所理解的伦理道德内涵了。那么，宋明的大儒们究竟从"孔颜乐处"中悟到了什么？

周敦颐的体悟

周敦颐说："颜子，'一箪食，一瓢饮，在陋巷，人不堪其忧，回也不改其乐。'夫富贵，人所爱也。颜子不爱不求，而乐乎贫者，独何心哉?天地间有至贵至富可爱可求而异乎彼者，见其大而忘其小焉尔。见其大则心泰，心泰则无不足。"在周敦颐看来，富贵是常人共同追求的对象，但是世界上有比富足更宝贵更可爱的东西，这种至贵至爱可求的东西是"大"，比起它来，富贵利达不过是"小"，人得到这种"大"，不但可以忘却"小"，而且可以在内心实现一种高度的充实、平静和快乐，这是对孟子思想的进一步发展。依据这个思想讲，颜回并不是因为贫贱本身有什么可“乐”，而是指颜回得到的至贵至爱达到了人生的一种精神境界，有了这种境界人就可以超越名利富贵而自得其“乐”，这种乐是他的精神境界带给他的精神快乐，这种快乐不是由于某种感性对象所引起的感性愉悦，而是一种高级的、理性的、精神的享受，是超越了一切人生利害而达到的内心幸福和快乐，人生应当寻求的最高境界就是这种精神境界。

◆ 颜回像

罗汝芳的体悟

泰州学派的罗汝芳从“孔颜乐处”中体悟到“生”的自由。人问：“孔颜乐处？”罗汝芳说：“所谓乐者，窃意只是个快活而已。岂快活之外复有所谓乐哉？生意活泼，了无滞碍，即是圣贤之所谓乐，却是圣贤之所谓仁。盖此仁字，其本源根柢于天地之大德，其脉络分明于品汇之心元，故赤子初生，孩儿弄之，则欣笑不休，乳而育之，则欢爱无尽。盖人之出世，本由造物之主机，故人之为生，自有天然之乐趣……故只思于孔、颜乐处，竭力追寻，顾却忘于自己身中讨求着落。”

这里，他把这种“乐”与“仁”提到了相同的高度。孟子说，“仁也者，人也。合而言之，道也。” 既然“仁”即是道，那么，“乐”也就是道。道是什么？道就是生，它是人生命存在的全部价值和意义。在他看来，生命本身就是乐，“不追心既往，不逆心将来，任它宽宏活泼，真是水流物生，充天机之自然，至于恒久不息而无难也。”所以他认为所谓“孔颜乐处”并不是乐于“君子固穷”之类的道德体验，“圣者之心”是乐于“生意活泼，了无滞碍”的生命自由的体验。

延伸阅读

“孔颜乐处”的现实价值

“孔颜乐处”的哲学思考在今天仍对人们的思想观念和精神世界有着重要的积极意义。首先，给市场经济条件下的人们实现身心和谐提供了借鉴。个体身心和谐无疑是构建和谐社会的基础，没有个体的身心和谐，要构建和谐社会是不可想象的。那么，个体要实现身心和谐，就必须像孔子颜回那样时刻注意处理好社会关系，规范好自身的言行。其次，为新时代重视人的精神信仰和精神追求提供了范式。随着物质财富的不断增长，人们对物质财富的追逐也达到了惊人的程度，一些人丧失了精神信仰和精神追求，这是十分危险的。“孔颜乐处”告诉人们，一个人的一生除了财富、权力之外，还有一些更值得追求的东西，诸如品性正直、人格高尚、心地善良、精神愉悦等，也就是说，一个人对崇高的人生理想和精神境界的追求是相当重要的，在很大程度上这种追求才是人生快乐的真正源泉。

“关学”的创始

张载独创的“关学”流派，促进了理学体系的建立和完善，对程朱的思想也产生了一定影响，其思辨性哲理为理学的哲学化做出了重要贡献。

“关学”，是萌芽于北宋庆历之际的儒家学者申颜、侯可，至张载而正式创立的一个理学学派。“关学”即关中（函谷关以西、散关以东，古代称关中）之学，是从地域角度而言的，无论是张载，还是他之前的申颜、侯可，以及以后的吕大钧兄弟、李复等，都是关中人，故其理学又称为“关学”。如果就关学的内涵性质而言，它属于宋明理学中“气本论”的一个哲学学派。

张载（1020－1077），北宋哲学家，理学创始人之一，理学支脉“关学”创始人。字子厚，祖籍大梁（今河南开封），父亲张迪曾携妻陆氏上任于陕西长安，在西安生下张载。

张载幼年时，刚开始从师读书，就表现出不同寻常的志向和学习的自觉性，得到家人和老师的赞赏。父亲死后，就更加刻苦地学习。当时的各种知识，他都加以广采博收。年轻的张载也喜欢议论军事与边防问题，当时家乡受到西夏国的侵扰，张载决心投笔从戎、立功边陲。他给当时的陕西经略安抚副使、主持西北地区军务的范仲淹写信，表示愿意联络一些人，攻取被西夏占领的洮西之地（现甘肃）。范仲淹看了信后，认为他有远识，能成大器，就勉励并引导他读《中庸》等儒家之学。

◆ 陕西眉县张载祠

张载读完了《中庸》，又研究《老子》《庄子》和道教的书籍，还阅读佛教的著作。经过多年的学习和探索，张载终于确立了自己的学术道路，并且在37岁这一年考取进士走上仕途。张载到丹州云岩县当县令期间开始贯彻自己“明礼教、敦风俗”的政治主张。他经常在一个月中选择一个好日子，准备一些酒席，召集乡里的老年人到县衙里来聚会，他亲自向老人们敬酒，目的是要人们学习和发扬养老、尊老的传统，同时借此机会了解民间的疾苦。另外，他还要借助这些乡老，传播自己忠孝仁爱的政治伦理观念。

张载的思想对后世有较大影响，他著有《正蒙》《横渠易说》《张子语录》等，其名言“为天地立心，为生民立道，为去圣继绝学，为万世开太平”激励了后世许多学者。

“关学”中的宇宙论

张载“关学”，以《易》为宗，以《中庸》为体，以《礼》为用，以孔、孟为法。他提出了以“气”为本的宇宙论和本体论哲学思想。张载认为，宇宙的本原是气。他说：“太虚无形，气之本体。”气有聚散而无生天，气聚则有形而见形成万物，气散则无形可见化为太虚。他认为宇宙是一个无始无终的过程，在这个过程中充满浮与沉、升与降、动与静等矛盾的对立运动。他还把事物的矛盾变化概括为“两与一”的关系，认为“两”与“一”互相联系、互相依存，有彼才有此。

认识论的观点

张载把认识分为两种，即“见闻之知”与“德性之知”。“见闻之知”是由感觉经验得来的，“德性之知”是由修养获得的精神境界，进入这种境界的人就能“大其心则能体天下之物”。张载这种观点在认识论上有积极意义。

“民胞物与”的观点

这是张载的伦理观点，他在《正蒙 乾称》中说：“乾称父，坤称母；予兹藐焉，乃混然中处。故天地之塞，吾其体；天地之

◆ 张载塑像

帅，吾其性。民吾同胞，物吾与也。”认为人和万物都是天地所生，性同一源，本无阻隔。主张爱一切人、一切物，认为“凡天下疲癃残疾，惸独鳏寡，皆吾兄弟之颠连无告者也。”强调“立必俱立，知必周知，爱必兼爱，成不独成”，宣传了抽象的人性论与泛爱主义的伦理观，但其本意并非提倡平等，而是为维护封建宗法制度，故言“大君者，吾父母宗子；其大臣，宗子之家相也”。他的思想后为程朱学派所继承和发挥，成为宋明理学伦理思想的重要组成部分。

专家点评

19世纪中期，美国来华的传教士丁韪良在其《翰林集》中推测，17世纪法国“近代哲学之父”笛卡尔的“以太和”说、“旋涡”说很可能曾经受到张载关于气的学说的影响。

当代著名的科学技术史学者，英国的李约瑟在其巨著《中国科学技术史》中高度评价了张载的“宇宙论学说”，并在一篇论文中引用了张载的《西铭》中的一段话：“故天地之塞，吾其体；天地之帅，吾其性。”以肯定新儒家“任者以天地万物为一体”的世界观的合理性。

政治改革家的哲学思想基础

王安石的哲学思想表现出鲜明的经世致用性质，对结束汉儒的“章句传注”之学，起了重要的作用。王安石的变法思想成为宋代对现实政治、经济生活影响最大的思想体系之一。

王安石（1021—1086），宋代改革家、思想家、文学家。字介甫，号半山，江西临川(今江西抚州)人，世称临川先生。王安石曾封于舒、荆，死后又谥为文，故也称为王荆公或王文公。王安石因“熙宁变法”运动，而被列宁称赞为“中国11世纪的改革家”。

王安石于庆历二年(1042)考中进士，任地方官多年。他认为宋代社会贫困的根源在于兼并。因此，在嘉祐三年(1058)上宋仁宗的万言书中，要求对宋初以来的法度进行全盘改革，扭转积贫积弱的局势，立即实现对法度的变革。由于深得神宗赏识，熙宁二年(1069)，王安石出任参知政事，次年，又升任宰相，开始大力推行改革。在改革中，他把发展生产作为当务之急而摆在头等重要的位置上。但是，王安石的变法触犯了大地主、大官僚的利益，两宫太后、皇亲国戚和保守派士大夫结合起来，共同反对变法。因此，王安石在熙宁七年第一次罢相，次年复拜相。但复相后得不到更多支持，不能把改革继续推行下去，于熙宁九年第二次辞去宰相职务，从此闲居江宁府。宋哲宗元祐元年(1086)，保守派得势，此前的新法都被废除。王安石不久便因忧闷郁愤而病逝。

◆ 王安石像

他的文章以论说见长，列于唐宋八大家。有关哲学的著作有《王临川集》《周官新义》和《老子注》等。

宇宙生成论

王安石所描述的“元气—阴阳—五行—万物”的宇宙生成理论，不仅在哲学上，而且在自然科学上都有很高的价值。他天才地猜测宇宙的起点不是在空间上相互间断的物质微粒，而是一种绵延连续的物质——“元气”。“元气”是物质和空间的统一，空间不再是容纳物质的框架；他所描绘的宇宙发展过程，不是机械力的作用过程，而是一种形态物质向另一种形态物质转化的过程。在这个思想基础上，王安石大胆地提出了“天变不足畏，祖宗不足法，人言不足恤”的振聋发聩的政治思想。

◆ 江西抚州王安石纪念馆

人性论

王安石继承了荀子“形具而神生”的形神观，认为“心生于气,气生于形”，“形者,有生之本”(《王临川集·礼乐论》),即心理现象是基于物质的形体而产生的。他指出“性”是七情“未发于外而存于心”，“情”则是七情“发于外而见于行”，“人生而有之，接于物而后动焉”。他主张性无善恶论，并对“孟、荀、扬、韩四子”的人性论提出了批评。

认识论

在认识过程方面，王安石认为事物是可以被人认识的，“可视而知,可听而思,自然之义也。”而认识过程包括视、听和思。在论述“五事”时说：“视曰明,听曰聪,思曰睿。”“五事以思为主……思者,事之所成终而所成始也。”可见,他已认识到视听是思的基础，而思是认识过程的最高阶段。他指出人的聪明才智,一是“受之天”“得乎天”，“目之能视，耳之能听，心之能思，皆天也”；一是“受之人”“得乎人”。由此提出上智下愚“非生而不可移”。前者指先天的禀赋，后者指后天的教育，并认为后者更为重要。

延伸阅读

王安石宰相肚里行舟船

王安石在新法改革中，遇到很多与自己政见不同者，但他都只是与他们辩论治国之策，从无人身攻击地党同伐异。他早年曾受到欧阳修举荐，但欧阳修反对王安石的新法。即便如此，1072年欧阳修去世，王安石还作了《祭欧阳文忠公文》，表示沉痛的哀悼和深切的怀念。

苏轼较王安石小16岁，王安石推行新法时，他表示激烈反对。1079年“乌台诗案”发生后，苏轼面临灭顶之灾。王安石以退位宰相的身份加急上书劝告神宗：“岂有圣世杀才子者？”由于王安石、王安礼兄弟等人的请求，苏轼终于大难不死。

洛学与“二程”

程颢、程颐所创建的“天理”学说在中国古代思想史上具有重要地位，对我国古代政治思想和哲学思想都产生了重要而深远的影响，并受到了后世历代封建王朝的尊崇，以致逐步演变成为我国封建社会后期近千年的占有统治地位的思想。

洛学，一般说来是专指北宋儒家学者程颢、程颐开创的理学学派。之所以被称为“洛学”，是因为“二程”是河南洛阳人，又长期在洛阳从事讲学活动。如果从洛学的内涵而言，它属于宋明理学中“理本论”的一个哲学学派，也称作“理学”（狭义的），后来与朱熹之学结合则称作“程朱理学”。

“二程”指程颢、程颐两兄弟。程颢（1032—1085），字伯淳，又称明道先生。

◆ 程颢像

程颐(1033—1107)，字正叔，又称伊川先生。北宋思想家，理学奠基者。

程颢的哲学专门著作不多，主要有他的学生吕大临所记关于“识仁”的一段语录，后人称《识仁篇》；他与张载讨论“定性”问题的《答横渠先生书》，后人称《定性书》。程颐的著作被后人辑录为《程颐文集》《易传》和《经说》。明末徐必达将程颢与程颐的著作汇编为《二程全书》。

“天理论”

“天理论”是“二程”学说的基石。其“天理”概括起来有以下内涵：一是“理”是宇宙终极本原和主宰世界的唯一的存在。它独立于万物之外，却又产生和支配着万物：“所谓万物一体者，皆有此理”。但此“理”又不同于佛、道二教的“理”或“道”，根本区别在于“二程”把“理”作为有体而非物的实在。以“理”为实的观点，旨在论证客观世界可感可知的实在性。二是“天理”又是封建道德原则及封建等级制度的总称。“上下之分，尊卑之义，理之当也，礼之本也”，“君臣父子，天下之定

◆ 程颐像

理，无所逃乎天地之间”，因此，忠君、孝亲、爱兄、敬祖等皆是“天理”为人们所规定的道德义务。三是“天理”也是事物发展变化的规律。“坌自有火，如钻木取火，如使木中有火，岂不烧了木？盖是动极则阳生，自然之理。”“二程”适当地吸收了张载的气本论观点，认为物未有形时，称为“气化”，成形之后，便为“形化”。

人性论观点

“二程”认为，人性有天命之性与气质之性的区别，前者是天理在人性中的体现，至善至真，其有“仁”“义”“礼”“智”“信”五种因素，谓之“五常”；后者则是气化而生的，“气”有清浊之分，包含杂质，所以当“理”在“气”所构成的物体中着落安顿时，就不可避免地受影响，因而产生恶的因素。恶表现为人不合节度的欲望、情感，“二程”称之为“人欲”或“私欲”。“人欲”与“天理”互不相容，“天理”盛则“人欲”灭，反之亦然。

格物致知

“二程”提出了“格物致知”的命题，即直接接触事物来认识事物的方法。但是在他们这里，“物”并非客观存在，而是“天理”的物化，“格物”即“穷理”，即要人们认识万事万理都是“天理”的作用。在理学家这里，认识论向来是与道德修养论紧密相连的，因此“二程”十分推崇“克己复礼”之说。他们认为，恪守礼则内心的天理就会完好无损，反之则私欲膨胀。礼是沟通主观自我与客观“天理”的媒介，人一生最重大的事莫过于使自身在任何情形下都不偏离礼的轨道。

延伸阅读

“二程”之间的“战斗”

人们习惯于把程颢和程颐的理学体系合称为“二程理学”，认为二者在观点上是相同的，其实从南宋开始一直持续到清代的中国文化史上的一场激烈斗争实际上就是“大程”与“小程”的理论争论。程颢的理论由陆九渊和王阳明继承，史称“陆王学派”或者“心学”；程颐的理论由朱熹集大成，被称为“程朱理学”或者“理学”。心学与理学，从诞生的那天起，就一直争论不休。他们争论的焦点是：自然中的规律是心性感知（陆王）还是格物致知（朱熹），也就是主观唯心还是客观唯心的问题。也就是说，“二程理学”的根本研究的是哲学的根本问题，他们之间的理论基础差异是很大的。

程朱理学之成形

朱熹是理学的集大成者，中国封建时代儒家的主要代表人物之一。他的学术思想，在中国元、明、清三代，一直是封建统治阶级的官方哲学，标志着封建社会意识形态的更趋完备。

朱熹（1130—1200），字元晦，号晦庵，徽州婺源（今属江西）人，南宋思想家。朱熹是宋明理学中“理学”的集大成者。他继承和发展了“二程”的思想，建立起了一个完整的理学体系，被后世称为“程朱理学”。

传说朱熹诞生时，家中古井中“出赤虹三日”，而朱熹生下来时，右脸上有七个小黑痣，就像北斗七星一样排列。人们见有此象，感到非常奇异。朱熹自幼天质聪敏，勤学好问，他学会说话不久，父亲指着苍天告诉他，那是天，他便问：“天之上是什么呢？”他小时候读书时，也学大人那样在书上作眉批。14岁时奉父遗命，师事胡原仲、刘致中、刘彦仲诸人，后来还娶刘致中的女儿为妻。19岁时中进士，22岁任泉州同安主簿，任内颇有政声。这时朱熹除钻研儒家经典外，亦对佛学发生了兴趣。24岁时拜见他父亲的好友李延平先生，经其指点，学术思想发生了变化，后来拜其为师。

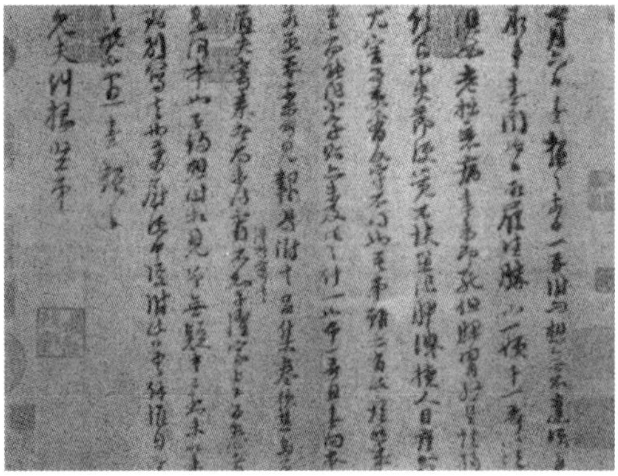

◆ 朱熹行书文稿

后来，朱熹担任南康军地方官。到任不久，当地发生旱灾饥荒，他全力救灾，减轻了灾害的损失，救活了不少人。朱熹倡导教育，重建白鹿洞书院。后来，浙东发生饥荒，孝宗调他到浙东救荒，他又上书，痛论灾旱的原因及吏治不良、贿赂公行的现象。朱熹的一身正气，使一般贪官污吏都因惧怕而自动离开。不久，朱熹见政局不良，就辞职居家，一心讲学。后来，皇上召他入朝，他再度上书，劝孝宗正心以立大本，教养太子，选贤任能，爱养民力，修明军政。孝宗接到朱熹的奏章时已是深夜，却马上起床，点燃蜡烛，读完后再就寝。次日，便要朱熹任官，但朱熹却推辞了。

朱熹的主要哲学著作有《四书集注》《四书或问》《太极图说解》《通书解》

《西铭解》《周易本义》《易学启蒙》等。此外有《朱子语类》，是他与弟子们的问答录。

◆ 紫阳书院

理气论

朱熹继承周敦颐、“二程”，兼采释、道各家思想，建立了一个庞大的哲学体系。这一体系的核心范畴是“理”，或称“道”“太极”。朱熹所谓的理，有几方面互相联系的含义：理是先于自然现象和社会现象的形而上者；理是事物的规律；理是伦理道德的基本准则。朱熹又称理为太极，是天地万物之理的总体。每一个人和物都以抽象的理作为它存在的根据，每一个人和物都具有完整的理，即“理一分殊”。气是朱熹哲学体系中仅次于理的第二位的范畴。它是形而下者，是铸成万物的质料。天下万物都是理和质料相统一的产物。朱熹认为理和气的关系有主有次：理生气并寓于气中，理为主，为先，是第一性的；气为客，为后，是第二性。

动静观

朱熹主张理依气而生物，并从气展开了一分为二、动静不息的生物运动，这便是一气分作二气，动的是阳，静的是阴，又分作五气（金、木、水、火、土），散为万物。一分为二是从气分化为物过程中的重要运动形态。朱熹认为由对立统一，而使事物变化无穷。他探讨了事物的成因，把运动和静止看成是一个无限连续的过程。时空的无限性又说明了动静的无限性，动静又是不可分的。这表现了朱熹思想的辩证法观点。朱熹还认为动静不但相对待、相排斥，并且相互统一，并且论述了运动的相对稳定和显著变动这两种形态，他称之为“变”与“化”。他认为渐化中渗透着顿变，顿变中渗透着渐化。渐化积累，达到顿变。

延伸阅读

被扭曲的朱熹与自然科学

今人多有把中国明清之际的愚昧与落后归因于朱熹的理学，其实这是无知者的想当然的谬论。胡道静先生称：“朱熹是历史上一位有相当成就的自然科学家。”李约瑟对朱熹在自然科学方面的工作和成就也是相当肯定的，他对朱熹在解释雪花何以呈六角形时将雪花与太阴玄精石的比较予以高度评价，称之“预示了后来播云技术的发展”。李约瑟还认为朱熹理学“反映了近代科学的立足点”，“宋代理学本质上是科学性的”。在朱熹手中，中国的科学经过千年积累，已经到了破茧化蝶期，但那个质变一直没能出现。对于明清时期的落后与愚昧，我们不能归罪于启蒙者朱熹，只应去责备那个扭曲与利用了朱熹思想的制度。

存天理，灭人欲

朱熹关于“存天理、灭人欲”的哲学思考，是其整个理学思想的核心。然而，千百年来，“存天理、灭人欲”一直被作为封建礼教的罪恶源头而被不断批判。

长期以来，“存天理、灭人欲”一直被认为是朱熹首次提出的命题，事实上，这一概念在《礼记·乐记》中已经出现，其中说道：“人化物也者，灭天理而穷人欲者也。于是有悖逆诈伪之心，有淫泆作乱之事。”这里所谓“灭天理而穷人欲者”就是指泯灭天理而为所欲为者。

后来，“二程”也说：“人心私欲，故危殆。道心天理，故精微。灭私欲则天理明矣。”这里所谓“灭私欲则天理明”，就是要“存天理、灭人欲”。

◆ 朱熹塑像

再后来，朱熹提出：“孔子所谓‘克己复礼’，《中庸》所谓‘致中和’，‘尊德性’，‘道问学’，《大学》所谓‘明明德’，《书》曰‘人心惟危，道心惟微，惟精惟一，允执厥中’，圣贤千言万语，只是教人明天理、灭人欲。”

“存天理、灭人欲”一直以来就像理学头上的脓疮一样被人批评着，其实这是后人对它的一种曲解，是历史遗留的问题，为了给它“平反”，就非常有必要弄清楚它的原始内涵和本质意义。

什么是“天理”

“天理”在朱熹的哲学思想中包含道理、规律、秩序、准则、规定性，天理既是天之大理，又是物之小理，还是人之道理。天理是自然之理，是万物之常理，是事物本来的规律，是社会之秩序，是人的道理、情理。也就是说，天理的内涵并不单纯是指封建主义的伦理道德，更重要的是指宇宙天地间一切符合事物发展规律性的正向定理。

什么是“人欲”

“人欲”，指的是“私欲”，与人的正当欲望并非同一概念。比如，“若是饥而欲食，渴而欲饮，则此欲亦岂能无？”“如‘口之于味，目之于色，耳之于声，鼻之于臭，四肢之于安佚’，圣人与常人皆如此，是同行也。然圣人之情不溺于此，所以与常人异耳。”这些是人正常的欲望，是朱熹所肯定的。而“同是事，是者便是天理，非者便是人欲。如视听言动，人所同也。非礼勿视听言动，便是天理；非礼而视听言动，便是人欲。”可见，朱熹所说的“人欲”是指那些超出了正当要求以及违反了社会规范的欲望。

“存天理、灭人欲”的本质内涵

“存天理，灭人欲”属于心性修炼。“天理”是公，是大善，是人的仁爱之心。“人欲” 是私，是小恶，是人的自私之情。“存天理”就是存善，追寻天理，循道而行。“灭人欲”就是去恶，克己省身，修身养性。简单地说，“存天理”就是向善，“灭人欲”就是去恶。

“二程”和朱熹提出“存天理、灭人欲”其实是强调，作为人类，人性中最大的缺陷就是往往为自己的私欲所蒙蔽，看不到自己的真实面貌，而不能认识和接近真理。所以朱熹在《朱子语类》中又说：“去其气质之偏，物欲之蔽，以复其性，以尽其伦。”“灭人欲”不等同于禁欲主义，那是对程朱理学最大的曲解。儒家理学就是一门教导人做人的哲学，“存天理、灭人欲”就是希望学者能格物穷理，正心修身，可成为一个内外兼修、才德具备杰出的人。这恰恰不是对人性的禁锢，而是对人性的尊崇。“存天理，灭人欲”就是修身养性，是劝导人做杰出的人、高尚的人、了不起的人、伟大的人。

◆ 白鹿洞书院

延伸阅读

讲给皇帝的“存天理、灭人欲”

朱熹生活在南宋时期，那时候南宋领土正被辽、金和西夏少数民族入侵，“日削月割”，国家处在危在旦夕之中。但是，南宋统治者迁都杭州后，却不思振作朝纲、安抚百姓、练兵强武、收复领土，而是偏安一隅、贪图享乐、苟且偷生。这对当时处于战争创伤中的人民来说，无疑是雪上加霜。面对此情此景，作为哲学家、思想家的朱熹没有沉默不语。已到暮年的朱熹又入都奏事，走到浙江时，就有人对他说，你喜欢讲“正心诚意”，但这是皇上最不爱听的，这次你就不要提了。朱熹很严肃地说，我平生所学，就是这四个字，怎么能够欺君呢？他见到皇帝的时候，还是批评了皇帝，说皇帝内心里面“天理有所未存”，“人欲有所未尽”。

儒学的难解之谜：格物致知

“格物致知”的真正涵义，已是儒学思想史上的千古之谜。从最早为《大学》作注的东汉郑玄，一直到现代的儒学学者，已经争论了一千余年，至今仍无定论。

格物致知，是中国古代儒家思想中的一个重要概念，源于《礼记·大学》的八目——格物、致知、诚意、正心、修身、齐家、治国、平天下——所论述的“欲诚其意者，先致其知；致知在格物。物格而后知至，知至而后意诚”一段。但是，《大学》文中只有此段提及“格物致知”，其后再未作出任何解释，也没有任何先秦古籍使用过“格物”与“致知”这两个词汇。

东汉郑玄最早为“格物致知”作出注解，而自从宋儒将《大学》由《礼记》独立出来成为《四书》的一部后，“格物致知”

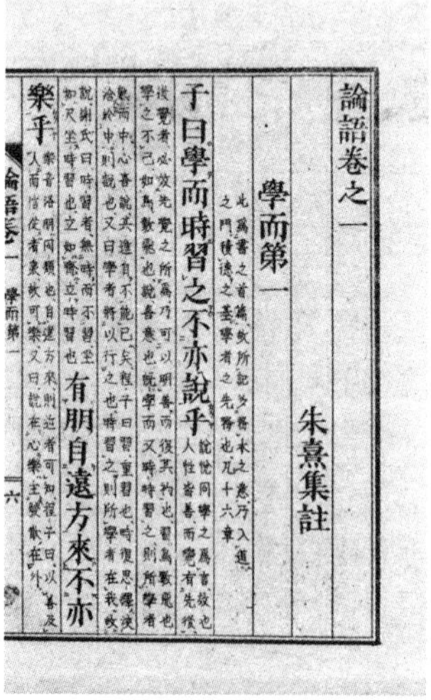
論語卷之一　朱熹集註
學而第一
子曰學而時習之不亦説乎有朋自遠方來不亦樂乎

◆ 《四书》书影

的意义也逐渐成为后世儒者争论不休的热点议题。现在关于“格物致知”的流行诠释多是根据朱熹学说的部分观点而演绎出来的。

朱熹“格物致知”的观点主流化的原因

朱熹关于“格物致知”的观点之所以在后世成为主流，并非是因为获得后世儒家学者的普遍赞同。事实上，朱熹学说在南宋当时曾因政治党争而被斥为“伪学”，后世的许多儒家学者也都大力批判朱熹对于“格物致知”的学说观点。但元朝中叶，朱熹的《四书集注》被官方采用为科举取士的应试准则，明太祖时期又独尊《四书》上的朱熹学说为官方思想权威，明清两代历时五百余年的科举应试更是以朱熹学说为准。在数百年的官方教条权威下，朱熹在“格物致知”上的观点也就顺理成章地成为后世社会上的普遍流行观点。

朱熹为谁讲“格物致知”

朱熹的“格物致知”最早是讲给皇帝听的。他34岁的时候，孝宗继位之后召见了他。他就给孝宗讲了“格物致知”，说帝王之学，必须要先“格物致知”。第二年，他又去见皇

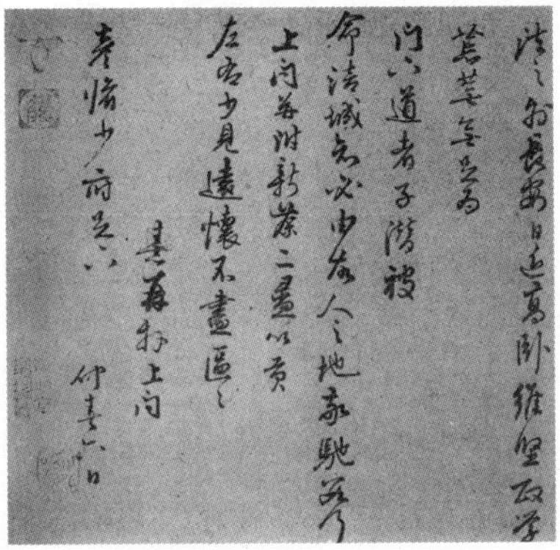

◆ 朱熹手迹

帝时说，大学之道，即“格物致知”。皇上没有做到“即物穷理”，没有做到“即事观理”，所以就没有收到治国平天下的效果。由此可见，理学提出“格物致知”这些理论，不是用来约束老百姓的，而首先是针对帝王之学的。

朱熹“格物致知”的具体内容

朱熹的格物致知学说在重视人的道德修养同时，强调外部事物的考察和知识的学习扩展。因而，可以说“格物致知”学说是求真和求善的结合。

在朱熹看来，“格物”之“格”有两层含义：一层是“至”，“格物”便是“至于物”，也就是达到极致。另一层是“尽”，“格物”就是“知尽”，而“知尽”便是“理穷”。因而，“格物”与“穷理”并称。朱熹沿习“二程”的说法，认为“格物”之“物”意为“事”，不仅指事体，也指事情。由此便知，朱熹的“格物”包括“即物”和“至极”，而且“格物”又是“穷理”。“格物”目的便是主体考穷事物之理，其核心在穷理。

朱熹的“致知”与“格物”是相联系的。单独来看，“致”就是推及、扩充的意思。“知”的含义则相对较为复杂。“知”包含“能知”和“所知”，“能知”为能觉之知，即主体的认识能力；“所知”为知识之知，即作为认识结果的知识。所谓“致知”，就是推及知识，使认识的知识得到扩充而所得的结果。朱熹肯定了人本来是有知的，但是因为理未穷，受到世间事物的蔽塞而不能达到通明，“惟于理有未穷，故其知有不尽也”，所以必须进行后天的学习方能达到。

朱熹把体认“理”作为认识的最终目的。“格物”的精义就在于穷理。“格物”所穷之理，既是自然之理，又是道德伦理。因此，“格物”的基本精神就是人通过对外在的对象的考察，从而把握体现在事物中的义理；或者通过践履外在的伦理规范而体认其真谛。

朱熹“格物致知”的目的在于“明善”，他在《大学章句》最后指出“其第五章乃明善之要”，因而，“格物致知”论从这个角度上说就是对于儒家伦理的认识和修养方法，最终当落于达到最高的道德境界上。

延伸阅读

“格物致知”能够成为千古疑案的原因

“格物致知”之所以使儒学界争论达千余年，首先是因为“格物致知”是《大学》八目的基础功夫，更是“诚意正心”的修持基础，也就涉及了心性修为的根本基础，而超越了先秦儒家的思想深度，与先秦道家之学相通。宋儒理学兴起后，为了排斥佛、道两家，程颐自创“理”以取代“道”，而朱熹更是无视《史记》记载而硬要认为“孔子访周所拜见的老子，并非道家老子，而是另有其人”。其次是因为“格物致知”的字义解释难以适当，这也是因为缺乏相关《大学》作者意旨的文献，可供证明“格物致知”的正确意义。这样就使以后诸儒随意发明而强行解释“格物致知”，从而造成了至今的儒学思想上的千古疑案。

湖湘学派

宋代以长沙为中心的湖湘学派，是湖南文化史上规模最大的一个学者群体，它的学风，衍化成湖湘文化基因。它弘扬明大义、存本性、追求人生理想的价值精神，成为湖湘文化的基本精神，影响了一代又一代的湖湘学人和政治家。

湖湘学派是一个形成于南宋时期的源远流长的地域性儒家学派。

湖湘学派的创始

这个学派虽以“湖湘”命名，创始者却不是湖南籍人，而是原籍福建崇安的胡安国、胡宏父子。

胡安国从小就聪慧好学，刚学会说话时就能背诵部分《训童蒙韵语》，家中父母非常惊讶，预言：“这个小孩一定可以光大我们家的门户。”15岁那年，胡安国到州学就读。一天，一个戏班子在州学前演出，州学学生都弃学外出看热闹，仅剩胡安国一人还留在书斋中诵读，州学教授发现后非常感动，赏赠他纸笔佳砚。两年后，胡安国进入太学学习，这段时间他接受了程颐、程颢学说，成为理学的坚定信奉者，极力推崇“二程”是孔孟之道的直接继承人。

◆ 胡安国和妻刘氏及子胡宏的合葬墓

由于仕途坎坷，胡安国晚年干脆辞职退隐，致力于学术研究。南宋建炎（1127—1130）年间，胡安国率家人、弟子来到湖南，在潭州湘潭建碧泉书院，然后又在衡山山麓办文定书院，以讲学撰述为业，除自己的子侄胡寅、胡宏、胡宪等外，还吸引了众多湖湘士子前来就学。从而开始奠定了一个在中国古代学术史上具有特殊地位的理学派别——湖湘学派。

胡宏是胡安国的次子，字仁仲，因长期寓居湖南衡山五峰下，人们称他为五峰先生。胡宏从小就在父亲胡安国的督导下研习经学，尤其服膺“二程理学”。20岁时，胡宏进入太学，师从程门四大弟子之一的杨龟山，成为“二程”的再传弟子。父亲胡安国逝世后，胡宏独立治学，他以振兴道学、醇化风俗为己任，表示“道学衰微，风教大颓，吾徒当以死自担”。当时，一批批志学求道的青年纷纷来到衡山追随胡宏研经读史。至此，在思想体系和人才群体上完全奠定了湖湘学派作为南宋一个重要理学派别的基础。因此，后人评价胡宏“卒开湖湘之学统”。

胡安国在南岳紫云峰下完成了他的名著《春秋传》，成为科举取士官方规定的必读科书，也是湖湘学派的代表著作。胡宏在衡山完成了他的代表作《知言》，被誉为“道学之枢要，制治之蓍龟”。胡安国的《春秋传》专讲“华夷之辨”，而胡宏的《知言》则阐明“性”为宇宙本体的思想。

湖湘学派的鼎盛

南宋乾道、淳熙年间，是湖湘学派最为鼎盛的时期。这一时期的代表人物是张栻。

张栻与当时朱熹、吕祖谦齐名，并称“东南三贤”。张栻曾师从胡宏于文定书堂，因学识超群，被胡宏赞为“圣门有人，吾道幸矣”。他学成后归长沙，先后主讲岳麓、城南两书院，在胡宏病逝后，成为湖湘学派的领袖人物。他不仅继承了胡宏之学，而且还吸收周敦颐、“二程”、张载等前辈学者的学术思想，并与同时的朱熹、吕祖谦、陈傅良、陆子寿等学者进行学术交流，扩大了湖湘学派在全国的影响。一时间，大批游学的士子前来湖南研习理学问难论辩，有的还“以不得卒业于湖湘为恨”，当时的长沙成为全国闻名的理学基地。

湖湘学派的特点

首先是尊奉理学。湖湘学派主要人物的学术思想，都直接渊源于宋代程朱理学的开创者程颐、程颢。虽然以后也有心学、农学渗入湖南，但这一主导地位始终没有动摇过。

其次是重经世务实。宋代的许多理学家都有空谈心性、不究实用的倾向。湖湘学派虽然也是理学中的一派，却自创立之初就反对“腐儒”学风，主张“通晓时务”“留心经济”。在知行关系上，湖湘学派阐述“知行互发”，特别注重“行”的作用，强调“践履”，即实践，认为“知之非艰，行之惟艰”。因为湖湘学派重视务实，所以后人评价他们都是有用之才，而非“迂谈道学者”。

最后，湖湘学派不存门户之见，抱兼容并蓄态度，对与程朱理学不同的陆九渊心学派、陈亮事功学派并不一概否定，而是互为取舍。

延伸阅读

湖湘学派与靖康之耻

宋朝统治集团的骄奢淫逸，导致金人南侵，徽、钦二帝北掳、客死边漠，这就是历史上著名的“靖康之耻”。

其实，在靖康元年，宋钦宗召见胡安国时，胡安国就说过“纲纪紊乱，风俗益衰”，知识界崇尚空谈、追求仕禄，然而，他的意见并不为所重。后来，他们来到偏僻的湘潭筑建书院，创立“湖湘学派”，企望培养一批“尊王攘夷”、安邦治国、艰苦卓绝、磨炼心志、经世致用、拯救时艰的人才，以收复沦陷于外敌的中原。王夫之的《宋论》正道出了胡安国父子著述《春秋传》的缘由，是“以正人心而雪靖康之耻”。

“心学”的创始

陆九渊“心学”的建立，是我国思想史上出现的第一个典型的主观唯心主义哲学体系。这个哲学体系经王守仁扩充和发挥后，一方面，它是封建统治者用来作为维护封建统治、欺骗愚弄人民和镇压人民起义的精神武器；另一方面，由于它强调个人的独立思考和主观能动作用，在客观上产生过促进思想解放的作用。

宋明理学在南宋时期，分化为“理学”和“心学”两个系统，陆九渊以提出“宇宙便是吾心，吾心即是宇宙”而被视为心学一派。

陆九渊(1139—1193)，字子静，号存斋，抚州金溪（今属江西）人。宋代思想家。因曾在江西贵溪象山讲学，又自号“象山居士”，所以学者称他为象山先生。他与当时著名的理学家朱熹齐名，史称“朱陆”。他的论学书札、讲学语录和诗文，在他死后由其子陆持之编为《象山先生全集》，共34卷。

◆ 陆九渊像

“心即理”的思想核心

所谓“心即理”，就是把自然的普遍规律与封建纲常伦理合而为一，认为是人所固有的先验意识。陆九渊说：“人皆有是心，心皆具是理，心即理也。”认为“宇宙便是吾心，吾心即是宇宙”。就人而言，人同此“心”，心同此“理”，人们虽然可能有不同意见，但人的先验的道德意识没有差异。陆九渊认为“理”的普遍必然性必须通过人“心”来证明，人心之理是宇宙之理最完满的体现。“心”是陆九渊哲学思想的基本范畴。他的哲学以“发现本心”为宗旨。

“自存本心”的方法论

陆九渊从“心即理”出发，在认识问题上提出了反省内求的“简易”“直捷”的方法。他认为，“理”就在每个人的心中，也就是说道德意识是人生来固有的，是宇宙

◆ 鹅湖书院

的最高原理，是世界的唯一基础。既然“心即理”，那么学习亦即穷理，就不是向外求索，而是反省内求，切己自反。陆九渊指出，良知良能是“我固有之”，“本无少欠”，但由于物欲的缘故，使“本心”染上了“尘埃”，必须“剥落”、洗涤。

伦理思想的独特处

陆九渊在伦理思想上也与程朱学派不同，他用主观唯心主义的“心学”论证封建纲常的合理性。在他看来，心即性，即理，“本心”即是仁义礼智之心，是善，是人心之理和宇宙之理。“吾之本心”是道德认识的源泉，而道德修养的目的就是唤醒个人心里原有的先验的封建道德观念，即“先立乎其大者”。他认为，修养的方法就是向内用力，切己自反，剥落物欲，改过迁善。

延伸阅读

鹅湖之会

1145年4月，陆九渊与朱熹在江西上饶的鹅湖寺会面，研讨治学方式与态度。朱熹持客观唯心主义观点，主张通过博览群书和对外物的观察来启发内心的知识；陆九渊持主观唯心主义观点，认为应“先发明人之本心然后使之博览”，所谓“心即理”，无需在读书穷理方面过多地费功夫。双方赋诗论辩。陆九渊指责朱熹“支离”，朱熹讥讽陆九渊“禅学”，两派学术见解争持不下。这就是史学家所说的“鹅湖之会”，或称“鹅湖大辩论”。

吕祖谦和“婺学”

吕祖谦在家学渊源的基础上创立了婺学，他兼容并蓄、和而不同的学风使婺学在当时思想界有较大影响，成为浙东学派之先声。

吕祖谦（1137—1181），南宋著名理学家、文献学家、教育家。字伯恭，学者称东莱先生，南宋婺州（今浙江金华）人。吕祖谦开创的婺学，和当时朱熹的理学、陆九渊的心学鼎足而立。婺学又称吕学、金华学派，是南宋浙东学派重要的一支。婺学之得名，是因为唐宋时期金华名“婺州”之故。

吕祖谦出身于显赫的豪门达官之家，他的成长从学阶段一帆风顺；从政为宦生涯虽无高位与辉煌，略显平淡，也终究步步稳进，并无大起大落；学术生涯虽未达到其所有抱负，毕竟在当时已是受万人敬仰。吕祖谦所开创的吕学，“本于家学”，是建立在深厚的吕氏家学历代积累的基础上的。吕氏一生勤于著述，一生为后人留下了包括撰著、整理在内的著作约有近60种，1000万字左右，著有《东莱集》《春秋左氏传说》《东莱左氏博议》《少仪外传》等。

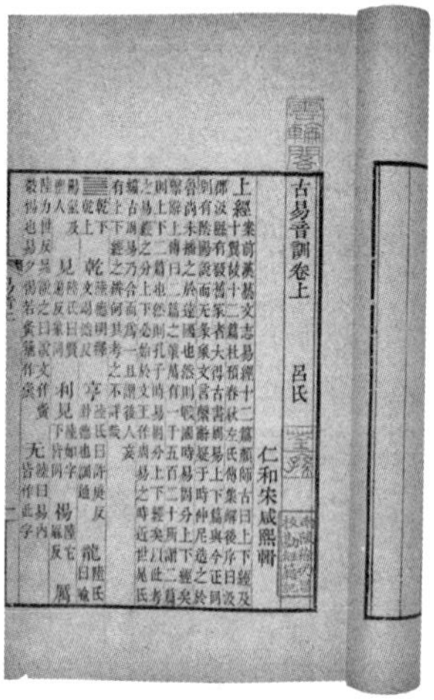
古易音训卷上　吕氏

◆《古易音训》书影

鹅湖之会

吕祖谦的学术思想兼取朱学、陆学之长，带有调和朱、陆的折衷色彩，在理学发展史上占有重要地位。吕祖谦与朱熹在学术交往上有一件大事，值得在理学史上大书特书，那就是吕祖谦邀集朱熹与陆九渊兄弟的关于哲学思想的大论辩——“鹅湖之会”。

南宋淳熙二年（1175年）六月，吕祖谦为了调和朱熹之理学和陆九渊之心学的理论分歧，使两人的哲学观点“会归于一”，出面邀请陆九龄、陆九渊兄弟前来与朱熹见面。六月初，陆氏兄弟应约来到鹅湖寺，双方就各自的哲学观点展开了激烈的辩论。

会议辩论的中心议题是“教人之法”。在这个问题上，朱熹强调“格物致知”，认为格物就是穷尽事物之理，致知就是推致其知以至其极。并认为，“致知格物只是一事”，是认识的两个方面。他主张多读书，多观察事物，根据经验，加以分析、综合与归纳，然后得出结论。陆氏兄弟则从“心即理”出发，认为格物就是体认本心。主张“发明本心”，心明则万事万物的道理自然贯通，不必多读书，也不必忙于考察外界事物，去此心之蔽，就可以通晓事理。所以，尊德性、养心神是最重要的，反对多做读书穷理之功夫，以为读书不是成为至贤的必由之路。

会上，双方各执己见，互不相让，争议了三天，陆氏兄弟略占上风，但最终结果却是不欢而散。鹅湖之会是中国哲学史上一次堪称典范的学术讨论会，首开书院会讲之先河。

◆ 吕祖谦像

天理观

吕祖谦深受程颢、程颐学说影响，推崇《伊川易传》。他把“理”或“天理”看作最高的哲学范畴、宇宙万物的总则。认为“理”或“天理”无所不在，理永恒存在而不可灭。天理即天命，循理而行，则无覆亡之患。人无论是顺逆、顺违、向背，皆受天的约束和支配，天人无间，相通而合一。

吕祖谦同时又强调“心”的作用，认为天命和人心相通，并进一步提出“心即天”，没有心外之天；“心即神”，无有心外之神。圣人之心，即天之心。还提出“心外有道非心也，道外有心非道也”的观点，由此得出“心即道”的结论。

吕祖谦力图把“理”和“心”两种唯心主义本体论调合起来，故称“人言之岁，即天理之发也；人心之悔，即天意之悔也；人事之修，即天道之修也”（《东莱博议》）。

关于“理”与“气”的关系，吕祖谦认为理之“偏”与“全”，是由“气”来决定。物得气之偏，则其理也偏，人得气之全，故其理亦必然全。

认识论

吕祖谦的认识论，是以自存本心和“反求诸己”为首要，认为失其本心（固有的仁、义、礼、智之心），则莫能行。本心存，则能“力行”（封建道德的“践覆”）。学问之道，就是寻回失掉的“本心”。只要能保养好固有的良知良能，则不必外求。所以，他主张向内心探索，“反求诸己”。

人性论

吕祖谦认为性本善，但气质有偏，因此才与情亦流而偏。圣贤者，能排除气质的影响，保持固有的善心。故强调“存心”，如能“存心”，则自在自得，“怡愉泰安”，达到“与天地流行而不息”的境界。人由善变恶，是“外心日炽，内心日消”的结果。人只有通过内心修养，恢复“道心”，才能达到“内心日炽、外心日消”。

延伸阅读

朱熹和吕祖谦

朱熹、吕祖谦的交往从吕祖谦20岁时就开始了。两人的哲学思想最初基本一致，他们共编了《近思录》。但随着时间的推移，论学的逐步深入，他们的学术思想开始处于对立局面，但这并未影响两人的友情。朱熹把自己的《诗集传》初稿带给吕祖谦征求意见，还让儿子朱塾到金华随吕祖谦学习。当朱熹接到吕祖谦去世的讣讯时，立即罢宴哭祭亡友。

强调事功的永康学派

永康学派是与程朱理学观点相对立的一个学术流派，但他们依然是在儒学的思想框架内进行思考，他们的思想资源依然是那些儒家经典。之所以不同，是因为他们是在理学的外部去反对理学正统。永康学派对近世学术风气的转变产生了深远的影响。

永康学派，或称“永康事功学派”，是宋朝重要的一个学术流派，代表人物是南宋哲学家陈亮。因陈亮是婺州永康人（今浙江金华永康市），故得名“永康学派”。有时候也把永康学派归入“婺学”（金华古称并简称“婺”）。后来又有人将永康学派归入“浙东学派”。

这一学派哲学上承认客观规律之实在，强调道存在于实事实物之中，反对道学家空谈义理，以为道义不能脱离功利。

陈亮（1143—1194），字同甫，人称龙川先生。他从小便“慨然有经略四方之志”，二十七八岁时，就写出了军事著作《酌古论》。然而，陈亮却命途多蹇，不仅屡试不中，摧折锐气，而且一生数次遭遇牢狱之灾。

陈亮没有写过专门的哲学论著，他自己对哲学问题也没有系统的研究，但在他的社会政治观点、军事思想、人道主义及其“功利”之学中，都可以找到他的哲学思想。陈亮共留下文集39卷，涉及政治、经济、军事、哲学、历史、教育、文学等诸方面的内容。

盈宇宙者无非物，日用之间无非事

这是陈亮在《六经发题·书经》中提出的一种本体论命题。陈亮认为，事物是宇宙间真实的客观的存在，宇宙间任何普遍的原则都不能离开客观的具体事物而独立存在。陈亮认为，道就存在于事物之间，“道之在天下，何物非道，千途万辙，因事作则。”道与事物、与人生日用是紧密联系的。所以，“古之帝王”便不

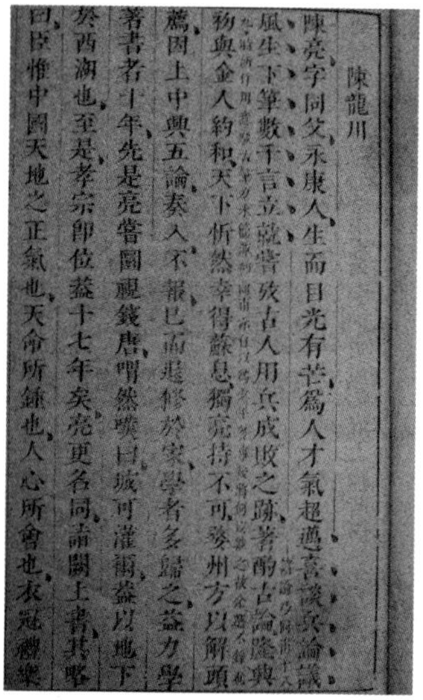
陳龍川
陳亮字同父，永康人，生而目光有芒，爲人才氣超邁，喜談兵，論議風生，下筆數千言立就，嘗攷古人用兵成敗之跡，著酌古論。隆興初，與金人約和，天下忻然幸得蘇息，獨亮持不可。婺州方以解頭薦，因上中興五論，奏入不報，已而退修於家，學者多歸之，益力學著書者十年。先是亮嘗圜視錢唐，喟然嘆曰：城可灌爾，蓋以地下於西湖也。至是孝宗即位蓋十七年矣，亮更名同，詣闕上書，其略曰：臣惟中國天地之正氣也，天命所鍾也，人心所會也，衣冠禮樂

◆《陈龙川文集》书影

着意于虚玄的“形气之表”，而立足于日用之事，来发言立政，故而能够处常而不惰，遇变而使天下安之。

◆ 盈宇宙者无非物，日用之间无非事

强调“行”的认识论观点

在认识论上，陈亮特别强调“行”对于认识“道”的作用，说“天下固无道外之事也，不恃吾天资之高，而勉强于其所当行而已”，认为知识的获得决定于后天的实际活动。但有时陈亮也过分夸大人为的作用，说“人不立则天地不能独运”，得出了天地运动不能离人而独立存在的错误看法。

进步的历史观

在历史观方面，陈亮反对历史退化论，认为历史是不断变通发展和进化的。他说：“夫不为尧存，不为舜亡者，非谓其舍人而为道也，若谓道之存之非人所能与，则舍人可以为道，而释氏之言不诬矣”。在这里，陈亮强调了社会规律不能“舍人而为道”，即不能离开人的活动。他认为，道是不会中断的。三代以下不仅不是混乱的黑暗时代，而且“汉唐之君本领非不洪大开廓，故能以其国与天地并立，而人物赖以生息”，他们使国家统一，使经济文化得以空前发展，其“大功大德因已暴著于天下”，他用铁的历史事实，有力驳斥了朱熹的倒退历史观。

延伸阅读

陈朱王霸之辩

陈亮曾和朱熹为了辩论王霸之学而有许多书信往来。朱熹认为，不能以成败论英雄，不能以功利论是非，而主张将王道、义理作为评价历史的标准。对此，陈亮并不是直接反对王道、义理与仁义，而是主张应该将正与霸、义与利结合与统一起来。王道仁义无非是爱人利物的救民之心，而仁义之心只能通过利民的实事实功表现出来，此“义利双行，王霸并用”。对于陈亮的这些见解，朱熹出于理学家的立场一直视为危险的言论。

永嘉学派和叶适

永嘉学派继承并发展了传统儒学中“外王”和“经世”的一面，使儒家的学说不至于完全陷入单纯讲求个人的心性修养，永嘉学派也因此而成为南宋儒学的一个重要侧面，在当时学术思想界有着重要的地位和影响。

永嘉学派，又称“事功学派”“功利学派”等，是南宋时期在浙东永嘉（今温州）地区形成的，强调功利、注重事功的一个儒家学派，是浙东学派中的一个重要分支。因代表人物多为浙江永嘉人而命名。

永嘉学派的集大成者是叶适。叶适（1150—1223），字正则，号水心。南宋思想家。叶适出身寒微，小的时候家境比较贫困。11岁时，名儒陈傅良在县城林元章家执教，叶适经常在林家玩，所以得到跟从陈傅良学习的机会。

◆《水心先生别集》书影

叶适的一生大致可分为三个时期：一是24岁前的求学时期；二是从24岁赴临安至58岁被罢黜回家，34年的政治生涯时期；三是58岁归居水心村至逝世，16年的学术研究时期。

叶适并没有系统的哲学著作，也没有形成一套完整的哲学体系，但从他对历史上和当时哲学上所讨论的一些重要问题所发表的看法来看，他是一位唯物主义者。他在哲学问题上所表述的思想比陈亮多而深刻。

关于“物”与“理”的观点

叶适的观点是同理学、心学相对立的。他说：“古诗作者无不以一物立义，物之所在，道则在焉，物有止，道无止也。非知道者不能该物，非知物者不能至道。道虽广大，理备事足，而终归之于物，不使散流，此圣贤经世之业，非习为文词者所能知也。”这里，叶适通过讲诗的作者必须借助一种具体事物才能表达一种思想，说明了只有“物在”才有“道在”，道“终归之于物”才不致“散流”这样一个普遍的、根本的哲学道理。在另一篇论诗的文章中，叶适又说道："夫形于天地之间者，物也；皆一而有不同者，物之情也；因其不同而听之，不失其所以一者，物之理也。坚凝纷错，逃遁谲伏，无不释然而解，油然而遇者，由其理之不可乱也。"这里，叶适更明确地表示了"物"是天地间最根本的存在的唯物主义思想。物有其统一性（"一"），又有其多样性（"不同"），这都是物本身所固有的（"物之情"），而所谓"理"也就是指物的这种统一性和多样性所以不至混乱的内在的条理性。理不是离开物，更不是在物之外、之上，而是与物相对应的另一个存在。

◆ 学者授经

动静观

叶适认为"动"是人以至万物的本性，只要它生下来，存在于世界上，它就是动的，而且万物也是在动中生成的。关于自然界的本性是动的问题，叶适解释为，万物的生成及其运动变化，都是阴阳二气的运动、斗争的结果，没有任何主宰者的意志。由此看来，叶适继承了古代朴素辩证法的思想。

注重"见"与"思"的认识论

在认识论上，叶适继承了古代朴素唯物主义的反映论。叶适认为，要衡量一种思想或理论，必须详尽地考察天下的事物，然后才能得出正确的结论。这是他"器在"则"道在"思想在认识论上的表现。对于如何考察天下的事物，叶适首先强调"见闻"的感性认识。所谓"见"是指直接经验，所谓"闻"是指间接经验。在这二者之中，叶适又更重视"见"的直接经验。同时，他也很重视"思"的理性认识的作用。他认为，人的整个认识就是耳目之官和心之思两者的结合,而又以耳目感官的观察为基础。

延伸阅读

叶适在南宋思想界树起了三面旗帜

爱国主义的旗帜。叶适的爱国主义与以往不同，他以仇敌立论，论证金统治者的非正义性和南宋抗金的正义性；他主张走以改革弊政、改弱就强以求国家恢复的新路。

功利主义的旗帜。叶适重视功利，主张把义和利、理和欲统一起来，反对"正谊（义）不谋利，明道不计功"的传统思想，这在南宋学术界独树一帜。

反理学的旗帜。叶适是与朱陆同时代而对道学、心学进行系统批判的思想家，是反理学的先驱。

许衡使元代理学官学化

许衡对程朱理学的继承、改造和传播，推动了程朱理学在新的历史条件下的发展。他帮助元世祖忽必烈施行“汉法”政策和“兴儒”方略，则为将程朱理学推向全国和成为官学创造了条件，并最终使理学在元代实现了官学化。

许衡（1209—1281），元代著名的理学大师。字仲平，世人因其书斋名尊称为鲁斋先生，河内（今河南沁阳）人。

许衡出生于农家。他幼时聪慧过人，7岁开始读书，曾问老师说：“读书是为了什么？”老师回答：“是为了获取功名利禄。”他奇怪地说：“难道就只为了这些？”老师因许衡的反问而感觉到这孩子不一般。此后，老师对许衡非常留意，发现他特别喜欢刨根问底。过了不久，老师对许衡的求知欲和好奇心感到力不从心。于是，这位老师对许衡父母说：“你们的孩子悟性不凡，将来一定大有作为。我才疏学浅，不适宜再做他的老师，请你们另聘高人。”说完便辞去教席。此后，许衡的父母又接连为他请了三位老师。可这三位老师也相继辞去，而且都是出于同样原因。许衡在没有老师指点的情况下，坚持刻苦自学。

◆ 许衡塑像

后来，许衡因其学问渊深而在当时儒士中声望极高，而且胸怀治国平天下之大志，忽必烈建元之后，早闻其名，屡次征召，待遇不薄。然而许衡在政治上却并不得志。因为他的一套治国理论与忽必烈“未尽吻合”，被视为“迂远”不切实用。尽管如此，许衡在促进忽必烈采用汉法和建立中原传统的仪文制度方面，还是起了一定作用。

许衡最重要的业绩是传承程朱理学，并在北方极力阐扬，从而扭转了北方的学术风气，为确立理学在全国学术思想上的统治地

◆ 许衡墓

位奠定了基础。

“道”为世界本原

许衡认为世界的本原是“道”，“道”是具有道德属性的精神实体，它衍生为“精气”，阴阳二气可以产生日、月、星、辰、人以及有形的具体世界及其万物。他说：“天地阴阳精气，为日月星辰。日月不是有轮廓生成，只是至精之气，到处复如此光明。阴阳无光，故远近随日所照……万物皆本于阴阳，要去一件去不得”。在许衡看来，世界源于绝对不变的无形的精神实体，“凡物之生，必得此理而后有其形，无理则无形……。物必有理，未有无理之物。”这种认识论同朱熹说同出一辙，理与万物的关系即是源于理的万物与理顺臾不可分离，万物是理的具体呈现。

许衡版的“理一分殊”

在人性与修养方面，其独到之处是以“理一分殊”说明人的性命之别。许衡认为，仁义礼智是“本然之性”，是“理一”；贫富贵贱是“气禀之命”，是“分殊”。本然之性人人相同，所以说“理一”；而人的气命各不相同，所以说“分殊”。恶的来源是气，要恢复本性就要变化气质。具体方法有持敬、存养和省察。

治生论

许衡在政治上主张积极出世，为宋代理学注入了务实的理念。他认为，理学之道，本质上应该是“日用常行”之则，是规范社会行为的准则，故此道“不远于人”，于是提出“言为学者，治生最为先务”的主张。这样注重国计民生，关心“盐米细事”的治生论，无疑是对宋理学的充实，这使先前空谈心性的学风有所改观。

延伸阅读

许衡不食无主之梨

有一年夏天，许衡和许多人一起逃难。路经河阳时，看到路旁有一棵梨树，果实累累缀满枝头。一路上的颠簸劳累，饥渴难耐，使大家争先恐后地跑去摘梨子，只有许衡端坐不动。有人便问许衡说：“你怎么不去摘梨吃呢？”许衡回答说：“那梨树不是我的，我怎么可以随便去摘来吃呢？”那人说：“现在时局这么乱，大家都各自逃难，这棵梨树，恐怕早已没有主人了，何必介意呢？”许衡说：“纵然梨树没有主人，难道我的心也没有主人吗？”

和会朱陆的吴澄理学

吴澄兼综朱陆的学术取向以及理学经学思想，代表了元代理学的发展方向，不仅在中国学术思想史上占有重要地位，而且对朝鲜的性理学也产生了相当大的影响。

吴澄（1249—1333），元代理学家、教育家、诗人。字幼清，晚年更字伯清，号一吾山人，因早年所居草屋有侍御史程矩夫所题“草庐”二字，人称“草庐先生”，抚州崇仁(今江西崇仁县)人。

吴澄出身于一个普通知识分子家庭。从3岁开始，吴澄就与一般儿童迥然不同。祖父特别喜欢他，经常教他读一些古诗，他几乎随口能诵。5岁时，家人为他聘请了一位老师。在老师的教导下，吴澄愈加颖敏异常，即使千字长的文章，只需读上两三遍，就可牢记不忘。自此以后，他读书常常通宵达旦。母亲担心他这样会损伤身体，便定量供给吴澄读书所用灯油。可吴澄的求知欲非常强烈，难以忍受母亲的约束，就暗地买回一些灯油，在母亲就寝后，悄悄燃灯读书。吴澄后来能成为一位儒学大师，与他早年的自觉修养、刻苦磨炼是分不开的。

吴澄15岁时，厌科举，用心儒学。19岁作《道统》篇，以继承朱熹之后的道统自命。以后校定五经，授徒讲学。38岁以后，历任元朝江西儒学副提举、国子司业、翰林学士、国史院编修、太中大夫等官职。但多“旋进旋退”，时间不长，究心于理学，被称为“经学之师”。卒后，谥文正，封临川郡公。

吴澄学术渊源于朱熹和陆九渊。但从其倾向看，更近朱熹之学。如全祖望所

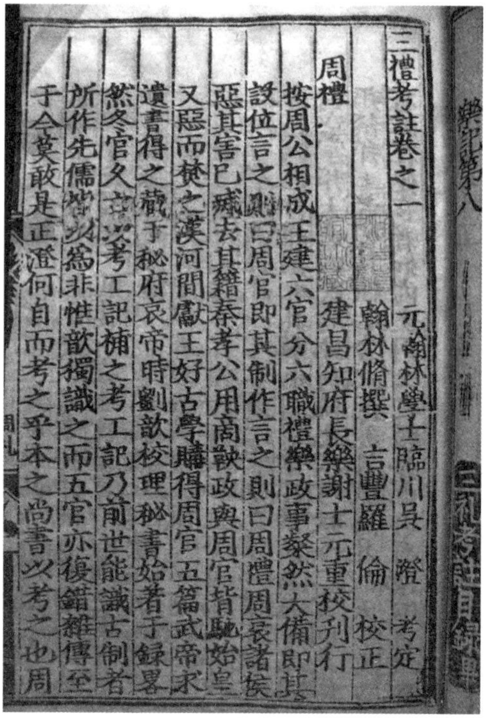
三禮考註卷之一　元翰林學士臨川吳澄考定
翰林脩撰　吉豐羅倫　校正
周禮　建昌知府長樂謝士元重校刊行
按周公相成王建六官分六職禮樂政事粲然大備即其
設位言之則曰周官即其制作言之則曰周禮周衰諸侯
惡其害己滅去其籍秦孝公用商鞅政與周官背馳始皇
又惡而焚之漢河間獻王好古學購得周官五篇武帝求
遺書得之藏于秘府哀帝時劉歆校理秘書始著于録畧
然冬官久亡以考工記補之考工記乃前世能識古制者
所作先儒皆以爲非惟歆獨識之而五官亦復錯雜傳至
于今莫敢是正澄何自而考之乎本之尚書以考之也周

◆ 吴澄《三礼考注》书影

◆ 国子监像

言："草庐出于双峰，固朱学也，其后亦兼主陆学。盖草庐又师程氏绍开，程氏尝筑道一书院，思和会两家，然草庐之著书，则终近乎朱。"

吴澄的理学思想主要表现在以下几方面：

理气论

吴澄认为气是唯一的永恒存在物，先天地而存在，分为阴阳二气，再分为五行。但其理气关系与朱熹不同。他不讲理气的先后问题，而强调理是气活动的主宰，即规律；他不把理看作实体化的东西，理只是气的条理和规律，理在气中，开明代理气一元论先河。

人性论

人性问题上，吴澄认为"性即天理，岂有不善！"但由于每个人所禀之气清浊不同而有善恶。他主张在修养上，先尊德性而后道学问，把"反吾之心"放在首位，而尊德性乃是"主一持敬"。所谓"敬则心存，心存而一动一静皆出于正"，即以敬来存心。

重"德性之知"

在认识论上，吴澄说法较特别。"知者心之灵，而智之用也，未有出于德性之外者"，即认为知只有一种，即德性之知，而无所谓见闻之知。"见闻虽得于外，而所闻所见之理则具于心；故外之格物，则内之致知。此儒者内外合一之学。"即要以外证内，以闻见发明其内心的知识，最终达到明理于心的目的。

延伸阅读

吴澄的国子监生涯

元仁宗继位后，吴澄升任国子司业，掌控国子监教学。他感到一展生平抱负的机会终于来了。于是参考程朱诸儒关于课读诸生的奏疏、教法、私议等，斟酌去取，将国子监教学内容分为经学、行实、文艺、治事四门，力主以课读讲习责督诸生，反对季考月试的大学积分法。但是，吴澄这一套主张与国子监内大多数同僚的想法颇不相合，于是有人将他划入"陆学"的阵营。自南宋以来，朱、陆两人的门下长期"依草附木"，互相攻讦。元代官学尊尚朱熹学说，指吴澄为"陆氏之学"就是公开声言他不宜居国子监师儒之职。吴澄感慨自己的意见和合者寡，但又不屑于自辩，就于第二年辞职了。国子监诸生及朝廷遣特使来挽留他，但他执意要回家。吴澄的国子监生涯就这样结束了，为时还不到三年。

开明代“心学”先河的白沙哲学

白沙哲学，在中国传统哲学的发展历程中，占据着上承宋儒理学的影响，下开明代心学的先河并且独树一帜的关键位置。

陈白沙（1428—1500），明代著名的思想家、教育家、书法家、诗人。本名陈献章，字公甫，号石斋，又号碧玉老人，因是广东新会白沙乡人，故世称白沙先生。陈白沙又被称为 “岭南一人”。

据记载，陈白沙身材修伟，长相不凡。他从小就颖悟非凡，过目不忘，而且很有气节，要做天地间的第一等人，即孟子所谓的“天民”。他19岁中乡试，20岁参加会考，榜上有名，因而得以到京师进国子监读书，投名师吴与弼门下，学问得以大进。

陈白沙经过这一段国子监的读书生活，受到了师友的熏陶，越发有志于学问。回归故乡之后，竟在自己家里筑了一座阳春台，常静坐其中，一意深思，学问更加精进。

明成化十八年（1482年），广东布政使彭韶上疏推荐陈白沙，宪宗准奏，但陈白沙借口母亲久病不去。巡抚右都御史朱英对他说，如果你不去，我就得负欺君之罪。陈白沙只好赴京。不久，即上《乞修养疏》请准终养母亲天年。宪宗因感动而批准，并授他以翰林院检讨之职。他在诗中说：“富贵非吾愿，帝乡不可期。”他所过的生活，正如他所说的“既买锄头又买书，半为农者半为儒”，终生致力于读书、讲学。

明孝宗弘治十三年，陈白沙病死于家乡，被谥为“文恭”。遗著被编为《陈献章集》。

陈白沙的学说得到学生的广泛接受和赞

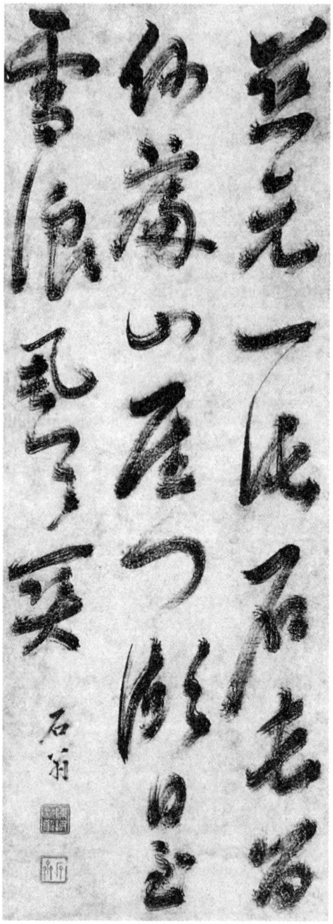

◆ 陈白沙书法

同，遂创立了哲学领域的“岭南学派”，亦称“江门学派”，是明朝较具影响力的理学流派之一。

“静中坐养出个端倪”

所谓的“为学须从静中坐养出个端倪来”，指的就是通过静坐，使吾心之体隐然呈露出来，静以求心，并达到心、理吻合的境界。陈白沙心学的形成，经历了由朱学到静坐，由静坐到心学的过程。他为学的宗旨是心、理合一，心包宇宙，求吾心而道存。

“宇宙在我”

陈白沙强调静坐求心，由朱学转向心学后，提出了“天地我立，万化我出，而宇宙在我”的思想，并将心、理吻合，其以理为宇宙本体，便是以心为宇宙本体。他说：“此理干涉至大，无内外，无始终，无一处不到，无一息不运。会此则天地我立，万化我出，而宇宙在我矣。”认为宇宙在我中心，天地万物及其万般变化皆由我心创造。其所谓理无始无终、无边无际，空间上无一处不到，时间上无一息不运，支配着整个宇宙的存在和发展过程。其心、理均为宇宙本体，二者是相通为一的。

以虚为本

陈白沙的心学强调虚，以虚为本。因为他以虚来解释心，强调心为虚、为无形，事物为实、为有形，而实以虚为本，物以心为本，所以致其虚，便能立其本。

◆ 陈白沙纪念馆

“道在我矣”

陈白沙认为，“道为天地之本”，而作为宇宙本体的道是一种“至无”的东西，由无发为有，而此道在我心。陈白沙强调，道不可言谈。至无之道只能得之于心，而不可用语言来表达，只要一涉及言谈，就不是道。他把语言与思维绝对对立起来，认为得道完全是一种内心的意识活动，这就把求道视为纯主观的向内探讨。

“以自然为宗”

陈白沙崇尚自然，把心学与自然结合起来，强调此心自然，不刻意追求事物，并由此论述了道理与性情的关系。他说：“人与天地同体，四时以行，百物以生，若滞在一处，安能为造化之主耶？古之善学者，常令此心在无物处，便运用得转耳。学者以自然为宗，不可不著意理会。”认为心既然为造化之主宰，就应以自然为宗，不滞心于一处，使主体不专意于特定的对象，而是随物自然。

王守仁的“心学”

王守仁的“心学”上承孟子，中继陆九渊，集我国心学之大成。由他创立的阳明学派，与朱子学派分庭抗礼，成为明代中后期一个体系庞大、门徒众多、思想活跃、影响深远的新儒家学派，在我国儒学发展史上占有重要地位。

王守仁（1472—1529），初名云，字伯安，因筑室于故乡阳明洞中，世称阳明先生，浙江余姚人，明代思想家。著有《传习录》《大学问》《阳明先生文录》等。

王守仁一直有经略四方之志。15岁那年，他出游居庸关，仔细勘查山川地形，了解当地各族群部落，又多方倾听学习守备抵御的方法与策略，后来还亲自与胡人骑射作战。

弘治十二年（1499），已经28岁的王守仁中了进士，观政工部。从此，他步入仕途，跻身士大夫行列。此后，为了能加深的自己的学术造诣，常走访一些高人。

◆ 王守仁像

一次他到一个寺庙，希望得到修行高深的禅师的启示。可是禅师只谈了一些平常的佛经禅理。突然，王守仁问：“有家吗？”禅师答：“有。”又问：“家中尚有何人？”“母亲尚在。”王守仁说：“你不想她吗？”禅师感叹：“怎能不想啊！”说完，禅师觉得自己的回答不符合出家人的身份，就很惭愧。王守仁说：“想念母亲，没什么好羞愧的，这是人的本性啊！”结果禅师第二天舍弃禅师的身份，收拾行装还俗回家探望母亲去了。

寺庙的主持心里恼怒，便把王守仁请出庙门。王守仁并不生气，因为他领悟到：无论何时，人性都不会泯灭。同时也意识到：朱熹把天理和人心分开是不对的。后来，他经过十几年的思考和求索，逐渐形成了自己的哲学体系。

王守仁著有《王文成公全书》）38卷，其中《传习录》《大学问》为重要哲学著作。

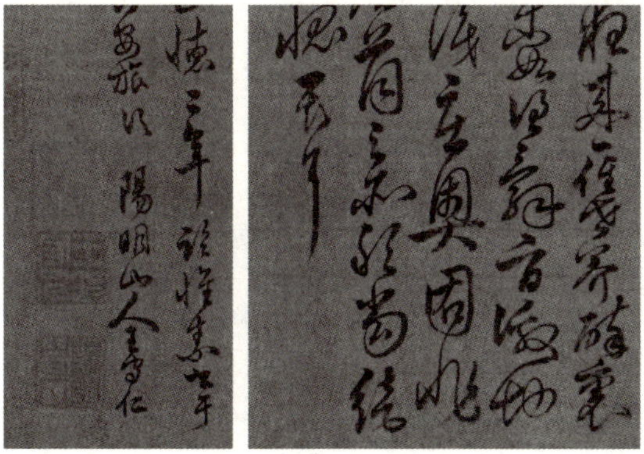

◆ 王守仁书法

心外无物，心外无理

王守仁发展了陆九渊的“心学”思想，提出了“心外无物、心外无事、心外无理”。他所说的“心”，指最高的本体，如“心即道，道即天”；也指个人的道德意识，如“心一而已，以其全体恻怛而言谓之仁，以其得宜而言谓之义，以其条理而言谓之理”。这比陆九渊的“心”的意义广泛。

“心外无物”是说心与物同体，物不能离开心而存在，心也不能离开物存在。离却灵明的心，便没有天地鬼神万物；离却天地鬼神万物，也没有灵明的心。“心外无理”是说心的本体，就是天理，事虽万殊，理具于心，心即理也。不必在万事万物上求理，心外求理，就是心与理为二。心中之理就是至善，心外无理也就是心外无善。

致良知

“致良知”是王守仁心学的本体论与修养论直接统一的表现。这里的“良知”，既是道德意识，也指最高本体。他认为，良知人人具有，是一种不假外力的内在力量。“致良知”就是将良知推广扩充到万事万物。“致”本身就是兼知兼行的过程，因而也就是自觉之知与推致之行合一的过程，“致良知”也就是知行合一。

知行合一

王守仁有针对性地提出了“知行合一”的主张。他指出：“知是行的主义，行是知的工夫，知是行之始，行是知之成。”他认为，“凡人”之所以不能“做圣”，主要就是由于“知”与“行”分家了，“行”离开“知”便是乱“行”，“知”离开“行”便不是“真知”。因此，这一主张的实质在于把“知”和“行”结合起来，不能离开“行”而求“知”。他的知行合一说，一方面强调道德意识的自觉性，另一方面强调道德实践，要言行一致。

王守仁的“四句教”

王守仁晚年把他的思想概括为“四句教”，即“无善无恶心之体，有善有恶意之动，知善知恶是良知，为善去恶是格物”。由此引起王门后学理解上的分歧和争论。

延伸阅读

王阳明看花

一次，王守仁和他的朋友出去游玩。朋友指着山中的花树问他：“你说天下无心外之物，如此树在山中自开自落，于我心亦何相关？”王阳明回答说：“你未看此花时，此花与汝心同归于寂，你来看此花时，则此花颜色一时明白起来，便知此花不在你的心外。”王阳明认为心(即人的主观意识)是万事万物的根本，世界上的一切都是心的产物。”此花不在你的心外”，典型地说明了他的主观唯心主义哲学观点。

王廷相承先启后的唯物思想

王廷相“理在气中”的唯物主义本体论，发展了张载的唯物主义思想，并对后来的唯物主义哲学家王夫之有重要影响，在中国后期封建社会中，他的唯物主义思想有承先启后的作用。

王廷相（1474—1544），字子衡，号浚川，河南仪封（今河南兰考）人。明代著名文学家、哲学家。

王廷相自幼聪慧，童年时就因为会古文诗赋而著名，在学业上精专。28岁考中进士，被任命为翰林庶吉士，授兵科给事中。在他的政治生活中，对于人民具有着正义心，丝毫不畏惧当时握有重权的宦官，曾先后两次遭受宦官的迫害。

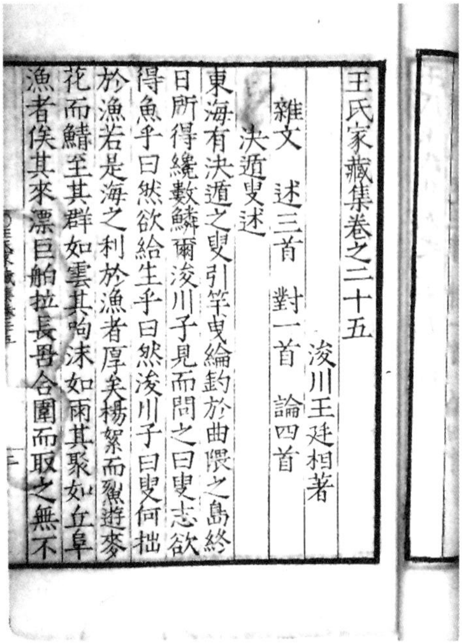
王氏家藏集卷之二十五
雜文 述三首 對一首 論四首
浚川王廷相著
決遁叟述
東海有決遁之叟引竿曳綸釣於曲隈之島終
日所得纔數鱗爾浚川子見而問之曰叟志欲
得魚乎曰然欲給生乎曰然浚川子曰叟何拙
於漁若是海之利於漁者厚矣楊罛而鯊遊麥
花而鯖至其群如雲其呴沫如雨其聚如丘阜
漁者俟其來漂巨舶拉長罟合圍而取之無不

◆ 《王氏家藏集》书影

王廷相博学多识，对天文学、音律学都有颇深研究，对农学、生物学等也十分关心。其主要著作有《王氏家藏集》60卷，哲学著作有《慎言》《雅迹》《答薛君采论性书》《横渠理气辩》与《答天问》等。

气为理之本，理乃气之载

这是王廷相提出的一个本体论命题。在《王氏家藏集·太极辩》中，他明确指出：“气为理之本，理乃气之载。”在他看来，气是唯一的普遍的物质性的实体，是宇宙万物的本原以及理的根本依据或本体。理作为气本身所具有的运动变化的规律，是依赖于气、存在于气中的，既不能产生气，也不能脱离于气，而是“载于气”，即在气中，为气所具有。“气为理之本，理乃气之载”这一命题唯物主义地表述了物质及其运动发展的规律的关系，击中了宋代朱熹等人的理学唯心主义的要害。王廷相认为，程朱学派的观点和佛教把形相和本性绝对对立起来，现实世界为虚妄，以所谓“真性”为真实，以及老子的道生天地说，是同样错误的。

只有“气质之性”的人性论

王廷相的人性论也是以“气为本”为主，提出气与性“相资而不得离”的命题。他反对把人性分为“气质之性”和“本然之性”（“天地之性”）。他认为，儒者所谓的性——仁义礼智这些道德，都是“人之知觉运动为之而后成也”。他批评朱熹所说的“性者，理也”，把性建立在一个抽象、虚空的“理”上。他指出，要讲性，其前提是人，有了人才有心，有了心才有性（仁义礼智），而“人之生”是“气”形成，性是“生之理”，有生才有性，故而论性决不能离气，论气也决不能丢了性。他又认为，“气”的“清浊粹驳”决定了人性的善与恶，而人性的形成又决定于后天的“习”。他强调后天的“习”，反对孟子的性善论和宋儒的所谓“本然之性”，否定王学的“先天人性”至善之说。

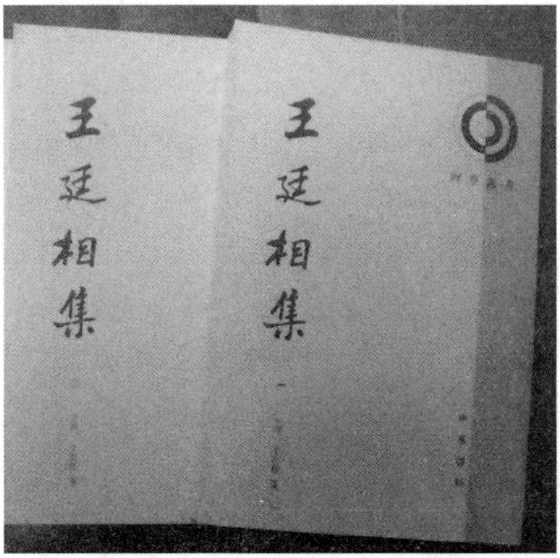

◆《王廷相集》书影

“知行兼举”、重在“笃行”的知行观

王廷相的认识论重视感性认识，认为这是理性认识的基础。同时他也认识到感性认识的局限性，对于感性认识要善于运用，克服其片面性，要使之上升为理性认识。他认为，只有将感性认识与理性认识相结合，才能产生正确的认识。事物的存在是以亲眼所见来证实的，只相信道听途说就会受蒙蔽。认识事物精微的内在联系要靠用心思考，只凭记忆问答就很粗略。要掌握事物诀窍的奥秘，就要亲自实行，只是空口说说，所得就很肤浅。这里包含了认识的“见”“思”“行”三个环节，前两个环节是“知”，三个环节是密切联系的，它反映了王廷相对知、行关系的认识。他明确提出了“知行兼举”、重在“笃行”的主张，认为只有做到“知行兼举”，才有最完美的认识。这是对朱熹的“知先行后”和王守仁的“知行合一”的批评，对王夫之的知行观有直接的影响。

延伸阅读

王廷相诫新任御史

《松窗梦语》的作者张瀚在初任御史参见都台长官王廷相时，王廷相讲了个乘轿的故事。他说，一天乘轿进城，刚好下大雨，其中一个轿夫穿了双新鞋，刚开始这个轿夫还小心地择地而行，怕弄脏了新鞋。进城后泥泞渐多，轿夫一不小心，踩进了泥水中，之后，便“不复顾惜”了。王廷相说：“居身之道，亦犹是耳，倘一失足，将无所不至矣！”王廷相用此故事来告诫新御史们，新任要职，要走好每一步，以防一不小心踩进污泥浊水，受到污染。

泰州学派与王艮

“泰州学派”是中国历史中第一个真正意义上的思想启蒙学派，它发扬了王守仁的“心学”思想，反对束缚人性，引领了明朝后期的思想解放潮流。

明代中期以后，中国哲学、思想史上出现了一个崭新的学术流派，这个学派的创始人就是王艮，并且以其家乡泰州命名为泰州学派。王艮长期在小生产者阶层中讲学，从者云集。泰州学派的信徒有上层官僚地主、知识分子、还有下层劳动人者。他们大都致力于封建道德的普及和宣传工作，规劝人们安分守已，息事宁人，因此泰州学派一度受到朝廷的青睐，成为晚明的显学。

王艮（1483—1540），初名银，王守仁替他改名为艮，字汝止，号心斋，江苏泰州人。明代思想家，泰州学派创始人。

王艮的一生对泰州学派作出很大贡献。王艮的著作，后人辑为《王心斋先生全集》。

百姓日用即道

这是王艮提出的哲学命题。王守仁本有“不离日用常行内，直造先天未画前”的思想。王艮进一步提出“百姓日用即道”，认为圣人之道，就在普通百姓的日常生活之中。王艮所谓的道，指儒家的道德原则。他认为，圣人之道，不过要人人能知能行，不是故为高深玄妙，而将一般的百姓排斥在外。如果将一般的百姓排斥在外，就不是圣人之学，而是异端。王守仁曾说过：“与愚夫愚妇同的，是谓同德，与愚夫愚妇异的，是谓异端。”王艮进一步发挥了这个观点，并将他的学说普及到陶匠、樵夫、田夫以及下层社会的任侠之士。他认为，即使像僮仆的视听言动，不假安排，不用勉强，也体现有至道。饥食渴饮，夏单冬棉，孝顺父母，友爱兄弟，都是至道。

◆ 百姓日常生活

“修身立本”的“格物致知”

朱熹以“穷理”为格物旨归，王守仁以“正心”为格物旨归，王艮则以“修身立本”为格物旨归。何为“格物”，王艮解释说：“格，为格式之格，即 矩之谓。吾身是个矩，天下国家是个方，矩，则知方之不正由矩之不正也。”又说：“格物之物，即物有本末之物。”“格，度也，度于本末之间而知本乱而未治者否矣。此格物也，物格知本也。知本，知之至也。故曰：自天子至于庶人，一是皆以修身为本也。”“行有不得皆反求诸己，反己是格物的工夫。其身正天下归之，正己而物正也。”这就是王艮“格物致知”的内涵。通俗地讲，一个人要有所作为，必须从修养自身开始。抓住了修身也就是抓住了根本。由于泰州地属淮南，王艮的“格物”思想又有其自身特定的内涵，故被黄宗羲称之为“淮南格物”。

◆ 王艮碑刻像

明哲保身论

王艮说：“明哲者，良知也；明哲保身者，良知良能也。”他还说：“吾身保才能保家保国保天下，知保身就能爱身如宝，能爱身就能爱人不能恶人。”明哲保身是讲爱人爱己的道理，爱人爱己就是人们恻隐之心的发源，也是人人都是有天理、天生的良知良德的意思。王艮认为这种知觉本能，圣人是与“我“相同的，因此人人不要依赖、等待，要发挥自己本身的自觉性或主动性，积极创造实现自身价值的条件。

延伸阅读

王艮的非凡梦

王艮29岁时，做了一个非凡的梦。梦境中天坠落下来了，地上无数的人奔号求救，只见他奋然上前，高举双臂，一手托着天穹，一手把乱了次序的日月星辰重新排列归位，众人在他面前欢歌起舞，纷纷拜谢。大梦醒来，王艮不免又惊又喜，大汗如雨，顿觉心体洞彻，万物一体，一种“天将降大任于斯人也”的神圣感油然而生。他感到这个梦对他太重要了，于是极其慎重地记下了做梦的时间：“正德六年间，体仁三月半。”从这以后，泰州的人们就经常看到一个头戴五常冠，身穿深衣大带，手执笏板，“言尧之言，行尧之行”的当代奇人。

何心隐的叛逆思想

晚明时期，理学的思想专制已经崩解，封建上层建筑中出现了深刻的裂痕。何心隐这样的“异端”正是在这样的背景下崛起的。他们批判理学的专制僵化，揭露朝政的昏庸腐败，使思想界出现了生机蓬勃的活跃局面。

何心隐(1517—1579），明代泰州学派重要思想家。原名梁汝元，字柱乾，号夫山，江西吉安府永丰县人。其著作只留下《爨桐集》4卷。

何心隐30岁时，在江西省考试中获第一名，因为跟随王艮的弟子颜钧学习，竟然放弃了科举，认为大学之道必先齐家，便在家乡办起“聚和堂”，进行社会改革的实验，“身理一族之政，冠婚丧祭赋役一切通其有无，行之有成”。他在族中开办学校，本姓和外姓子弟都可入学。他由于反对官吏征收杂税，被捕入狱，充军贵州，经友人帮助才出狱。后北上京师，他与张居正意见不合。因参与弹劾严嵩的政治活动，不得不改换姓名，逃到南方，自此“踪迹不常，所游半天下”。后来又到湖北孝感讲学，因反对张居正毁书院、禁讲学，又遭到通缉。万历七年(1579)被捕，被巡抚王之垣杖死于狱中，终年63岁。关于何心隐之死，到底是被张居正授意所杀，还是王之垣诸人为向张氏献媚而杀之，是一场争了很久的笔墨官司。

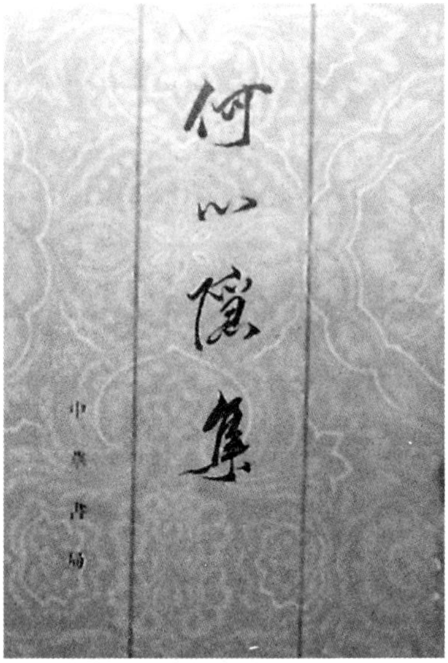

◆ 《何心隐集》书影

“泛亲论”的平等思想

何心隐从王艮的“天地万物一体”出发，认为天下人“凡有血气之莫不亲、莫不尊”，认为人不仅仅表现为君臣之尊，而是尊一切可尊，人应该是相互尊重的平等关系。同样，士农工商也无贵贱等级之分，亦皆可以成为圣贤。而且他还指出，农工商士要成为社会主人，“不凭人之议论，不凭人之求”“必实超之而实为

◆ 张居正像

之”，要自己去争取。这一思想，反映了在资本主义萌芽时期工商要求得到发展和提高社会地位、保护其权益的愿望，闪烁着早期启蒙思想的曙光。

“寡欲”和“育欲”

何心隐由“安身立本”“人之自然本性”出发，针对理学家的“存天理，去人欲”，提出“寡欲”，并创造了“育欲”这一新命题。他指出，声色臭味安逸之欲，是人性之自然，应该“尽天之性”而“有所发”，但亦应适中、有所节制，这就是“寡欲”。他强调，无论君主、圣贤也都应“寡欲”，要“与百姓同欲”，由此形成“老安少怀”的和谐局面，就是“育欲”的结果。他认为，孔子提倡的明明德、修齐治平等，均是“育欲”，即“与百姓同欲”。

“交之尽”，“道之至”

何心隐认为，朋友是社会关系里最重要的一环，所谓“交尽于友”；其他各种社会关系，如昆弟、夫妇、父子、君臣，都只是“八口之天地”“百姓之天地”，没有能跳出一般的狭小的樊篱。只有朋友之交，才是交之尽，才是社会关系的极致。跟朋友关系联系着的是师弟关系。何心隐说：“师非道也，道非师不转。师非学也，学非师不约。不转不约则不交。不交亦天地也，不往不来之天地也，革也。师也，至善也。非道而尽道，道之至也；非学而尽学，学之至也。可以相交而友，不落于友也；可以相友而师，不落于师也！此天地之所以为大也，惟大为泰也。师其至乎！”认为朋友是交之尽，又认为师是“道之至”“学之至”。从社会关系的横的联系看，交尽于友；从社会关系的纵的统摄看，师是“道之至”，“学之至”。朋友的关系与师弟的关系是超越在一切之上的关系。

延伸阅读

何心隐和张居正

张居正任翰林时，前往会见何心隐，两人默默相对了一段时间，一句话都没说；张居正出来以后对耿天台说：“这是个巨妖，我一定要杀了他。”耿天台进去，看见何心隐在庭中慢慢走动，低头自言自语道：“这个妖物将来一定会当宰相，当了宰相一定会杀我，我将从哪里找一块弹丸之地来藏身呢？”这两个人不说话而以心神相互判断，判断之准令人惊讶，他们是天地中真正的相知啊。倘若何心隐不死于张居正之手，而老死在自家窗前，一定死不瞑目；倘若张居正当了宰相没来得及害何心隐，自家却先死了，也会死不瞑目的。

明代思想界的"异端"

李贽是中国历史上反封建传统、反封建礼教、反权威主义，主张个性解放、思想自由的思想先驱，他的思想对后人反传统权威、反君主专制、反封建礼教思想的形成具有重要的启蒙作用。

李贽（1527—1602），明代思想家、文学家。原姓林，名载贽。三世祖因反对封建礼教，得罪林姓御史，被扣上"谋反"罪名，为避祸改姓李。后为避穆宗讳，易名贽。号卓吾、笃吾，又号宏甫，别号温陵居士。福建泉州晋江人，著有《焚书》《续焚书》《李氏文集》等。

李贽自幼熟读诗书，但不受传统封建思想的束缚，养成了"倔强难化，不信学、不信道、不信仙释"的性格。李贽在12岁就写出《老农老圃论》，把孔子视种田人为"小人"的言论大大挖苦了一番，一时轰动乡里。青年时期，他考中举人，但因他性格傲慢，耻于官场暗流，所以官职一直很小，生活清贫。51岁时，才得到一个正四品实职——云南姚安知府。姚安是少数民族聚居区，他到任后迅速摸清民情，采用无为而治的方式，对民族人士以礼待之，竭以至诚。三年任期中，当地被治理得很好，这令云南巡按御史刘维刮目相看，准备向朝廷举荐他。李贽听后反而躲进滇西鸡足山里，并且要刘维替他交了辞职信，才肯从山里出来。

辞了官的李贽携妻从云南直奔湖北黄安的天台书院，白天讲学论道，夜宿好友耿定理家中，开学授馆，而且他还招收女弟子，这与耿定理的哥哥、刑部左侍郎耿定向的正统观点激烈冲突，双方水火不容，导致耿家人也分成两派。耿定理去世后，李贽就从耿家搬出来。他把妻女送回原籍，迁往麻城，投靠另一位知己周思敬。后来在麻城龙湖芝佛院落发，同友人周友山等知己在青灯古佛下讲学论道。

李贽76岁时回到龙湖，打算终老在此。但耿定向开始向他发难，以一个李贽做梦都想

◆ 李贽像

不到的罪名"僧尼宣淫"命人搜捕他，他只好四处躲藏。这时正值好友马经伦被贬后来访，李贽便寄寓在马家，继续从事《续藏书》的著述。但是锦衣卫还是找到了他，他从房中出来对锦衣卫大声道："是来逮捕我的吧？快给我抬来门板，让我躺上去。"锦衣卫目瞪口呆，只好按吩咐把他抬进监狱。在监狱里，他夺过狱卒为他理发的剃头刀，直刺自己的咽喉。狱卒问他："痛否？"他以指蘸血写道："不痛。"狱卒又问："你为什么自杀呢？"他又写道："七十老翁何所求！"一位智者就这样离开人世了。

在思想方面，李贽继承和发展了王艮、何心隐的思想学说。主要著作有《李氏藏书》68卷，《李氏焚书》六卷，《初潭集》30卷，《易因》二卷，《王龙溪先生文录钞》九卷等。

童心说

李贽的"童心说"是王守仁"良知"说的发展，王守仁说："知善知恶是良知。"他所说的良知只限关于善恶的判断，李贽的"童心"不受这个限制，认为凡人生来就有的能动性，都在"童心"的范围之内。照他所说，人只有根据"童心"说话，所说的话才是真话；根据他的"童心"办事，所办的事才是真事；根据"童心"而生活的人，这个人才是真人。

有关认识论的"生知"说

李贽的认识论是建立在主观唯心主义之上的先验论，主张渊源于佛性的"生知"说。《焚书·答周西岩》一文指出："天下无一人不生知，无一物不生知，亦无一刻不生知。"认为人人有生知，人人有佛性。"人皆可以为圣"。李贽以"生知"说反对神化孔子，从认识能力、认识来源的角度来否定认识正确与否要以孔子为标准的传统思想，具有解放思想的进步作用，但以"人人生知"反对"圣人生知"说，其认识论方面的局限和缺陷是显而易见的。

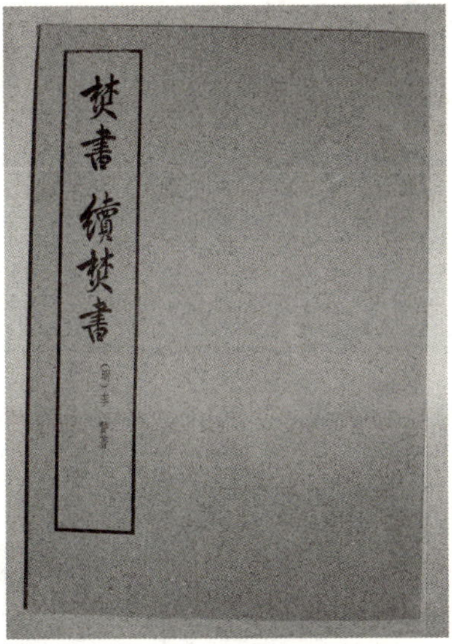

◆《焚书续焚书》书影

一些"异端"思想

李贽公开以"异端"自居，反对礼教，抨击道学，认为儒学经典六经、《论语》《孟子》不过是史官臣子对当时政事的赞美之语，并非"万世之至论"。他反对"咸以孔子之是非为是非"，提出天理、人欲没有区别的见解，主张"穿衣吃饭，即是人伦物理"，不掩饰道德的功利实质。李贽也反对轻视妇女的封建传统。他批判了"男子之见尽长，女子之见尽短"的说法等。

东林学派

东林学派的兴起，标榜气节，崇尚实学，号召人们关心时事，为国尽力，对于扭转士风起了积极的作用。

◆ “东林旧址”石牌坊

东林学派，亦称“东林党人”，是明代末年思想学术领域出现的一个以讲学与议政相结合的著名学术流派。因该学派的创始人顾宪成、高攀龙等学者在地处江苏无锡城东隅弓河畔的东林书院聚众讲学和读书，故得名。

东林学派形成背景

明代末年，在阉党把持下的朝政日益腐败，从上层官吏到下层百姓都表示了严重的不满。于是，一部分在朝官吏和在野的知识分子挺身而出，他们指责朝政腐败，要求改革。万历二十二年(1594)，敢于直谏的吏部郎中顾宪成因抨击朝政而与明神宗朱翊钧的意见相忤，被革职，回到家乡江苏无锡。但他并没有消极隐居、归逸山林，而是与弟弟顾允成重修东林书院，聚众讲学，把读书、讲学与关心国事紧密相联，以“风声雨声读书声声声入耳，家事国事天下事事事关心”为学术宗旨。他们的讲学、读书活动，得到一些对现实不满的地主、官僚、知识分子和商人的拥护，也得到一些正直官员如赵南星等人的支持，许多不同学派的人士也“闻风响附”，东林书院随即成为当时社会舆论的中心，作为一个学术团体的东林学派，逐渐扩大成为一个政治派别，被当权者斥之为“东林党”。

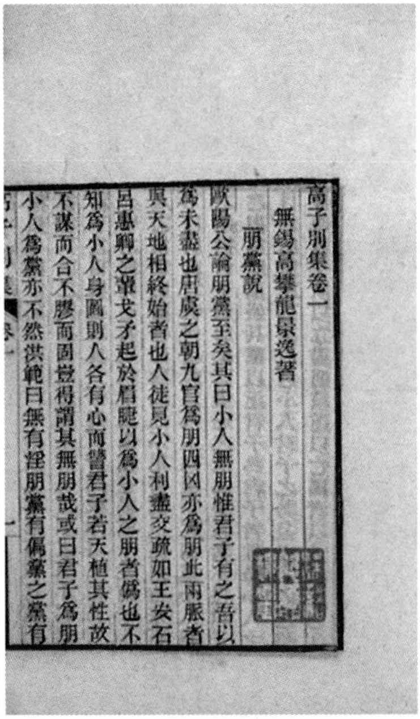

高子別集卷一
無錫高攀龍景逸著
朋黨說
歐陽公論朋黨至矣其曰小人無朋惟君子有之吾以
爲未盡也唐虞之朝九官爲朋四凶亦爲朋此兩朋者
異天地相終始者也人徒見小人利盡交疏如王安石
呂惠卿之輩戈矛起於眉睫以爲小人之朋者僞也不
知爲小人身陷則人各有心而譬君子若天植其性故
不謀而合不膠而固豈得謂其無朋哉或曰君子爲朋
小人爲黨亦不然洪範曰無有淫朋黨有偏黨之黨有

◆ 《高子别集》书影

东林学派的思想特征

东林学派提倡“治国平天下”的“有用之学”，以能否治世、“有用”作为评价和衡量一切思想学说的标准和尺度，在一定程度上打破了脱离实际、言而无物的传统经院的不良学风。

在知行观上，他们倡导经过“学”和“虑”而达到“良知良能”，并针对当时王学末流的“空言之弊”，竭力反对空谈心性，倡导“贵实行”。

东林学派反对封建独裁专制，极力抨击和反对大宦官大官僚的专权乱政，提出了具有民主思想色彩的口号。

东林学派的学风

东林学派十分重视学术研究的方法，提倡讲、习结合，常常是志同道合的朋友聚在一起探讨学习心得，“或细绎往古，或参酌来今，或研究典故，或询访人物”，将学术交流与社会现实政治结合在一起。他们的联欢会还伴有一定的仪式，据《东林书院志》所载，会约仪式共有11条之多。这种讲、习结合和相互印证的学术研究方式，一时相传，学者云集，成为吴中地区自古以来从未出现过的一大盛事，也为后来的顾炎武、黄宗羲、方以智等清初学者所仿效，并发展成为言必证实、言必切理、重实践重实证的一代学术新风。

延伸阅读

《东林点将录》与《水浒传》

以清流自许的东林党人同以魏忠贤为代表的“阉党”进行了一系列的争斗。1624年，东林党人杨涟上书痛斥魏忠贤“二十四大罪”，但天启皇帝朱由校毫不理会。此后，魏忠贤便对东林党人进行了丧心病狂的报复。

魏忠贤指使党羽新都御史王绍徽编纂《东林点将录》，《东林点将录》仿照民间流传的水浒故事中“三十六天罡”和“七十二地煞”，列东林党名单，如“黑旋风吏科都给事中魏大中”，“活阎罗江西道御史方震孺”，“母夜叉礼部右侍郎张鼐”，“赤发鬼左通政使刘宗周”，“催命判官左通政涂一臻”……一看这些绰号与名字，让人很自然地把“东林党人”和“梁山贼寇”看作是一丘之貉。

魏忠贤之所以这样做，其原因是，“东林党人”与梁山贼寇人数相当，容易匹配；人们对水浒故事喜闻乐见，容易理解；明代视《水浒传》为反动书籍，向来禁止；上层社会视梁山贼寇为洪水魔兽，就连“东林党人”也对其嗤之以鼻。魏忠贤把二者刻意钩挂在一起，竭力把“东林党”组织化、实体化、妖魔化、反动化，目的就是为以后大开杀戒提供正当的口实。

刘宗周和蕺山学派

刘宗周是明代最后一位儒学大师，也是宋明理学的殿军，他的思想学说具有承先启后的作用。他开创的蕺山学派，在中国思想史特别是儒学史上影响很大。

蕺山学派，是指明代末年由著名儒家学者刘宗周创立的一个学派，因刘宗周长期讲学于家乡浙江山阴（今绍兴）城北蕺山，学者习称其为蕺山先生，故得名。蕺山学派的影响很大，清初大儒黄宗羲、陈确、张履祥等都是这一学派的传人。

刘宗周（1578—1645），明代哲学家。初名宪章，字起东，号念台。绍兴山阴（今浙江绍兴）人。后人称其为蕺山先生，“蕺山学派”的重要代表人物之一。其著作以古奥难解著称。

刘宗周师从湖州德清学者许孚远，万历二十九年（1601）中进士，万历三十二年（1604年）封行人。刘宗周任官不到一年，就以侍亲为由，告辞还乡。不久，其外祖父、祖父相继去世，他承重守制，于居丧之暇，在大善寺僧舍开讲学维持生计。他闲居七年，贫病交加，敝衾破缶，衣食不继，往往靠借贷度日。但他从不去公庭，即使官吏慕名造访，他也拒而不见。后来虽又步入仕途，但依旧是刚正不阿，步履维艰。

顺治二年（1645年），多铎率清军攻陷杭州，刘宗周正在进餐，闻讯推食恸哭，决定绝食殉国。其门人王毓蓍投水自尽，他说：“吾讲学十五年，仅得此人。”门生劝他：“死而有益于天下，死之可也；死而无益于天下，奈何以有用之身轻弃之？”他回答道：“吾固知图事贤于捐生，顾余老矣，力不能胜。”遂绝食20日而卒，享年68。

刘宗周一生致力于讲学和著述，创建证人书院。他一生著述宏富，收为《刘子全书》40卷、《刘子全书遗编》24卷。

◆ 刘宗周像

◆ 不食清粟

理气论和道器论

在学术思想方面，刘宗周继承和发展了张载的“太虚无形，气之本体”的朴素唯物主义的元气论，形成了独有的“离气无理”的理气论和“道不离器”的道器论。他以“气”为构成天地万物的本原，提出“盈天地间一气而已矣”，“天得之以为天，地得之以为地，人物得之以为人物”。他认为“气”又是产生精神“理”的根据，并进而指出，尽管理一经形成就具有相对独立的精神作用，但也不能误解为“理能生气”。这就是“离气无理”。

从“离气无理”的观点出发，他认为“离器而道不可见，故道器可以上下言，不可以先后言。有物先天地，异端千差万错从此句来”。他明确地指出，作为具体事物的“器”是一般原理“道”的根本，与程朱理学“道本器末”“理在事先”的观点截然相反。

“慎独”与“敬诚”

“慎独”一词原出于《中庸》，历来被儒家作为内心省察的道德修养而尊奉。刘宗周认为，“君子之学，慎独而已矣”，“学问吃紧工夫，全在慎独。人能慎独，便为天地间完人”。在他看来，“独”是人的主观意识的“心”，“慎独”能使人的道德修养达到“中和”的境界，是实践“中庸之道”的必要途径。“慎独”包括了上至对宇宙本体的认识，下至个人的道德修养等一切重要学问和做人的道理。这样，“慎独”就变成了融合一切的理学思想。

刘宗周认为“慎独”要与“敬诚”联结，故又提倡“敬诚”之说。他认为，子思所说的主观精神“诚”，不但体现天道，而且与“独”一样，具有宇宙万物本体的作用，是人们道德认识的基础。

延伸阅读

“慎独”故事

据《后汉书·杨震》记载:杨震四次调任荆州刺史、东莱太守。到郡上任的时候，途经昌邑，过去他曾推荐的荆州秀才王密正在做昌邑的县令。晚上，王密去拜见杨震，怀中揣了十斤金子，送给杨震。杨震说：“我了解你，你不了解我，这是怎么回事呢？”王密说：“这么晚了，没有人能知道这件事。”杨震说：“天知道，神知道，我知道，你知道。怎么能说没人知道？”王密羞愧地退出去了。杨震的“慎独”堪称历代师表。

民主思想的萌芽

黄宗羲的学术思想承先启后，在中国近三百年学术史上有着崇高的地位。他的那种一生奋斗不息、目光永远向前、不倦追求真知的精神必将永远激励后来的中国人。

◆ 浙江余姚黄宗羲墓

黄宗羲（1610—1695），明末清初史学家、思想家。字太冲，号南雷，学者尊为梨洲先生。浙江余姚人。

黄宗羲一生坎坷，父亲黄尊素是“东林”名士，被宦官魏忠贤陷害致死。崇祯帝即位，阉党失势，19岁的黄宗羲入京为父诉冤，并在公堂之上锥杀阉党许显纯，因此声名大振。

黄尊素被逮，路过山阴，名儒刘宗周为他饯行，黄尊素就命黄宗羲拜入刘氏门下。崇祯二年（1629），黄宗羲遵从父亲遗命，从学于刘氏。刘宗周是晚明“王学”最有影响力的学者，为纠正“王学”末流“狂禅”习气，提出慎独之说。崇祯十七年（1644），明朝灭亡，黄宗羲在家乡组织“世忠营”抗清，十余年间，备尝艰辛，内外交困，“濒于十死”。直到眼看复明之势无望之后，他才于顺治十八年（1661）回到故乡居住，从此开始了晚年的著述和讲学生涯。

黄宗羲对天文、算学、地理等均有研究，尤长于史学，创浙东史学派，开清代史学研究新风。他身历明清更迭之际，认为“国可灭，史不可灭”。他论史注重史法，强调真实可信。所著《明儒学案》，搜罗极广，用力极勤，是中国第一部系统的学术思想史专著。

理气心性统一论

黄宗羲多次论述理气心性之间的复杂关系，建立了理气心性统一论。他认为，“天地之间只有一气充周，生人生物。人禀是气以生，心即气之灵处……心体流行，其流行而有条理者即性也……流行而不失其序，是即理也。理不可见，见之于气；性不可见，见之于心，心即气也”。所谓“气”，是客观物质之气，即自然界之气；所谓“理”，即物质运动变化的客观规律，理与气是“一物而两名，非两物而一体”；“在天为气者在人为心，在天为理者在人为性，理气如是，则心性亦如是，决无异也”，理气心性是统一的。所以，不能“离气以求心性”，也不能心外求性。

民本思想

黄宗羲和顾炎武、王夫之等人是明代中国民本与民主思想萌芽的代表人物，《明夷待访录》是这方面的重要著作。黄宗羲提出“天下为主，君为客”，官员应当“为天下，非为君也；为万民，非为一姓也”，“天子之所是未必是，天子之所非未必非”，“有治法而后有治人”等观点。有学者认为黄宗羲的思想仍属治权在君，并没有达到近代民主思想的标准，也有学者认为黄宗羲的思想是近代民主思想，在民权理论上还超越了欧洲的卢梭。

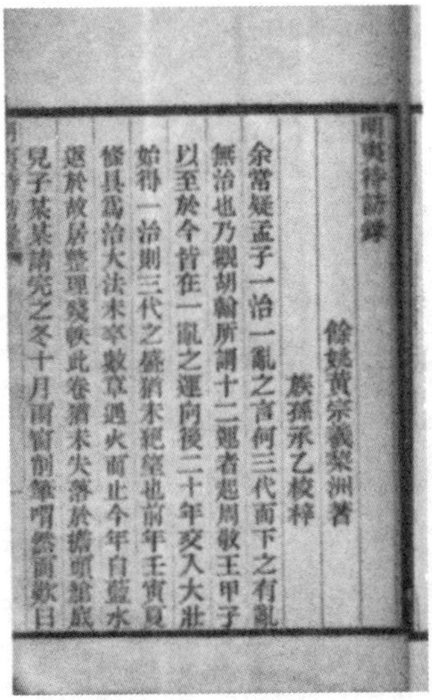
明夷待訪錄
餘姚黄宗羲棃洲著
族孫承乙校梓
余常疑孟子一治一亂之言何三代而下之有亂
無治也乃覩胡翰所謂十二運者起周敬王甲子
以至於今皆在一亂之運向後二十年交入大壯
始得一治則三代之盛猶未絕望也前年壬寅夏
條具爲治大法未卒數章遇火而止今年自藍水
返於故居整理殘帙此卷猶未失落於擔頭艙底
兒子某某請完之冬十月雨窗削筆喟然而歎曰

◆《明夷待访录》书影

民主思想在经济上的表现

黄宗羲在中国历史上第一次提出“工商皆本”的主张。他说：“工固圣王之所欲来。商又使其愿出于途者，盖皆本也。”这反映了市民阶层发展商品经济的要求。为使农民获得一定的土地以发展小农经济，他主张平均授田。

延伸阅读

黄宗羲定律

黄宗羲经过研究发现，中国历朝历代都在进行赋税改革，赋税改革目的很多是为了减轻农民负担，改善国家财政。每次赋税改革后，农民负担在短时间内确实会有所下降，但随后却又会增长到比改革进行前更高的水平，国家财政最后也得不到改善。换句话说就是，不管怎么减，最后都增加。这一定律后被学者秦晖总结并命名为“黄宗羲定律”。2006年，中华人民共和国国务院经过研究，决定彻底废除农业税，从此打破了这个怪圈。

“百科全书派”思想家

方以智是明末清初中国的“百科全书派”思想家。他的哲学思想，不但利用了《易经》这一古代的思想材料加以改造，并增添了时代所允许增添的新内容，而且也利用了禅学形式加以自由解释。但因为他奇特的身世遭遇，他的著作一度遭到禁毁，构成了人类禁书史上的一道奇观。

方以智（1611—1671），明末清初思想家、政治家。字密之，号曼公，又号龙眠愚者、泽园主人、浮山愚者、宓山子、鹿起山人。桐城（在今安徽）人。

方以智年轻时跟随在四川嘉州（今乐山）、湖北等地做官的父亲船载书籍游学，并与陈贞慧、冒辟疆等结成复社，时称“明末四公子”。方以智十分重视学习西学，他与明末传教士利玛窦、南怀仁等都有着深厚交往，并著有一部《物理小识》，被现代史学界称为最早系统掌握和学习过近代自然科学知识的人。

方以智在科学研究方面，是中国第一个用独特的科学哲学观和方法论，廓清了中西文化冲突中许多纠缠不清的问题。他的《物理小识》成书时间，和伽利略的科学巨著出版时间差不多同时；他的光学实验比牛顿的分光实验要早30余年；他的《文章薪火》为后来桐城文派理论奠定了基石；他早于鲁迅等人200多年提出过一个汉语拉丁化（拼音化）的主张。在哲学研究方面，方以智的思想呈现一种多层次开放性哲学体系。他著述

◆ 方以智　《空山修竹图》

甚丰，主要有《东西均》《博依集》《浮山文集》《通雅》《四韵定本》《物理小识》《方子流寓草》等。

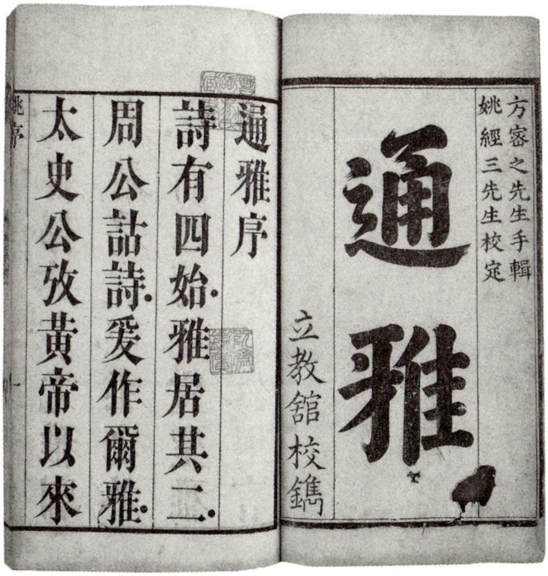

◆ 方以智辑《通雅》书影

方以智哲学的基本思想

在自然观上，方以智主张“盈天地间皆物也”，“一切物皆气所为也”，认为气是有形物体的本原；指出“凡运动皆火之为也”，认为火是一切运动的根源。他又在《物理小识》中提出“天恒动，人生恒互动，皆火之为也”，表明其宇宙观的基本观点是火的一元论。

在认识论上，他主张“学天地”“辨物则”“即物求理”的唯物主义反映论，提出“以实事征实理”“古今以智相积”和“考古所以决今，然不可泥古”的方法论。

他还用“一而二，二而一”的命题概括事物的矛盾和矛盾运动，既指出“尽天地古今皆二”“相因者皆极相反”，又强调“两间无不交，则无不二而一”，认为事物都是“相掾相胜而相成”，体现出了一些朴素辩证法的思想。

二而一、一而二，分合、合分，可交可轮

这是方以智在《东西均·张弛》中提出的有关事物对立统一的思想。方以智认为一切事物都有对立矛盾，如阴阳、动静、善恶等。这就是所谓的“一而二”。同时，矛盾的两端又是统一的，也就是说，矛盾双方是互相渗透、互相转化的，这就是所谓的“二而一”，方以智认为这种对立统一是“天地之间的至理”。所谓“分合”，就是指对立双方合成统一体，所谓“合分”，就是指统一体包含对立双方。方以智在此基础上又提出“交”“轮”“几”三个范畴。“交”即对立两方而的相互作用、相互渗透，“轮”即对立两方面的相互转化、相互推移，“几”则是事物运动交化的内在源泉。方以智认为“凡有动静往来，无不交轮，则真常贯合，于几可征矣”，揭示了对立统一规律的一般内容。方以智的矛盾转化说具有比较丰富而深刻的思想，推动了中国古代朴素辩证法的发展。

熊伯龙的无神论著作：《无何集》

《无何集》继承和发扬了我国古代无神论的优良传统，集纳从春秋战国以来经、史、子、集中的无神论资料，从儒学立场出发，全面系统地批判了宗教神学和世俗迷信的各种表现，冲击了神权。该书在理论上虽有局限性，但仍不失为一部充满战斗精神的无神论著作。

熊伯龙(1617—1669)，清初哲学家。字次侯，号塞斋。晚年取号“钟陵”，以示对江西省南昌市进贤县（即钟陵）祖籍的眷念。汉阳人。

熊伯龙的父亲熊鸣盛，是明熹宗天启元年(1621年)举人，但他的个性似乎很强，不大适应京城官场的应酬，因与人政见不合，遂返回汉阳。

青年时代的熊伯龙生活坎坷，家中频遭变故。16岁时父亲去世，23岁时祖父去世。家中生活拮据，由母亲任氏艰难支撑。27岁时，正值张献忠起义军攻陷武昌，任氏在小女儿家避难，一日兵至，母女二人同死于乱军之中。尽管如此，熊伯龙也没有荒废学业。作为官宦世家子弟，他深知读书进仕的重要意义。

据说少年时的熊伯龙刻苦攻读，常至鸡鸣。他的母亲心疼儿子，一天晚上给他送去一盘包子、一碟糖，并嘱咐他趁热吃下，说完就走出书房。过了一会儿母亲又走进书房，一看包子吃完了，糖却仍放在书桌上，而儿子满嘴黑糊糊的，不禁哑然失笑。原来熊伯龙只顾看书，在吃包子的时候，不知不觉竟把砚池里的墨汁当作糖蘸着吃了。

◆ 江南贡院

青年时期，熊伯龙游学江汉，结集江汉地区诗文爱好者22人，组织“寻社”，朝夕磨砺，讲求经世致用之学，一时名噪江汉。顺治六年（1649年），他以《廷试策》一文中进士榜眼。这除了他自身能力超群之外，还与社会背景、家庭背景相关。他参加的是清朝统一后的第一次科举考试，当时民族矛盾还很尖锐，一批有气节的汉族知识分子隐遁起来，这就减少了竞争的压力。熊伯龙没有“隐遁”，可能是因为他生逢明末乱世，父亲也是明朝“弃人”，对故明并无多少感情；母亲死于“义军”之手，他对“义军”也没好感。

熊伯龙的仕途基本是一帆风顺的。他历授国史院编修、国子监祭酒、侍读学士，最后于内阁学士兼礼部侍郎任上去世。他还是康熙的老师，对康熙的成长，对康熙盛世之治都有一定影响。

熊伯龙的代表作为《无何集》。《无何集》，原名《论衡精选》。“无何”语出《荀子·天论》：“云而雨，何也？无何也，犹不云而雨也。”《无何集》一书初步写成于顺治十七年初夏(1660年)。这部书在熊伯龙生前一直没有刊行，只有朋友何省斋、刘子壮等人读过手抄本。熊伯龙编著《无何集》的宗旨在于劝世人不要受惑于神怪祸福。《无何集》可谓是自《论衡》后，中国古代无神论思想集大成之作。

宇宙是物质的，鬼神是不存在的

熊伯龙继承东汉唯物主义哲学家王充的元气自然论、唯物主义形神论以及批判神学迷信的观点，认为人和万物都是由气构成的；金、木、水、火、土五种物质之间互相产生及互相克制的关系，是其自然属性。否定鬼神的存在，指出：“精神升天，犹火随风而散；骸骨归土，犹薪火之灰在地”，“人生天地间，如电光、石火，随生随灭，灭后毫无知觉。”他还否认佛教的轮回说。

揭示鬼神观念的来源

熊伯龙揭示了有神论的认识根源，指出鬼神观念是“思念存想所致”或“疑心所生”。他依据天神天帝的图像状如古代帝王的事实，说明人们根据自己的形像塑造鬼神。他还概括了一条与有神论斗争的经验：“凡言神言鬼，姑勿辨其妄；就其说而诘之，其理必穷。” 同时，他还努力从神学产生的根源上揭露神学，说：“凡托鬼神敛民钱者，皆奸人射利也。”

专家点评

与熊伯龙同榜的状元、黄冈刘子壮说：“钟陵作《无何集》，千载而后，定当与仲任(王充)齐名。”

一代大师何省斋说：“读此数篇，则《无何集》一书，无怪乎当今之世无有称之者。虽曰择《论衡》之精华，又采辑群书以补仲任之不足，可谓千载之异书，书林之宝笈也；然生于今时，谁其肯信？”

著名学者阎若璩则说：“予上下千古，自汉以前是一大异人，曰王仲作；自汉以后得一大异人，曰熊次侯。

顾炎武的启蒙思想

在以清代明的历史背景下，顾炎武认真总结明王朝覆灭的历史教训，重新审视中国传统社会的经济、政治和思想文化，以其远见卓识，汇集历史上志士仁人论道经邦的智慧，并加以适乎时代要求的发挥，来建构未来民族复兴的蓝图。

顾炎武（1613—1682），明末清初著名的思想家、史学家、语言学家。江苏昆山人。原名绛，字忠清。明亡后改名炎武，字宁人，亦自署蒋山佣。尊称为亭林先生。著有《顾亭林诗文集》，以及《日知录》《肇域志》《天下郡国利病书》等三大奇书，与黄宗羲、王夫之并称“清初三大儒”。

◆ 顾炎武像

顾炎武出身于江东望族，明朝末年家道中落。他14岁取得诸生资格后，便与挚友归庄一起加入复社。明亡后，与归庄等人一起为匡复明朝奔忙，他们在南明政权下两次参加武装抗清斗争。

后见复明大势已去，才决心“笃志经史”，把自己的后半生贡献给学术事业。

当顾炎武以精湛的学术造诣名著朝野后，清政府屡次征聘，他都坚决拒绝。1678年，清廷特开博学鸿词科，征举海内鸿儒，许多江南名士都屈膝应征，顾炎武也被同乡叶方霭等人联合举荐，但他严辞拒绝。第二年叶方霭又以《明史》馆总裁的身份向他发出修书聘请，他誓死不从，并在回信中郑重声明：“七十老翁何所求？正欠一死！若必相逼，则以身殉之矣！”

1682年，70岁的顾炎武病逝于远离故乡的山西高原上。

《日知录》是顾炎武花了30多年心血才完成的读书笔记，书名取之于《论语 · 子张篇》。《日知录》内容大体分为三类：经术、治道、博闻，而核心则是“治道”。

有唯物倾向的宇宙观

顾炎武认为宇宙是由气构成的。他在解释《易传》中的“游魂为变”时，引用了张载和邵宝的话，并提出“盈天地之间者气也，气之盛者为神，神者天地之气而人之心也”这样的观点。他反对形而上学，说：“形而上者谓之道，形而下者谓之器，非器则道无所寓。”

经世致用的治学方向

顾炎武一生治学的方向可以用“经世致用”来概括，基于这种思想，他对宋明理学“空谈心性”进行了激烈的批判。他说：“以一人而易天下，其流风至于百余年之久者，古有之矣：王夷甫之清谈，王介甫之新说。其在今日，则王伯安之‘良知’是也。孟子曰：‘天下之生，久矣，一治一乱。’拨乱世，反诸正，岂不在后贤乎！”他把明朝灭亡的原因归咎于宋明理学特别是王阳明心学的流祸。他以“拨乱世，反诸正”为己任，提倡穷六经之旨、急当世之务的实学，这在当时起到了转变一代学风的作用。他还曾说：“愚独以为理学之名，自宋人始有之。古之所谓理学，经学也……今之所谓理学，禅学也。”顾炎武用“古之所谓理学”即经学同宋明理学相对立，并且提出读经应从考文、知音开始。这一观点被清代许多学者所接受。

顾炎武针对宋明理学的空疏学风和假道学先生们的寡廉鲜耻，明确地提出了“博学于文”和“行己有耻”两大原则。一方面是对宋明理学的针砭，另一方面寓有通过严格读书人的操守而振奋国民精神的深意。

◆《日知录》书影

延伸阅读

“天下兴亡，匹夫有责”究竟出自谁之口

多年来流行一种说法，认为“天下兴亡，匹夫有责”出自顾炎武之口。但出自顾炎武的哪一本书，却从未有人点明。刘洁修对顾炎武的著述一一翻检，仅在《日知录》卷十三《正始》篇中发现如下一段话：“有亡国，有亡天下，亡国与亡天下奚辩？曰：易姓改号，谓之亡国；仁义充塞而至于率兽食人，人将相食，谓之亡天下……保国者，其君其臣、肉食者谋之；保天下者，匹夫之贱，与有责焉耳矣！”刘洁修继续查索，后来在梁启超《饮冰室合集》中找到答案：“今欲国耻之一洒，其在我辈之自新……夫我辈则多矣，欲尽人而自新，云胡可致？我勿问他人，问我而已。斯乃真顾亭林所谓天下兴亡，匹夫有责也。”刘洁修经过考辨之后，认为按照语言发展运用的实际，“天下兴亡，匹夫有责”的语意本于顾炎武，而八字成文的语型则出自梁启超。

五百年来真正通天人之故者

王夫之的哲学思想，是17世纪中国特殊历史条件下的时代精神的精华，在中国哲学史上占有很高的地位。王夫之的思想对后世产生过很大影响。谭嗣同认为他是“五百年来真正通天人之故者”。

王夫之（1619—1692），明末清初思想家、哲学家。字而农，号涢斋，湖南衡阳人。晚年隐居于石船山（今衡阳县曲兰乡湘西村），故人尊称船山先生。

明代崇祯年间，王夫之到岳麓书院求学，拜吴道行为师。吴道行较早地影响了王夫之的思想，形成了王夫之思想中的济世救民的基本脉络。明亡后，清顺治五年（1648），王夫之在衡阳举兵抗清，阻击清军南下，战败后退到肇庆，任南明桂王政府行人司行人。后来回到家乡衡阳潜心治学，在石船山下筑草堂而居，人称“湘西草堂”。王夫之在此刻苦研究，勤恳著述，撰写了许多重要的学术著作。将近40年的时间，王夫之始终没有按照清制剃发，得“完发以终”。王夫之是一个孤高耿介的人，是当时中国知识分子中稀有的人物。

◆ 王夫之像

王夫之学识极其渊博，主要著作有《张子正蒙注》《读四书大全说》《周易外传》《尚书引义》《读通鉴论》等。

“太虚一实”唯物论思想

在本体论方面，王夫之发展了张载“知太虚即气则无‘无’”的思想，对“气”的范畴给以新的哲学规定，对理气关系、道器关系问题进行了较深入的理论探讨，作了明确的唯物主义解释。他认为，整个宇宙除了“气”，没有他物。他按当时科学发展水平，举例论证“气”的永恒不灭性，认为这种永恒无限的“气”乃是一种实体，并提出“太虚，一实者也”，“充满两间，皆一实之府”等命题，力图对物质世界最根本的属性进行更高的哲学化的抽象概括。

在理气关系问题上，王夫之坚持“理依于

气”的气本论。他强调“气”是阴阳变化的实体，“理”乃是变化过程所呈现出的规律性，理是气之理，理外没有虚托孤立的理，从而批判了从周敦颐到朱熹所坚持的气外求理的唯心主义理论。

唯物主义的道器观

王夫之坚持“无其器则无其道”“尽器则道在其中”的唯物主义道器观，系统地驳斥了割裂、颠倒道器关系的唯心主义思想。他给传统道与器范畴以新的解释，认为“形而上”的“道”与“形而下”的“器”所标志的一般（共同本质、普遍规律）和个别（具体事物及其特殊规律），两者是“统此一物”的两个方面，是不能分离的。他提出“天下惟器而已矣”的命题，肯定宇宙间一切事物都是具体的存在，任何具体事物都具有特殊本质，又具有同类事物的共同本质。

坚持主动论的自然史观

王夫之提出“物动而已”，“动以入动，不息不滞”，“天地之气，恒生于动而不生于静”，把自然界看作永恒运动化生着的物质过程。他指出：“动而生阳，动之动也，静而生阴，动之静也，废然无动而静，阴恶从生哉。”说明运动是物质世界所固有的，否定从气以外寻找事物运动原因的外因论。但他并不否认静止的意义和作用，认为相对的静止是万物得以形成的必要条件，更深一层地阐述了动静两者的辩证联系。他把事物运动变化的原因，明确地归结为事物内部的矛盾性。

“行可兼知，而知不可兼行”的知行观

在知行关系问题上，他得出了“行可兼知，而知不可兼行”的重要结论。他以“知源于行、力行而后有真知”为根据，论证行是知的基础和动力，行包括知，统率知。同时，他仍强调“知行相资以为用”。王夫之进一步提出“知之尽，则实践之”的命题，认为人可以在改造自然、社会和自我的实践中发挥重大作用。这种富于进取精神的朴素实践观，是王夫之认识论的精华。

延伸阅读

王夫之给女儿的特别嫁妆

王夫之不仅在思想和认识上与一般人不同，他的所作所为也与世俗不同。

王夫之的大女儿要出嫁了，因王家世代做官，人们就以为他女儿的嫁妆一定很丰厚。婚期将近，王夫之也不慌不忙。女儿虽急，却也不好问父亲。热心的邻居也愿意为嫁妆帮忙，可王夫之说嫁妆基本料理完了。人们什么也没看到，都很奇怪。

结婚那天，女儿马上要离家了，王夫之打开书柜，捧出一个红漆木箱子，交给女儿说：“这就是我给你准备多年的嫁妆。”人们很好奇，一位迎亲的妇女借拿东西把箱子的盖掀开一看，里边是书和稿纸！周围的人开始大声议论。

王夫之女儿听到议论，心里委屈，就回房哭起来。王夫之走到女儿跟前说：“儿呀，你平时勤奋好学，很合乎我的心意。为准备你的嫁妆我想了很多，箱子里的东西，是我一生的学问。什么金银财宝也比不上有用的知识啊！”女儿听后喜笑颜开，让人抬着木箱上路了。

颜李学派和“清初思想解放的炸弹”

颜元是清代重要的思想家和教育家。他深刻地批判了程朱理学的空谈义理，主张从实际来判断认识，反对脱离实际的学究式教育。他的思想不仅在清代有巨大影响，而且对现代社会也有着很好的借鉴作用。颜元被梁启超称为“清初思想解放的炸弹”。

颜李学派，是清代初期思想领域颇具影响的一个学术流派，因该派的创始人为清初北方著名学者颜元与李塨而得名。颜李学派标帜“实学”，主张“实文、实行、实体、实用”，与清初官方提倡的宋明理学相对立，在社会上产生过相当大的影响，被称为：“颜李之学数十年，海内之士靡然成风。”

颜元(1635—1704)，字易直、浑然，号习斋。直隶（今河北）博野人，清初哲学家，著有《四存编》等。

◆ 颜元祠堂

颜元出身农民家庭，8岁外出求学，跟从吴持明学骑、射、剑、戟、医术、术数等。19岁，又师从贾珍。贾主张以“实”为生活的准则，提倡“讲实话，行实事”，这对颜元以后的思想不无影响。同年中秀才，但不久颜元认识到，“八股”不是真学问，遂放弃举业。22岁学医，24岁开始为人治病。

颜元看病的同时潜心王学，仰慕古圣贤，名其斋曰“思古斋”。26岁转信程朱理学，立“道统龛”。34岁认识到程朱、陆王之学，实非正务，改其斋名为“习斋”，力主实行之学，思想发生根本改变。晚年主持漳州学院。

颜元是一位被历史和实践推荐出来的思想家。他在思想理论领域的贡献是多方面的，最突出的是在哲学思想方面。

反程朱的唯物主义

颜元坚决反对程朱的唯心主义，他认

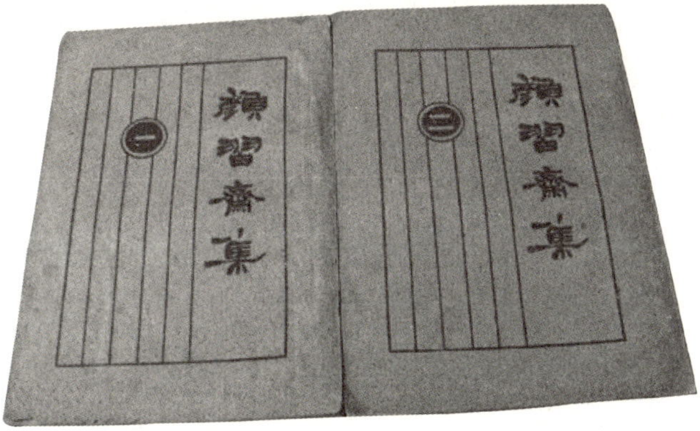

◆《颜习斋集》书影

为，世界是客观的物质存在，而且是“有物有则”。天下没有“无理之气”，也没有“无气之理”，不能把理、气看成两种并存的东西。颜元说：“追见理于事，则已彻上彻下矣。”即通过具体事物去认识它的“理”，那才是彻底的认识。颜元明确肯定物质性的气是根本的，第一性的，而理是气的理，理存在于气中，是依附于气的。这就坚持了唯物主义的理气一元论。

反程朱的人性论

在人性问题上，颜元坚决反对程朱把“义理之性”和“气质之性”对立起来。他认为，人的五官、四肢、筋骨、内脏等形体是“质”，通过呼吸周遍全身的是“气”。义理善恶等道德是从属于气质的。性就是气质之性，根本没有一个什么“至上”的义理之性。因此，不能说“理”是纯善的，而“气质”性恶。颜元这种观点把人简单地还原为自然的人，并不能揭示人的社会本质。

重习行、践履的唯物主义认识论

颜元说：“朱子(朱熹)则必欲人读天下许多书，是将道(理)全看在书上，将学全看在读上。”颜元认为，仅从书本上去认识客观事物的道理，必然会离客观实际越来越远。颜元还批评了死读书的弊端：“天下无不弱的书生，无不病的书生，生民之祸，未有甚于此者。”这种对于死读书危害性的批判是前无古人的。对于如何纠正死读书的弊端，颜元提出“务期实用”，强调认识不能离开它的实际应用。

义、利相统一

颜元还反对宋明理学重“义”轻“利”。他认为，义与利不应对立，而应统一，而且符合义的利是“君子所贵也”。

延伸阅读

颜元反省

有一次，颜元带领学生到野外进行射箭比赛。颜元连发六箭，箭箭射中靶心，学生们一片喝彩声。参加比赛的学生中成绩最好的也只射中两箭，大家都称赞颜老师是“神射手”。可是颜元却闷闷不乐，他感慨地对学生们说：“今天射箭比赛，你们射得都不如我，我深感内疚啊！”有个学生说：“老师的箭法，我们当学生的怎能比得上呢？”颜元心情沉重地说：“青出于蓝而胜于蓝。我教你们射箭的时间已经不短了，可是你们仍没有我射得好，这是我教育的失败啊！”

批驳程朱理学的《孟子字义疏证》

在清廷文化专制高压之下和汉学鼎盛之时，戴震撰《孟子字义疏证》，系统阐发他反理学的哲学思想，这使他成为了晚明清初以来早期启蒙思想传统的继承者。他的思想也具有着反对封建主义的早期启蒙性质。

戴震（1724—1777），清代思想家，考据学家。字东原，安徽休宁隆阜(今属黄山市)人。

戴震18岁开始跟随父亲贩布，养成了观察社会、自由思考的习惯。在商人的运筹计算中，他又锻炼了逻辑思维。当然，如果不遇到后来的几个对他影响至深的重要人物，戴震也难以成为一代学宗。

◆ 戴震画像

第一个重要人物是皖派开山人江永。戴震跟随他学治经学、算学、音韵学，后青出于蓝。一天，江永举了几个历算问题，说困扰自己十多年了。戴震看过，立即“剖析比较，言其所以然”。江永欢喜地叹息：“累岁之疑，一日而释。”认为戴震为“敏不可及”的天才。

第二个重要人物是史学名家钱大昕。30来岁时，戴震因祖坟问题与族豪打官司，结果县令是个贪官，拿了族豪的钱，要治罪于他。戴震只好逃到北京，随身只带了几本书，连换洗衣服都没有几件。这时候钱大昕与其相见，长谈终日，认为他是“天下奇才”，并在京城学术界内广为推荐。戴震很快名声大震。

第三个重要人物是四库提要总纂官纪晓岚。戴震晚年时，纪晓岚邀其入四库馆，撰写部分四库提要。

戴震在学术上涉猎极广，在天文、算学、历史地理、机械学、方志方、经学、训诂、文学等方面都有相关的著作。戴震的哲学思想集中体现在他的《孟子字义疏证》中。整个乾嘉时代以至清末，戴震的哲学思

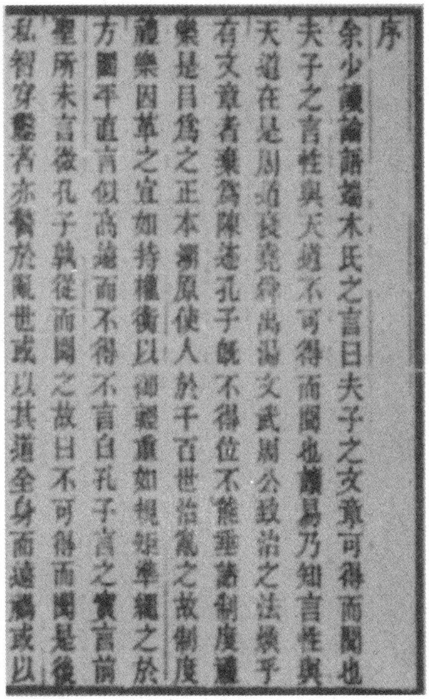
序
余少讀論語端木氏之言曰夫子之文章可得而聞也
夫子之言性與天道不可得而聞也讀易乃知言性與
天道在是周道衰堯舜禹湯文武周公致治之法煥乎
有文章者棄為陳迹孔子既不得位不能垂諸制度禮
樂是以為之正本溯源使人於千百世治亂之故制度
禮樂因革之宜如持權衡以御輕重如規矩準繩之於
方圓平直言似高遠而不得不言自孔子言之實言前
聖所未言微孔子孰從而聞之故曰不可得而聞是後
私智穿鑿者亦警於亂世或以其道全身而遠禍或以

◆《孟子字义疏证》书影

想都没受到重视。

气化流行，生生不息，是故谓之道

在宇宙观上，戴震认为万物是由“气化”形成的；万物在成形之前称为“道”，成形之后则称为“器”。他把“道”看作“气化”即物质生成与发展之运动的过程，这就使“道”具有了客观物质性的哲学性格。同时，他提出“古人言道，恒该理气”这一非常精辟的名言，指出作为宇宙本体的“道”，既包括物质性的“气”，也包括气的运动规律——“理”。他认为气是“道之实体”，理是气在运动、发展变化中的“不易之则”。这就确切、完满地解决了中国哲学史上道、理、气三者之间的关系问题，堵住了把道和理混同而给唯心主义以可乘之机的漏洞。

仁智理论

戴震的仁、智学说主要内容是：以《易经》中的易、简为理论依据，假借孟子“仁、义、礼、智”的名词而赋予自己的思想，建立了完整的理论体系。仁，是道德规范，求仁的方法是去私，去私就能使天下人满足其生存的愿望。这一思想从哲学史的角度批判了程朱的理、欲对立说，捍卫了人们正当的欲望。智，是认识能力。有了智就可以认清事物的条理，防止主观主义。这一思想批驳了以阶级偏见作为天理的封建统治思想。仁智理论是戴震哲学思想的精华所在。

延伸阅读

何谓“以理杀人”

所谓“以理杀人”是戴震对程朱理学“存天理、灭人欲”说的批判。程朱理学，把理与欲二者对立起来，所谓“不出于理，则出于欲，不出于欲，则出于理”，“天理存，则人欲亡，人欲胜，则天理灭”，戴氏认为理本是事物的分理、条理，并不神秘，而情欲则是人人具有的，它们的关系是“欲其物，理其则”，“欲不可无，理存乎欲”，“理者，情之不爽失者也，未有情不得而理得者也”。而程朱理学却离开人的生活实际去讲“理”，把人的正常生活也看作“人欲”，宣扬“饿死事极小，失节事极大”。戴震认为这就是“以理杀人”，他说：“人死于法犹有怜之者，死于理其谁怜之。”

龚自珍尊性重情

龚自珍以巨大的思想勇气，继承了古代优秀的传统思想，又以今文经学微言大义的手法，揭示了封建专制主义的腐败黑暗，呼吁社会的改革更法，宣传了民主主义的启蒙思想，掀开了近代思想史新的一页。

龚自珍(1792—1841)，晚清思想家、史学家、诗人。一名巩祚，字璱人，号定庵，浙江仁和(今杭州)人。他生平诗文丰富，后人辑为《龚自珍全集》。

龚自珍出身于一个官僚家庭。他的外祖父是著名的文字训诂学家段玉裁。龚自珍幼年曾跟随外祖父学习文字训诂学。但是，在封建社会危机日益严重的情况下，龚自珍并没有沿着汉学那套考据、训诂的路子走下去，而是关心现实的社会政治，大力提倡"经世致用"之学，主张改革弊政，提拔人材，以安定社会。外祖父段玉裁看到他23岁时写的四篇《明良论》后，曾十分赞赏。然而，龚自珍的科举仕途并不顺利，直至38岁才勉强中了个进士出身。

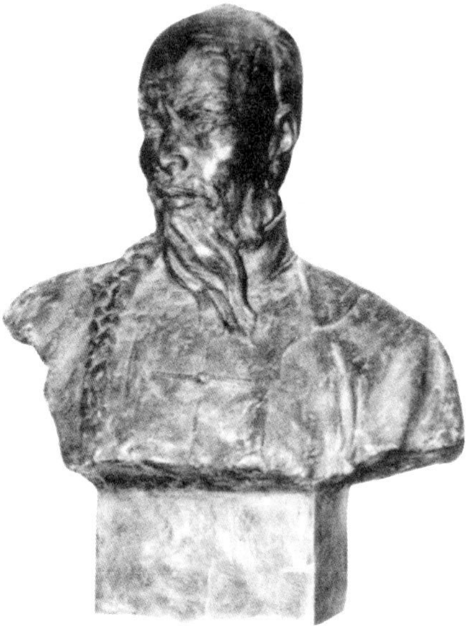

◆ 龚自珍雕像

龚自珍一生始终任一些闲散的小官职，还不断受到当权保守派的排斥。但是，他始终关心政事。1838年冬，林则徐前往广州查禁鸦片。龚自珍曾写信给他送行，表达支持之意，并提出许多建议。1839年他被迫辞官，但仍十分关心时局。两年之后，龚自珍在江苏云阳书院猝然去世。

批判天人感应，却过分夸大"自我"

在《周易·系辞》中有这样一句话："天垂象，见吉凶，圣人则之。"这是方士们用以鼓吹天人感应说的重要经典理论根据。龚自珍对这句话作了全新的解释。他认为，这句话中的"吉凶"是指天象本身的各种变化，而不是指社会或人事吉凶之事。龚自珍批判天人感应说，否定天象变化对社会治乱、人事吉凶的作用，这和他强调人材的作用、人为的努力等思想是一致的。然而，龚自珍又过分夸大了人的主观作用，他说：“众人之宰，非道非极，自名曰我。我光造日月，我力造山川，我变造毛羽肖翘，我理造文字言语，我气造天地，我天地又造人。”这就把个人的自我力量夸大到创造天地万物的地步了。此外，他还说：“心无力者，谓之庸人。报大仇，医大病，解大难，谋大事，学大道，皆以心之力。”认为“心力”能创造一切、改变一切，这是龚自珍受佛教夸大“自我”“心力”的作用的思想的影响。

“宥情”“尊情”

龚自珍从性“无善无不善”的观点出发，坚决反对宋明理学家把“情”看作“人欲”的说法。他认为，“情”是属于人的“自然”本性中的东西，是一种自然、真实的感情，因而也是“无善无不善”的。在他看来，对于这样一种感情，应当宽容、尊崇。龚自珍这种“宥情”“尊情”的思想在一定程度上包含有尊重个性、解放个性的意义。

事物是相倚相成的

龚自珍的思想中还有一些“事物相倚相成”的朴素辩证法因素。他说：“万事不自立，相倚而已矣。相倚也，故有势。万理不自立，相譬而已矣。相譬也，故有辨。”可是，他对这些思想并没有加以发挥，因为对于运动变化的看法，他认为只有渐变，没有突变，甚至认为事物的发展变化虽然可分为初、中、终三个阶段，但其实“终不异初”，“三而如初”。意思是说，事物经过三个阶段变化，最后还是回到出发点，这样就陷入了循环论的泥坑。

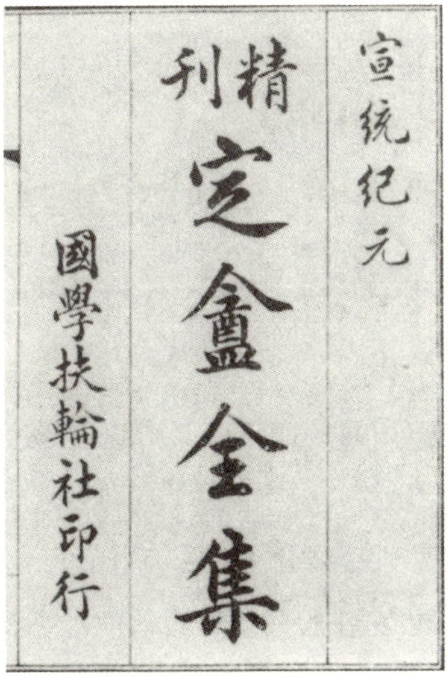

◆《定庵全集》书影

延伸阅读

龚自珍以诗“炸”醒思想界

龚自珍所处的时代，是我国历史上最后一个封建王朝面临崩溃没落，逐渐走向半封建半殖民地国家的转折阶段。清统治者将皇权专制发展到了顶峰，他们不但把所有的臣民当成奴才，大兴文字狱，而且通过“论资升迁”的选官用人制度，训练出一大批效命于皇室的忠实鹰犬和唯唯诺诺的庸官。

龚自珍对此深恶痛绝，在道光十九年（1839）写下了一首思想锐利的诗：“九州生气恃风雷，万马齐喑究可哀。我劝天公重抖擞，不拘一格降人才。”他热切地盼望中国能出现一场大的社会变革，让社会上下呈现一派蓬勃生动的气象，每个人都能自由地参与创造新的局面。这对当时腐朽黑暗的封建专制和沉闷的思想界而言，无疑就像一声炸雷，使人警醒。

魏源“师夷长技以制夷”

动荡的晚清，西方工业文明与科技正以强大的冲击力撞击着中国这个古老文明的国度，魏源在这个风雨飘摇的时刻提出了“师夷长技以制夷”的主张，促使国人开眼看世界。他为万马齐喑的中国科技界指出了一条新的道路，也为以后洋务运动“中学为体，西学为用”的思想奠定了基础。

魏源(1794—1857)，晚清思想家。原名远达，字默深，一字墨生，又字汉士。湖南邵阳隆回人。

魏源7岁进入书塾学习，他对书爱不释手，常常熬夜苦读，母亲有时不得不吹灭灯逼他去睡。但母亲睡后，他又悄悄起来，点上灯用被子遮住光继续读。9岁那年他就参加县里的童子试。老师见他年纪尚小，就先用对子试他，上联：闲看门中月。魏源抬头正好看见墙上挂着一幅“春耕图”，当即对出下联：思耕心上田。老师大赞。考试那天，县令面前放一只茶杯，茶杯上画着太极图，就说了句：杯中含太极。魏源临行之前，母亲给他烙了两张大饼揣在怀中，此时，他刚好摸着了，于是就说：腹内孕乾坤。大家一致称赞他有奇才。从此，魏源就扬名乡里了。

◆ 魏源像

15岁时，魏源考中县学生员，开始潜心研习王阳明的心学。21岁时随父亲魏邦鲁入京。在北京，他被邀请至侍郎李宗瀚家设馆讲学，结识了京师当时各种学术流派的名士，先随胡承珙学习汉学，又师事姚敬塘学习宋儒之学，同时学公羊学于刘逢禄，并与龚自珍等切磨古文辞。在京3年，他的学问大有长进，这也使魏源很快名满京师。

魏源有经学、史学、文学、佛学著作多种存世，《海国图志》率先介绍了西方各国历史地理状况，主张学习西方的先进科学技

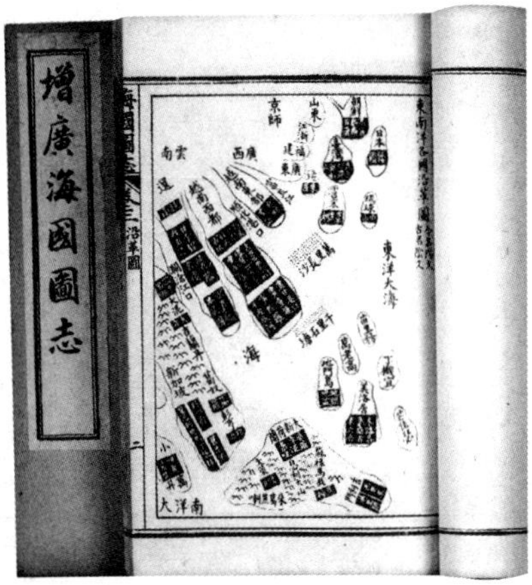

◆《海国图志》书影

术，提出“师夷长技以制夷”，是中国近代向西方寻求救国真理的先行者之一。《古微堂集》中的《默觚》则是他的哲学代表作。

《默觚》分《学篇》和《治篇》两大部分，其哲学思想的基本观点是唯心主义的。它夸大心的作用，认为人之心即天地之心，包容和支配宇宙万物，万物皆备于我。

注重习行的认识论

《默觚》反对“生而知之”说，也反对脱离实际的“心性迂谈”和“玄虚之理”，认为人的知识是通过习行取得的。其中说，“披五岳之图，以为知山，不如樵夫之一足；谈沧溟之广，以为知海，不如估客之一瞥；疏八珍之谱，以为知味，不如庖丁之一啜”。这是一种朴素的唯物主义认识论思想，但魏源未能正确解决感性经验和理性认识的关系问题。

丰富的辩证法思想

《默觚》突出地讲到事物矛盾的普遍性和变易进化的观点。它说天下物无独必有对，有对之中必一主一辅，则对而不失为独。它认为，矛盾相克，互相转化，引起事物的运动、变化、发展，气化无一息不变者；三代以上，天皆不同今日之天，地皆不同今日之地，人皆不同今日之人，物皆不同今日之物。据此，作者得出结论说：“变古愈尽，便民愈甚。”这是他主张改革的主要理论依据。但是，他又认为，封建社会的“道”是永远不变的。

矛盾的鬼神论思想

魏源主张鬼神之说，并明确反对无鬼论。但他是一位改革派，注重人为，强调“造化自我”，说：“人定胜天，既可转贵富寿为贫贱天，则贫贱天亦可转为贵富寿。”这一思想又违反有神论。魏源哲学的矛盾性，反映了封建社会改革派的思想矛盾。

延伸阅读

魏源晚年为何入佛门

魏源作为近代史上开风气之先的人物，在晚年遁入空门，让后人多方讨论。这应该与他所处的时代背景、家庭背景等有关系。清朝时期的佛教无论从社会地位还是社会影响上来说，都仅次于占统治地位的儒家学说。清世祖顺治带头“好佛”，康熙、雍正、乾隆不但“好佛”，还在弘扬佛教方面有不小的贡献，王公大臣、贵胄显达亦纷纷念经拜佛，蔚然成风。魏源的祖父、父亲均以乐善好施、仗义疏财而有名。就这点而言，魏源“慧根”不浅。此外，魏源仕途不得意，改革的主张不能得到实现，在失望之下遁入佛门也是很有可能的。魏源过世后，他的子孙家里三代都设有佛堂，虔诚供佛。

曾国藩坚守理学

曾国藩一方面宣传“义理”和“卫道”，另一方面又宣传“经济”和学习西学，这反映了一代大儒对儒学传统伦理秩序眷恋不舍而又希冀借西学以自强的积极心态。他的思想使得儒学原有的狭小、禁忌繁多的范畴得以丰富和发展，对于中国近代化的引领和推动作用是不可忽视的。

曾国藩（1811—1872），初名子城，字伯涵，号涤生，谥文正，湖南省长沙府湘乡县人。晚清重臣，湘军的创立者和统帅者。清朝军事家、理学家、政治家、书法家、文学家，晚清散文“湘乡派”创立人。官至两江总督、直隶总督、武英殿大学士，封一等毅勇侯。

曾国藩自幼勤奋好学。6岁时入塾读书，8岁能读八股文诵五经，14岁时能读周礼、史记文选，并参加长沙的童子试，成绩俱佳列为优等。28岁时，考中了同进士，从此踏上仕途之路，并步步升迁到二品官位。十年七迁，连跃十级。

1853年，曾国藩在湖南一带，依靠师徒、亲戚、好友等复杂的人际关系，建立了一支地方团练，称为湘军。1854年2月，湘军倾巢出动，残酷镇压了太平天国起义。由于和太平军作战的大获全胜，曾国藩被封为一等勇毅侯。

1861年第二次鸦片战争后，曾国藩倡导洋务运动，建立安庆内军械所，任用中国工匠，仿制西式枪炮。1872年，曾国藩在南京逝世。

曾国藩一生著述颇丰，但以《曾国藩家书》最为出名。关于哲学思想，他并没有专门的著作，哲学观点散见于信函、批札、日记、笔记之中。曾国藩推崇程朱理学。他不重视自然观和认识论，而将注意力放在人

◆ 曾国藩像

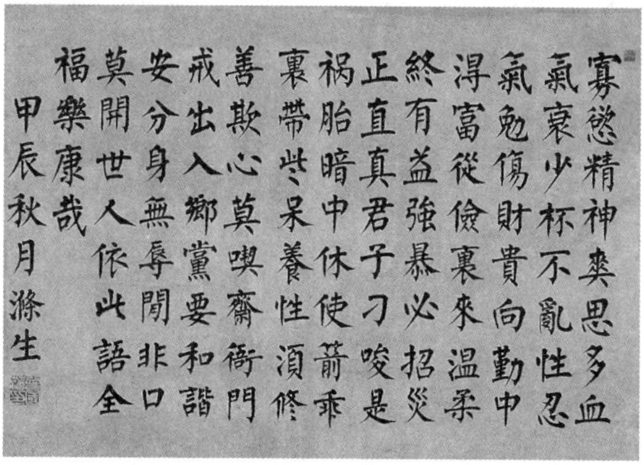

◆ 曾国藩书法

心、风俗问题上。

论诚

曾国藩继承了思孟学派和周敦颐、程颢关于“诚”的思想，称“窃以为天地之所以不息，国之所以立，贤人之德业之所以可大可久，皆诚为之也”。把属于道德范畴的“诚”，说成是神秘的存在，视为世界的主宰，完全颠倒了物质和精神的关系。

承袭朱熹的“即物穷理”

在认识论上，曾国藩承袭朱熹唯心主义的“即物穷理”说。他说：“夫所谓事者非物乎？是者非理乎？实事求是。非朱子所称即物穷理者乎？”也就是说，并不是感觉和实践能产生所谓的理，而只是通过“即物”唤起和触发心中原有的理。

论仁

曾国藩对“仁”的意项有三个方面的发挥，一是“仁即恕”，“恕则凡事留余地以处人。功不独居，过不推诿。”二是“仁者，即所谓‘欲立立人，欲达达人’也。”三是对“流转迁徒”“栖止靡定”的“绅民”，要“周其急”。他的“仁术”，在太平天国农民起义之前，还偶有同情民生疾苦的成分，但在激烈的阶级斗争展开之后，仁术就完全用于调整地主阶级内部关系了，认为对于人民群众，尤其是对于革命者，丝毫不能心慈手软，因为“小仁者大仁之贼，多赦不可以治民”。

论礼

曾国藩重视“礼”，宣扬以“学礼”为“经世之术”。他论礼的内容有两点：其一是用“礼”呼吁地主阶级及其武装力量“谨守准绳，互相规劝”，要求大家“克己求仁”。其二是用“礼”来“辟异端”，以使“人人纳于轨范之中”，维护君臣父子、上下尊卑的封建等级秩序。所以曾国藩的“以礼自治，以礼治人”实际上是其政治哲学的核心，亦是镇压农民革命的纲领。

延伸阅读

曾国藩用人

当年清廷在选派驻台湾的总督时，李鸿章推荐给曾国藩三个人。曾国藩为了测验三人中谁的品格最好，便故意约他们在某个时间到曾府去面谈。可是到了约定的时刻，曾国藩却故意不出面，让他们在客厅中等候，却暗中仔细观察他们的态度。只见其中两位都显得很不耐烦，不停地抱怨；还有一人则安安静静、心平气和地欣赏墙上的字画。后来曾国藩考问他们客厅中的字画，只有这个人回答出来了。这个人就是刘铭传，后来成了台湾总督。

第五讲

近现代哲学

洪秀全矛盾的思想

洪秀全是中国近代初期农民运动的杰出领袖，也是中国历史上罕见的农民运动思想家。其人生经历坎坷曲折，充满传奇色彩；思想内涵丰富复杂，且变化剧烈，受到学界关注。

洪秀全（1814—1864），近代太平天国的创始人和思想指导者。原名仁坤，广东花县（今花都市）官禄人。

洪秀全出生于耕读世家，从小聪明自负，但三次乡试都失败落选，第三次在广州落选后已经25岁了，受此打击回家后重病一场。病中产生了一些幻觉，称梦中有一老人对他说：奉上天的旨意，命他到人间来斩妖除魔。从此洪秀全言语沉默，举止怪异。此时的洪秀全并不甘心于考试的失败，在6年后再一次参加了广州的乡试，结果还是以落选告终。这时洪秀全受到了梁发的《劝世良言》的影响，改信基督教的教义了。虽然未曾读过《圣经》，洪秀全却开始逢人便宣传他所理解的基督教教义，并于1847年创立拜上帝会，主张建立远古“天下为公”的盛世。

◆ 洪秀全塑像

1851年1月11日，洪秀全发动金田起义，建国号太平天国，自称“天王”。后定都南京，称天京。1863年冬，天京为清军围困，粮尽援绝。1864年洪秀全病逝于天京，随后天京城破，太平天国政权宣告结束。

洪秀全所著诗文及诏旨、文告很多，留传者已大略备于1949年后编辑出版的《太平天国》《太平天国史料》等书中。

洪秀全矛盾的革命思想

①撤去了孔丘牌位，但又没和孔孟之道彻底决裂。1843年，拜上帝教成立之后，洪秀全立即“将偶象扫除，并将塾中孔子牌位弃去”，但又把孔子和儒家的经典引入“三原”的内容，认为“孔孟之书不必废，其中有合于天情道理亦多”。

②一面领导人民群众进行反封建斗争，一面又建立君主制度和等级制度。金田起义后，太平军势如破竹，主要是靠劳动人民的

英勇战斗。在浴血战斗的同时，洪秀全又迫不及待地开创新朝，建立君主制度。在永安时就进行分封；进入天京之后，制定朝仪，讲究排场，对服饰、舆马、仪卫、称呼都有严格的规定。

③“大同”理想和创立新朝之间的矛盾。洪秀全既提出了“无人不均匀，无人不饱暖”，但又钦定了“功勋等臣，世食天禄”，所谓“人间天国”，最终不过是又一个新的朝代罢了。

◆ 太平天国天王玉玺

《三原》中的平等平均思想

《原道救世歌》《原道醒世训》和《原道觉世训》被称之为《三原》。在《三原》中，洪秀全把人分为肉体和灵魂两个部分，肉体虽死而灵魂不灭。肉体生自父母，灵魂来自上帝。人的灵魂是从上帝一元之气分散到人们肉体上而生成的。这样，他把人的本质抽象为没有任何区别的“气”，在本体上肯定了人的平等地位，从而阐明了平等观念的哲学根据。由此，他推论出人类社会必须具备的政治经济平等观念，他说：“天下多男人，尽是兄弟之辈；天下多女子，尽是姊妹之群，何得存此疆彼界之私，何得起尔吞我并之念。”在他看来，整个人类社会是一个天父上帝统驭之下的社会大家庭，通过家庭关系的纽带，把人类牢牢结合在一起。他们都处于同等地位，不应该争田产，更不应该存在压迫和剥削的社会现象。

革命思想总纲《天朝田亩制度》

土地是农民的命根子，所以洪秀全要废除封建地主土地所有制，均天下田给天下农民耕种，以实现“有田同耕，有饭同食，有衣同穿，有钱同使，无处不均匀，无人不饱暖”的人人平等的理想社会。这个天国理想的宏图，是太平天国立国的纲领性文件。然而，由于受时代和阶级的局限，尽管它受到广大农民的欢迎，喊出了农民对土地渴望的呼声，但它只能成为一种乌托邦的空想。

延伸阅读

洪秀全身死之谜

在20世纪60年代以前，大多数人认为洪秀全死于服毒自杀。洪秀全去世时，李秀成在天京主持天京保卫战，对天王府的情况应该有较确切的了解。曾国藩刊刻的《李秀成自述》中，言及洪秀全之死：“天王（洪秀全）斯时焦急，日日烦躁，即以四月二十七日服毒而亡。”其后半部分中说：“天王之自杀，更令全局混乱。”太平天国的对手、湘军首领曾国藩在同年六月二十三日的奏稿中说：“首逆洪秀全实系本年五月间，官军猛攻时，服毒而死。”根据上述资料，大多数史家认为洪秀全是“服毒自杀”。

严复引进的“天演”哲学观

严复引进的天演哲学，堪称中国近代启蒙思想史上的里程碑。它标志着中国学习西方的进程，不仅从器物文化层次发展到了制度文化层次，而且已经临近思想文化的核心层次了，并吹响了近代社会思潮转型的战斗号角。

严复(1854—1921)，近代资产阶级启蒙思想家，翻译家。初名传初，后易名宗光，字又陵，又字几道，别号尊疑、尺盦等。福建侯官(今福建福州)人。

严复出生在一个医生家庭里，1866年考入福州船厂附设的船政学堂，学习英文及近代自然科学知识，五年后以优等成绩毕业。1877年，他被派往英国海军大学留学，留学期间跟日本的伊藤博文同班。毕业考试时，严复第一名，伊藤博文第二名，二人分别回国。日本明治天皇派伊藤博文做宰相，搞改革，历史上叫作“明治维新”。改革成功后，日本变成了强国。

◆ 严复像

中国当时是慈禧太后当权，慈禧降旨让严复在乾清宫见驾，想重用他。严复听后心中大喜，以为从此要做一番事业了，但结果不尽人意。

1895年，中国在中日甲午战争中失败，严复深受刺激，开始翻译多种西方资产阶级自然科学和社会政治学论著，如赫胥黎的《天演论》、斯密的《原富》、斯宾塞的《群学肄言》、穆勒的《群己权界论》和《名学》、甄克思的《社会通诠》、孟德斯鸠的《法意》以及耶芳斯的《名学浅说》等书。他还提出“信、达、雅”三条翻译准则，至今仍为致力译事者所尊崇，引为楷模。

物竞天择的天演哲学

严复对中国近代哲学的最大贡献，是通过翻译赫胥黎的《天演论》阐发了进化论思想。他把进化学说与中国固有的唯物主义传统结合起来，形成了他的“天演哲学”。在社

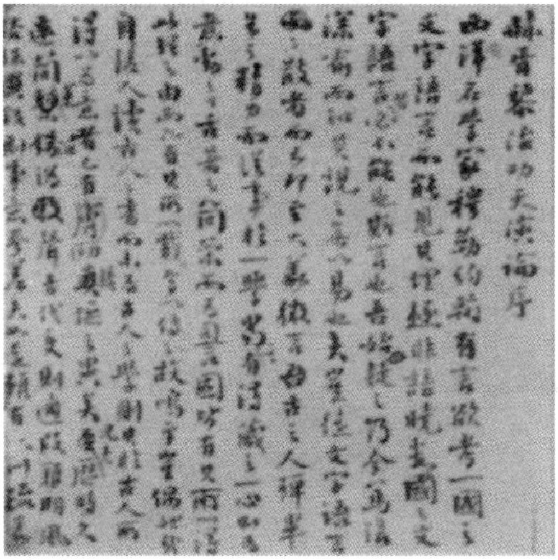

◆ 严复《天演论》手稿

会历史观方面，严复也主张进化论，他认为“世道必进，后胜于今”。他认为进化原则也适用于人类社会伦理关系，认为人类社会是由各个个人组成的，社会历史的进化是通过人的活动实现的。

人“与天争胜”

严复十分重视荀子人力胜天的思想，提出“自由为体，民主为用”的主张，反映了新兴资产阶级的要求。认为只要人们积极奋斗，鼓民力、开民智、新民德，“与天争胜”，国家和民族就可以转弱为强，站立于世界之上。

矛盾中的认识论

严复大力提倡逻辑归纳法与演绎法，主张从实际经验中间归纳出规律性的东西来。这是一种唯物主义思想。但严复过分强调感觉经验，认为人的认识不能超越感觉的范围，只有感觉才是可靠的，其经验论中又含有不可知论的成分。

反宗教尊科学

严复在自然观问题上，看到了宗教和科学的对立。他说：“大抵中外古今言理者不出二家。一出于教，一出于学。教则以公理属天，私欲属人；学则以尚力为天行，尚德为人治。言学者期于征实，故其言天不能舍形气；言教者期于维世，故其言理不能外化神。”在科学与宗教的对立中，他站在科学一边，反对宗教的唯心主义，称赞“自达尔文出，知人为天演中一境，且演且进，来者方将。而教宗抟土之说，必不可信”，否定了宗教的创世说。

延伸阅读

严复晚年为何走向保守

关于这个问题，争论很多，其中一种观点认为：晚年的严复开始对文化有了一种反省，反省对于西方文化不作分析就囫囵吞枣，反省对于中国传统文化完全弃如敝屣。而这期间，正好发生了第一次世界大战，这场战争造成的文明灾祸，给了严复强烈的刺激。他开始回观中国传统文化的价值，大力倡导尊孔读经，从而开始了向中华传统文化的回归。特别是在经历了人生世事的曲折磨难之后，这种回归的引力愈来越强，以致在他生命的最后时刻，还告诫后人：“须知中国不灭，旧法可损益，必不可叛。”也就是说，晚年严复思想的演变，是由积极的启蒙救亡论者，转化为坚定的文化保守主义者。

康有为的唯心主义哲学

康有为在早期对以程朱学派为代表的旧哲学的批判，对当时社会起了解放思想的作用。他的哲学思想为戊戌变法提供了理论依据，对改良派中许多人的思想有很深的影响。

康有为（1858—1927），近代政治家、思想家、教育家。又名祖诒，字广厦，号长素。广东南海人，人称康南海或南海先生。

康有为出身于士宦家庭，自幼学习儒家思想，受老师朱次琦的影响，青年时便重视“经世致用”之学。他早年去过香港、上海等地，接触到一些西方资本主义的事物，还攻读了一些介绍西学的书，因而深感中国再也不能以“天朝上国”夜郎自大了，这使康有为的革新思想逐渐萌发，并把学习外国、改良弊政当作救国救民的真理。

◆ 康有为旧照

1888年，康有为到北京参加顺天乡试，借机第一次上书光绪帝，请求变法，但受阻未上达。1891年后，他在广州设立万木草堂，收徒讲学，弟子有梁启超、陈千秋等人。

1895年，康有为到北京参加会试，得知《马关条约》签订，联合1300多名举人，上万言书，即“公车上书”，又未上达。当年5月底，他第三次上书，得到了光绪帝的赞许。7月，他和梁启超创办《中外纪闻》，不久又在北京组织强学会。

1897年，德国强占胶州湾，康有为再次上书请求变法。1898年6月16日，光绪帝在颐和园勤政殿召见康有为，任命他为总理衙门章京，筹备变法事宜，史称“戊戌变法”。后因慈禧太后的干预，维新运动失败。

康有为生平著作甚丰，《新学伪经考》《孔子改制考》《大同书》是他的代表作。他的资产阶级改良路线的哲学理论基础主要表现在如下几个方面：

“以元为体”的自然观

康有为说：“元为万物之本，人与天同本于元。”他把“元”“道” 与“太极”一样都

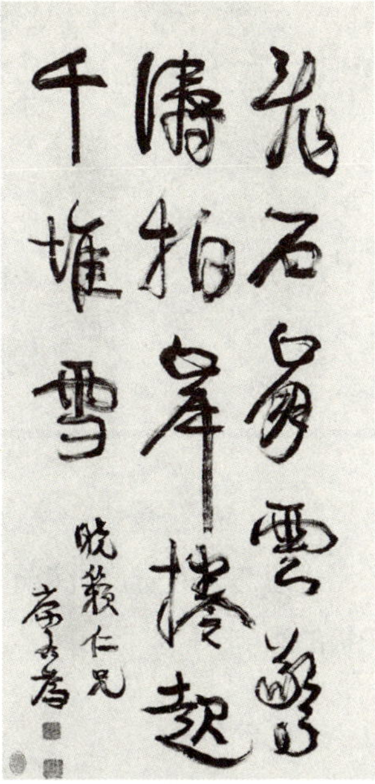

◆ 康有为书法

作为超时空的神秘莫测的精神性实体，并把“元”看成产生宇宙万物的总源。尽管他也说过“元者，气也”，但他又把“气”纳入和“元”一样的精神范畴。康有为还视“元”为有意志的人格神，“正”就是它的意志体现。他说：“《春秋》以元之气正天之端，以天之端正王之政，以王之政正诸侯之即位，以诸侯之即位正境内之治。”构造出一个元——天——王——诸侯——境内之治的世界序列，最终指向有神论。

发展变化着的人性论

康有为早年把人性看成是对“食味、别声、被色”“视听运动”的生理本能，属于资产阶级的自然人性论观点。并以此强调后天学习的重要，还宣称“无所谓大人小人”之别，主张资产阶级的“人性平等”，进而肯定人们“去苦求乐”乃至追求发财致富的合法权利，反映了新生资产阶级的利益要求。但到维新变法运动失败后，他逐渐认为“性者，天赋之知气、神明，合于人身而不系于死生者”，人性被看成一种先验的、神秘的、永恒的精神属性。

三世说历史进化论

康有为采用了《公羊》“三世”的形式，注入进化论思想，提出一种三世说历史进化论。认为人类社会从蒙昧进化到文明，由君主专制的“据乱世”进化到君主立宪的“升平世”，而后再进化发展到民主的“太平世”，是历史的必然。他认为当时中国的封建君主专制制度已不合时宜，应当被资产阶级君主立宪制所代替。还认为，人类社会的进化发展，将必然到达理想的“大同”世界，以践行资产阶级的天赋人权、民主、自由、平等、博爱等原则。

延伸阅读

康有为被谁毒死

康有为堪称“美食家”。1927年3月18日晚上，康有为到青岛中山路附近一家粤菜馆吃饭。饭后，他意犹未尽喝了一杯橙汁。不久，突然感到腹疼难忍，当晚呕吐不止。第二天清晨5时30分，他在卧室里“七窍出血而死”。

康有为在青岛离奇死亡的原因众说纷纭，但大都认为康有为是被人下毒致死的。究竟是什么人下的毒呢？一种说法来自康有为的女儿康同璧，她认为是“国民党特务在食物中投毒”。还有一种说法认为是慈禧太后生前所遣杀手下的毒。第三种说法是日本人下的毒。但三种说法均查无实据。

然而，据现代医学最新的研究发现，海鲜含有比较丰富的蛋白质和钙等营养物质，而橙汁中含有大量的维生素C，如果二者同食，人体内就会产生砷，就是人们常说的砒霜，引起中毒。这会不会是康有为之死的真正原因呢？

维新派的第一部哲学著作

《仁学》的启蒙精神对中国近代民主革命产生了巨大的影响，许多志士仁人就是因为受到谭嗣同及其《仁学》的鼓舞而走上砸碎旧制度、建立新制度的革命道路的。它在中国近代思想史上的地位是不容忽视的。

谭嗣同（1865—1898），近代维新派政治家、思想家。湖南浏阳人。字复生，号壮飞。

谭嗣同是维新变法的积极参与者，“戊戌六君子”之一。百日维新失败后，维新派面临生命危险，但他拒绝了友人暂避的建议，选择杀身成仁，以图警醒世人，挽救变法，兴邦强国。

谭嗣同的哲学代表作是《仁学》，其中反封建的激进思想，对资产阶级革命民主派产生过积极的影响。

◆ 谭嗣同像

“仁为天地万物之源”

谭嗣同认为世界是由物质的原质所构成的，其本体是“仁”，世界的存在和发展都是由于“仁”的作用，故称他的哲学为“仁学”。而“以太”（编者注：“以太”是古希腊人提出的假说，它究竟属于物质范畴抑或属于精神范畴，其说一直未定。20世纪初在相对论基础上建立起来的电磁学和光学理论，已经否定了这一假说。）则是沟通世界成为一个整体的桥梁。“以太”本身是“不生不灭”的，宇宙间各种事物，只有“变易”，没有“存亡”；只有“聚散”，没有“生灭”，肯定了自然界和人类社会不是静止的、停顿的，而是不断运动、变化和发展的，批判了“天不变，道亦不变”的封建顽固思想，从变易中论证其改革社会制度的政治理想。

“贵知不贵行”的认识论

在认识论方面，谭嗣同从“三界唯

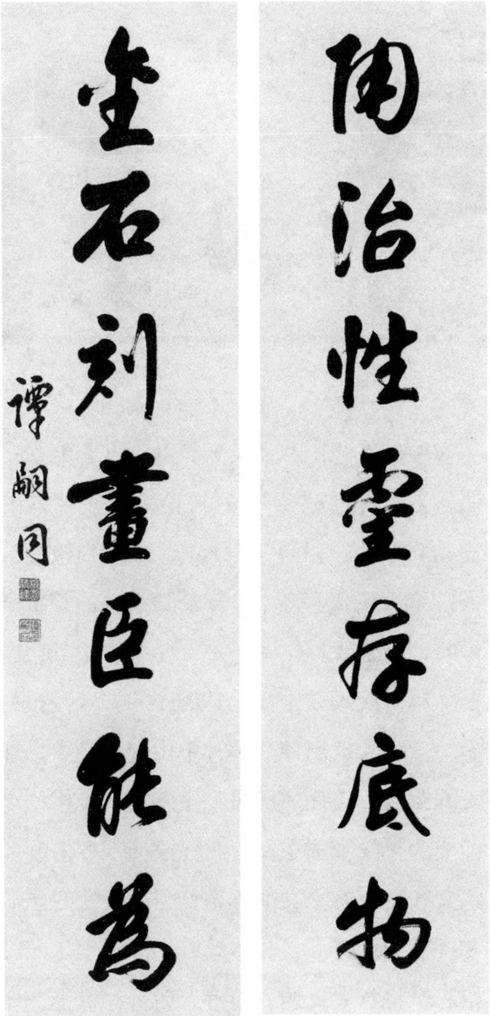

◆ 谭嗣同书法

心、万物唯识”出发，否认物质世界存在的客观性和人的感觉的真实性，认为这些都是虚幻不实的，主张通过“止观”（“定慧”）这种宗教修持方式，得到神秘主义的“知识”，然后去把握超越现实世界的“真理”。由于他崇拜灵魂，轻视实践，所以主张“贵知不贵行”，因为“知”属于“灵魂之事”，而“行”属于“体魄之事”，“行”有限而“知”无限，所以“行不能及知”。他由此寄希望于“心力”，夸大精神的作用，说“心力最大者，无不可为”。他认为中国的灾难是由于中国“人心之多机械”，解救的办法也就在去“机心”而归于“仁”。

“以太即性”的人性论观点

谭嗣同构建了以“以太”本体论为基础的自然人性论，认为性为“以太之用”，本无善恶。在“名”的条件下，应以人的生而具有的自然本性为“善”，否定了儒家的先验的性善论。张扬人性，肯定情、欲的合理性，并以“仁——通——平等”的伦理模式，冲破纲常名教的罗网，从而开启了中国人性思想的近代变革。

延伸阅读

谭嗣同伪造家书救父

谭嗣同知道清政府一贯厉行“一人犯法，累及家庭”的株连法，想到自己被捕后即将累及70多岁的父亲，他心如刀割，于是模拟父亲的笔迹伪造了一封家书：

复生：你大逆不道，屡违父训、妄言维新、狂行变法、有悖国法家规，故而断绝父子情缘。倘若予以不信，愿此信作为凭证，尔后逆子伏法量刑，皆与吾无关。

清兵冲进浏阳会馆来抓谭嗣同时，还四处搜寻“罪证”。当谭嗣同看到书桌里的那封伪造的家信被清兵搜出交到一个太监手里时，他想：这下父亲有救了。

章太炎前期唯物后期唯心

章太炎对于中国学术文化遗产的论述十分丰富。他是古经文学派最后一位大师，同时又是儒家传统的拆散者。他的思想的发展变化及其矛盾的性格，反映了中国近代历史发展的辩证法。

章太炎（1868—1936），近代民主革命家、思想家、著名朴学大师。初名学乘，字枚叔。后改名绛，号太炎，后又改名炳麟。浙江余杭人。

章太炎一生特立独行、卓尔不群，鲁迅说："我以为先生的业绩，留在革命史上的，实在比在学术史上还要大。"在革命道路上，章太炎曾三次入狱。

第一次入狱是因为1903年的"《苏报》案"。章太炎应蔡元培之邀到上海推进教育会活动，并变《苏报》为江南喉舌。为驳斥康有为的保皇论，章太炎发表了《驳康有为论革命书》，并为邹容的《革命军》一书作序。他的言论引起了清廷的震动和愤怒，租界工部局(警察局)到报社捕人。章太炎大声说："余人俱不在，要拿章炳麟，就是我！"

◆ 章太炎旧照

第二次入狱是因为1908年的"《民报》案"。章太炎出狱后被孙中山迎至日本，加入同盟会，接任《民报》主编。《民报》逐渐成为揭露帝国主义、封建主义，抨击改良主义和无政府主义的阵地，引起清廷的恐慌和仇视。经交涉，日本政府出面封禁了《民报》，将章太炎传入警署。后来，鲁迅、许寿裳等人替他交了罚金，才获释。

第三次入狱是指章太炎被袁世凯在北京禁锢三年。1913年3月，章太炎因宋教仁被刺杀案怒不可遏，先在上海发表反袁文章，后又只身赴京当面讨袁。袁世凯先将他拘在共和党本部，继又囚于龙泉寺，最后禁于钱粮胡同。1916年3月，袁世凯忧惧而死，章太炎才获自由。

作为国学大师，章太炎的思想表现在以下几个方面：

前期的唯物主义本体论

章太炎前期的哲学思想以《訄书》《菌说》和《视天论》为代表。他肯定世界由物质构成，“空不足持世，惟实乃可持世。”并认为构成物质的最小单位是原子（阿屯）。他援引细胞学说，认为细胞是生命的基本结构。他还肯定世界的发展是由于物质力的运动而产生的，如在宏观上肯定各个天体因摄力和斥力的相互作用而“浮行太空”，并“以己力绕本轴，以摄力绕重心”；在微观上认为构成物质的原子由于内部引力和斥力的相互作用，不断处于分解和结合的运动状态，“相易相生相摩”，由此出现运动和变化。

前期的认识论观点

在认识论方面，章太炎信仰感觉来源于物质的反映论，说“知识之全体，亦不能出乎官骸之外”。他把荀子的以目辨色、以耳辨声、以舌辨味等“缘天官”的认识论称为“天下之公言”，而将视客观事物为主观幻化的唯心论叫作“一人之私言”。后来，章太炎又进一步认识到仅仅依靠感觉是不够的。于是，他以荀子、墨子的逻辑学理论为基干，结合西方和印度的逻辑学，力图建立自己的逻辑学体系，以克服王守仁“致良知”的唯心论与颜元经验论的失误，使人求得真知。

前期的无神论思想

章太炎否认鬼神，反对宗教神学。他认为鬼神之说是由于人们不能对自然现象作出科学解释而杜撰的欺人之谈。他用近代的自然科学知识解释人之死亡，并以达尔文的生物进化论来说明人体的形成，用拉马克的“用进废退”解释动物器官的变化，部分地说明了客观环境和实践与人群进化的关系。他还写了《无神论》，运用形式逻辑的推理证明基督教上帝创世说和上帝“全知全能”的谬误。

后期的唯心主义思想

1906，章太炎提倡建立法相唯识宗的新宗教。他说，“今之立教，惟以自识为宗。识者云何？真如即是惟识实性，所谓圆成实也”。他把“识”（精神、观念）看成唯一真实的存在，把物质世界看成“识”变现出来的假象。他还引证费希特的主观唯心主义哲学，把“自我”看成一切的发端，并且由这种“一切唯识”的唯心主义出发，取消主观与客观的对立，化解一切差别和矛盾，终于形成“万物一齐”的相对主义，主张消泯彼此、是非、大小、文明野蛮的界限，达到“物亦非境，识亦非境，则有无之争自绝”的境界。

延伸阅读

章太炎以革命热情对待治学

1913年至1916年，章太炎被袁世凯幽禁在北京，他就在钱粮胡同19号办“章氏国学讲习会”，听讲学子约有100多人，大部分是北京各大学的教员。与此同时，袁世凯雇用一些人组织“孔教会”，以“孔礼”为“国教”，为袁世凯称帝制造舆论。章太炎不以为是，就在钱粮胡同“章氏国学讲习会”门外贴出告示，言明“凡参加‘孔教会’者，不得入内听讲”。1935年9月，章太炎以年老体弱之身在苏州再办“章氏国学讲习会”，听讲的人近500，连窗外走廊等地，也挤满了人。

孙中山的资产阶级革命哲学

孙中山是中国革命伟大的先行者，他的思想是中国民主革命和思想史上宝贵的精神财富，其成功的经验和失败的教训对后来的革命家产生了重要而深远的影响。

孙中山（1866—1925），近代民主革命的伟大先行者。名文，字德明，号日新，后改逸仙。在日本从事革命活动时曾化名中山樵，故后人称其为“中山先生”，其后此称谓便逐渐演化为孙中山。广东香山（今中山市）翠亨村人。

孙中山出生于一个农民家庭，小的时候家里很穷，他很早就开始参加各种农务劳作，直到10岁才进本村的私塾读书。在私塾里，每天除了练字，就是背诵《三字经》《千字文》和四书五经，孙中山对这种传统的封建教育方式很不满。

1892年孙中山毕业于香港西医书院，他在行医过程中感受到要救人必先救国。

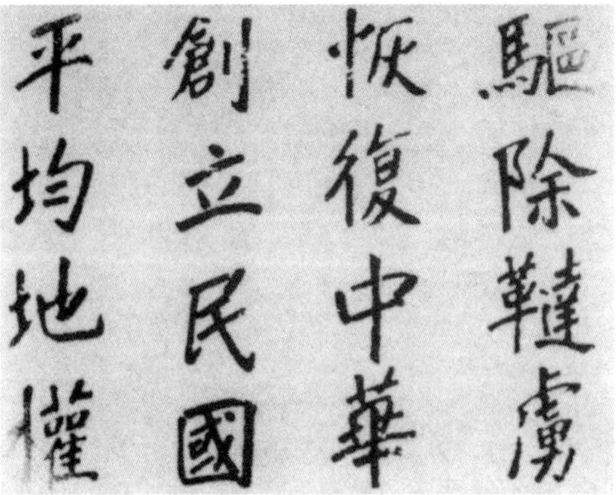

◆ 同盟会革命纲领

1894年，他写了《上李鸿章万言书》，提出兴利除弊、改良政治的方法，但被李鸿章断然拒绝。于是赴檀香山成立兴中会，誓要推翻满清。1905年，孙中山在日本联合华兴会、光复会等革命团体成立中国同盟会，被推为总理。1911年辛亥革命后被十七省代表推举为中华民国临时大总统。1940年，国民政府通令全国，尊称其为“中华民国国父”。

孙中山在总结概括丰富的革命经验和教训的基础上，吸收19世纪、20世纪初的自然科学新成果，基本形成了一个具有中国近代特色和资产阶级民主革命精神的哲学体系。

以进化论为哲学基础

孙中山的哲学基础是达尔文的进化论。他认为世界是进化发展的，其经历了“物质进化之时期”，到“物种进化之时期”，再到“人类进化之时期”的过程。他提出了“生元说”，把细胞看作是生物的“原子”，称之为“生元”，认为生元有知。在物质与精神的关系上，孙中山从自然界的本原是物质，生物和人类都是由物质进化

◆ 孙中山手迹

而来的观点出发，认为物质是“体”，精神是“用”，只有人类这种高度进化的物质之“体”，才具有精神的作用；而精神一旦从物质中产生就能“制驭”物质。

知难行易

在知行问题方面，孙中山力辟“知易行难”说，倡导“知难行易”。其知行学说的基本出发点是先有事实，才发生言论。认为可以被“明白了解”的宇宙万物及其进化是人类认识“智”的范围和对象，表现了唯物主义反映论的特点。同时，孙中山主张“先行后知”，认为“先行后知，进化之初级也；先知后行，进化之盛轨也”，人类获得知识的过程是由“行”到“知”，再由“知”到“行”的过程。“以行而求知，因知以进行”，既强调求知的途径是“要靠实地去考察”，又强调以“知”促进“行”的能动作用，这是一个相生相长、不断前进的进化过程。

进化的社会历史观

孙中山把进化论运用于人类社会，认为人类社会是由“物种进化”而来的。它本身又在不断进化着，即由“洪荒时代”到“神权时代”，到“君权时代”，再到“民权时代”。“人类求生存才是社会进化的原因”，“所以民生问题才可说是社会进化的原动力”，认为社会历史进化的原动力不是英雄人物，而是“群众心理”，从而陷入了历史唯心主义。

延伸阅读

“国父”一称的由来

孙中山于1925年3月12日因肝癌（后被确诊为胆囊癌）逝世，在北京中央公园社稷坛举行公祭时，豫军总司令樊钟秀特致巨型素花横额，当中大书“国父”二字，他的唁电挽幛，均称“国父”，这是孙中山在公开场合被尊称为“国父”之始。

1940年3月21日，国民党中央常务委员会第143次会议决议：尊称本党总理为国父，以表尊崇。但是各地党政机关、民众团体在不同的场合无所适从，不知究竟是称孙中山先生为总理还是国父。同年5月29日，国民政府又发布明令，规定政府机关、民众团体应一律改称国父，在国民党党内称国父或总理均可，民间已印就之图书文字，不必强令改易。自此之后，即确立了孙中山在中国历史上“国父”的地位。

梁启超的哲学思想和新民思想

梁启超是中国早期社会主义思想传播过程中的重要一员，并且在中国社会主义由空想向科学的发展过程中成为一个重要的思想环节，因而在中国社会主义思想史上具有重要地位。

梁启超（1873—1929），近代思想家、文学家、学者。字卓如，一字任甫，人称任公，号饮冰子，或署饮冰室主人。广东新会人。

梁启超早年接受正统的传统教育，17岁中举，23岁与老师康有为发起“公车上书”，1898年的百日维新更使他名满天下。但梁启超一生有三次重大的政治转变，以致人们称其为“多变的梁启超”。

第一次重大转变发生于戊戌政变后的第二年。梁启超与同在日本的孙中山密切往来，渐有赞成革命之意，并计划放弃保皇路线，撮合孙中山、康有为合作。合作没有成功，梁启超遭受到康有为等人的唾弃，被斥为“叛徒”。

◆ 梁启超旧照

第二次转变为1903年。梁启超从美洲游历回来，政治立场急剧改变，1899年以来所信奉的“破坏主义”与革命排满政策等主张被弃，转回到坚决捍卫君主立宪的立场，并发表影响甚大的《开明专制论》，与孙中山的同盟会展开激烈论战，再次成为维新党人的中坚。

第三次转变是1919年，梁启超从欧洲游历回来，他目睹了欧美列强在凡尔赛和会上的嘴脸，称欧洲文明已穷途末路积重难返，中国不必效法，主张走中国自己的现代化道路。而他所谓中国自己的路，便是以传统文明为思想内核，尽弃西方文明。也就是说，此时的梁启超已成为传统思想与传统制度的皈依者。

杂糅的哲学本体观

梁启超的哲学是儒学、佛学和西方资产阶级唯心主义的混合。戊戌政变后不久，他曾就世界的本原问题复述了佛学“境由心造”的观点，说“天下岂有物境哉？但有心境而已”，这是对陆王之学“心外无物”的简单承袭。稍后在1906年，他又通过日本给中国输入了马赫主义哲学。把客观事物说成是“我”的感觉的产物，就是马赫主义的最纯粹的唯我论。

理论先于实践的认识论

在认识论上，梁启超否认实践第一的观点，认为先有思想和理论，然后才有“事实”和“实事”。他说：“思想者，事实之母也。欲建造何等之事实，必先养成何等之思想。”由强调思想理论的能动作用，到完全颠倒了实践和认识的关系。因此他也赞赏王守仁的“致良知”说，认为王学是“今日学界独一无二之良药”。他还宣传康德唯心主义的先验论，认为康德哲学也是“以良知说本性，以义务说伦理”，而“阳明之良知，即康德之真我，其学说之基础全同”。

英雄造时势

梁启超说：“世界者何？豪杰而已矣。舍豪杰则无有世界。”又说：“世界果借英雄而始成立乎？信也。吾读数千年中外之历史，不过以百数十英雄之传记磅礴充塞之，使除出此百数十之英雄，则历史殆黯然无色也。”不过梁启超在宣传“英雄固能造时势”的同时，也说“英雄与时势互相为因，互相为果”，“时势亦能造英雄”。

新民思想

梁启超在他创办的《新民丛报》上，提出了近代中国历史上“欲维新吾国，当先

◆ 梁启超墓

维新吾民”的全新命题，主张“新民之道”当在“新民德、开民智、鼓民力”。之后他又写出洋洋十余万言的《新民说》，猛烈抨击中国封建专制统治，深刻剖析专制政体下中国人的奴隶主义劣性，号召国人彻底“破坏”封建旧政体，培养公德、自由、自治、自尊、进步、毅力、尚武、进取冒险、权利义务等现代国民新品质新道德，建设新的国民政体国家。这种新民思想使当时的青年知识分子耳目一新，引导他们先后走上改造国民性、变奴隶为国民的思想解放之路，为以后的新文化运动打下了一定基础。

延伸阅读

梁启超的博大胸怀

1926年3月8日，梁启超因尿血症入住协和医院。经透视发现其右肾有一黑点，诊断为瘤。手术后，经解剖，右肾虽有一个樱桃大小的肿块，但不是恶性肿瘤，梁启超却依然尿血，且查不出病源，遂被复诊为“无理由之出血症”。一时舆论哗然，矛头直指协和医院，嘲讽西医“拿病人当实验品，或当标本看”。梁启超毅然在《晨报》上发表《我的病与协和医院》一文，公开为协和医院辩护，并申明：“我盼望社会上，别要借我这回病为口实，生出一种反动的怪论，为中国医学前途进步之障碍。”三年后，梁启超因此病离世。

熊十力的“新唯识论”思想

面对西学的冲击，在儒学价值系统崩坏的时代，熊十力重建儒学的本体论，重建人的道德自我，重建中国文化的主体性。他是我国现代哲学史上颇具有原创力、影响力的哲学家，奠定了现代新儒学思潮的哲学形而上学的基础。

熊十力（1885—1968），著名哲学家，新儒家开山祖师，国学大师。原名升恒，号子真，晚年号漆园老人，黄冈（今团风）县上巴河张家湾人。著有《新唯识论》《原儒》《体用论》《明心篇》《佛家名相通释》《乾坤衍》等书。

熊十力自幼即与众不同，独具才思十六七岁时，他读到陈白沙的“禽兽说”，从中领悟到人生之意义与价值，绝非是趋利避害、去苦就乐等外在满足，而在领悟人生之意义与价值，体识至大至刚之“真我”，以合于天地万物之理。这一觉悟基本上奠定了他以后的治学方向。

◆ 熊十力像

熊十力14岁从军，1905年考入湖北陆军特别小学堂，在校期间，加入武昌“科学补习所”“日知会”等反清革命团体，武昌起义后参加光复黄州活动，后赴武昌，被任命为湖北军政府参谋。1917年赴广州参加孙中山领导的“护法运动”。失败后，决意专心从事哲学研究。1968年5月23日因病在上海逝世。

熊十力的哲学，大致经历了由融儒入佛到儒佛同参，再到融佛入儒、归宗儒学的演进历程。他的“新唯识论”哲学思想体系建构宏伟，构思奇巧，富有创发，独具特色。

哲学就是本体论

熊十力说：“吾学贵在见体。”“体”即是本体，熊十力的学说可以说就是有关本体论的哲学。熊十力提出要将科学与哲学区分开来，科学是向外的，是研究自然世界的具体知识，而哲学的目的是认识宇宙人生之源。科学所使用的工具是理智，而哲学则要靠直觉悟性。熊十力还认为哲学讲的本体就是本心，就是从孔孟直到宋明理学所讲的“仁体”。本心是万有的根源，它在不同的场合具有不同的

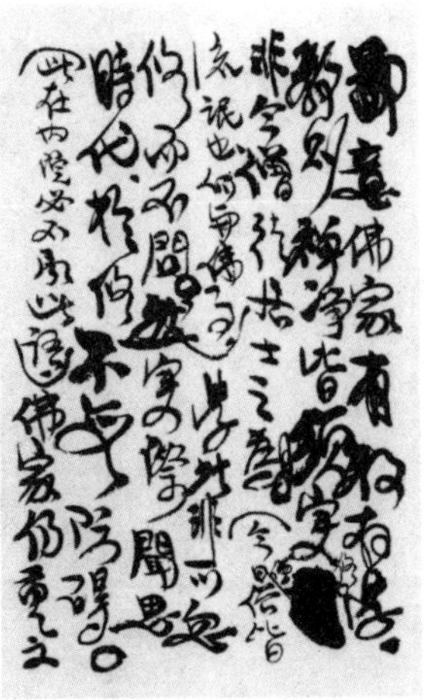

◆ 熊十力书法

表现方式，如传统哲学说的“天”“命”“道”“性”“理”“仁”“诚”等，都是本心的别名。熊十力所讲的，即是传统儒家所强调的人之道德本性。本心是道德的源泉，是唯一真实的自我，是生命的本质存在。

体用不二

熊十力对体用范畴作了规定，他说：“宇宙实体，简称体；实体变动，遂成宇宙万象，是为实体之功用，简称用。此中宇宙万象一词，为物质和精神现象之通称。”用西方哲学的术语来说，就是本体与现象。但熊十力反对西方哲学将体与用割裂，他主张“体用不二”。本体是一个“无定在而无所不在”的，不是离用而另外有一个被称之为体的东西；也不是由体派生出来用。熊十力用“即体即用，全用即体”来描述体用的这种“不一不异”的关系，说明体既不是时间上在先，派生出用，也不是逻辑在先而凌驾于用之上。实体即功用，不可在功用外求实体。

熊十力的心性论

熊十力讨论本体论问题，主要不是为了说明世界的本原问题，而是为了解决人的问题。他提出了本心和习心的概念。本心是人本来的心，是人心之真的自己。习心的内容发生于人的后天受得的习气。熊十力认为习心的产生是必然的，人生而有欲，会生习心，如果纵欲就会物化。对这个矛盾的解决，不能采取完全灭人欲的方式，而应用本心统摄习心，达到情与理的和谐统一。

性智与量智的认识论

熊十力将本心与习心称作性智与量智。在本体论上为本心和习心，在方法论上则为性智与量智。量智即人们通常所谓的理智，它是科学所凭借发展的工具。性智则是人类具有的一种自我认识和自我超越的能力。量智的目的是向外求理，解决经验世界的问题，不能解决形而上学的问题，不能实现人的自我认识。性智的目的是反求内省，使人觉悟到“吾心之本体即是天地万物之本体”，以此来达到天人合一。

延伸阅读

熊十力拒客

熊十力在北京大学讲佛学时，一个人住在沙滩银闸路西一座小院子里，门总是关着，门上贴一张大白纸，上写：近来常常有人来此找某某人，某某人以前确是在此院住，现在确是不在此院住。我确是不知道某某人在何处住，请不要再敲门。

看到的人都不禁失笑。笑什么呢？笑他的啰嗦，笑他“此地无银三百两”式的书呆子气。熊十力主动把自己同人事繁杂、诱惑多多的世俗生活拉开距离，是为了让自己有一个宁静的空间，在孤独中静下心来，专注于内心灵魂的丰实和净化，专注于思想认识的深化和扬弃，专注于精神产品的孕育和创造。

胡适的实用主义思想

胡适的《中国哲学史大纲》，是中国现代学人借鉴西方哲学的学术规范、理论框架和方法撰写中国哲学史、进行中西哲学融会贯通的最初范型。这一范型对中国哲学史学科的建立、中国哲学研究范式的转换、中国现代哲学的创立都作出了突出的贡献。

胡适（1891—1962），现代学者，历史家、文学家、哲学家。原名洪骍、嗣穈，字希疆，后改名适，字适之，安徽绩溪人。主要著作有《胡适文存》《胡适论学近著》《白话文学史》《中国哲学史大纲》等。

胡适生于一个世代经商的家庭里，两三岁时就在父亲的教导下开始认字，背诵

◆ 胡适

《三字经》《千字文》，3岁后入家塾。不幸的是，父亲在胡适不满5岁时便因病去世了。此后便由母亲冯顺弟担负起教育胡适的重任。

1910年，胡适考取庚子赔款第二期官费生赴美国留学，在康乃尔大学先读农科，后改读文科，1914年往哥伦比亚大学攻读哲学，学于哲学家约翰·杜威。1917年通过哥伦比亚大学博士论文考试，同年夏天回国。胡适因提倡文学革命而成为新文化运动的领袖之一。

胡适深受赫胥黎与杜威的影响，自称赫胥黎教他怎样怀疑，杜威教他怎样思想。

实用主义哲学

实用主义，又称实验主义、工具主义、效用主义等，是19世纪70年代在美国本土出现的一种人本主义思潮。后来逐渐发展成为一种代表“美国精神”的哲学。20世纪初传入中国，约翰·杜威亲自到中国，并与他的学生胡适和陶行知一起介绍实用主义，使之成为当时在中国比较有影响的西方哲学之一。

◆ 新文化运动浮雕

实用主义经验论

经验是实用主义哲学最基本的概念，其理论认为，经验具有本体论意义，世界上一切事物都可以归于经验，只有经验是真实的存在。胡适认为“经验”是客观的世界与人的行动的统一，是主观与客观的统一。他介绍的实用主义经验论有以下几方面的性质：第一，经验就是实在。第二，经验具有客观的因素，因为认识主体不可能凭空得到经验，它必须经验着什么。同时它又具有主观的因素，因为即使是客观存在着的事物，只要它与主观不发生关系，就没有被经验着，就没有意义，就不能称为“实在”。第三，实用主义将实在归为经验，又将实在的意义归为实际的效果，而这种效果又是相对于人而言的。第四，经验不单具有本体论的意义，而且还具有认识论的意义。

实用主义哲学体系中的真理观

在实用主义者看来，真理的意义就在于效用，效用既是真理的本质，也是检验真理的标准。胡适认为，真理首先不是对客观实在的反映，而是一种主观意识的状态。真理不是永远不变的。实用主义的真理观有以下几个方面的内容：首先，真理也是一种经验；第二，真理是相对的；第三，真理的标准是效用。

实用主义方法论

实用主义者是特别重视方法问题的。他们宣称，他们之所以与传统的唯物主义和唯心主义不同，就在于他们把传统哲学的本体论和认识论变成了一种纯粹的方法。

胡适在《实验主义》一书中，介绍了杜威的“五步法”：①疑难的境地；②指定疑难之点究竟在什么地方；③假定种种解决疑难的方法；④把每种假定所含的结果想出来，看看哪个假定能够解决这个困难；⑤证实这种解决使人相信，或证明这种解决的谬误，使人不相信。

胡适将杜威的“五步法”缩为两步，即他“大胆的假设，小心的求证”的“十字真言”。所谓“大胆的假设”，即敢于怀疑前人认为无可怀疑的绝对真理。胡适提出的这种方法，对当时的中国来说，是提出了一种新的思想方法。

新儒学和梁漱溟哲学思想

新儒学以复兴儒学为宗旨，试图通过“援西学入儒”的途径，重新诠释儒学精义，凸显儒学在现代的精神价值，化解传统与现代之间的内在紧张。梁漱溟的新儒学思想在中国现代思想文化史上有着重要的地位与影响，对于中国的现代化建设及世界文化格局的重构也有重要的借鉴意义。

新儒学又称新儒家，是近代西方文明输入中国以后，在中西文明碰撞交融条件下产生的新的儒家学派。狭义的新儒学，是指梁漱溟、张君劢、熊十力等人所提倡的新儒学。广义的新儒学则可上溯到鸦片战争以来关于儒学变革的所有学说。

梁漱溟（1893—1988），著名的思想家、教育家、爱国民主人士，原籍广西桂林，生于北京。著有《中国文化要义》《印度哲学概论》《朝话》《漱溟卅前文录》《漱溟卅后文录》等。

梁漱溟的一生充满了传奇色彩：只有中学毕业文凭，却被蔡元培请到全国最高学府北京大学教印度哲学；在城市出生成长，却长期从事乡村建设；一生致力于研究儒家学说和中国传统文化，是著名的新儒家学者，可是却念念不忘佛家生活……他一生不断追求的两个问题：一是人生问题，即人为什么活着；二是中国问题，即中国向何处去。

宇宙与人生

梁漱溟在哲学上吸收了柏格森的“生命哲学”观点，融合孔子、孟子和王守仁的哲学，在本体论方面认为只有与“已成的我”相对立的“现在的我”（心、精神）才是真实的存在。他把整个宇宙看成是人的生活、意欲不断得到满足的过程，提出以“意欲”为根本，又赋予中国传统哲学中“生生”概

◆ 梁漱溟像

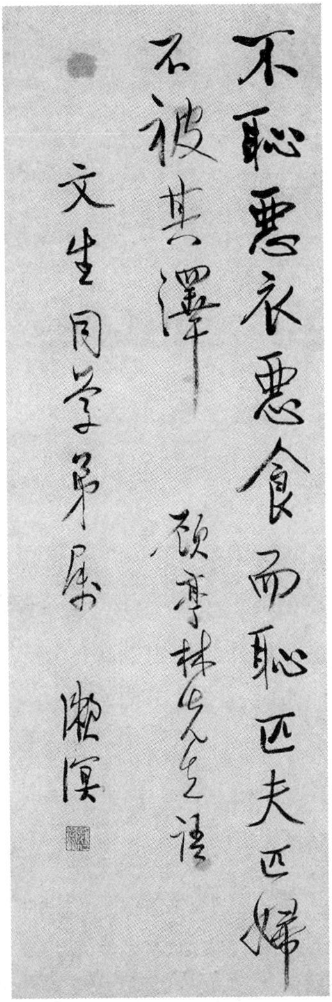

◆ 梁漱溟的书法

念以及本体论和近代生物进化论的意义，认为“宇宙实成于生活之上，托乎生活而存者也”，“生活就是没尽的意欲和那不断的满足与不满足罢了”。

“三量说”的认识方法和人生观

梁漱溟认为：“一切知识无外现、比、非量。”他从唯识宗的三种认识方法现量、比量、非量来指代人类认识中的感觉、理智和直觉。从这三种方法出发，形成三种不同的文化。

梁漱溟认为人生所遇到的问题大致有三种：第一种是人与物质世界的关系问题。第二种是人同其他人的关系问题。第三种是人的终极关怀问题，即人人都要遇到死亡的问题。在人类初级阶段，人以理智的方法来征服自然，获得生存条件。在第二阶段，人利用建立在良知（直觉）上的道德，建立起人类社会的准则。而在第三阶段，在面对死亡的问题上，只有用唯识宗的“现量”（感觉）的方法，才能认识人生真相。在对这三个问题的解决中，人类建立起三种不同的文化模式：西方文化、中国文化和印度文化。

三路向的文化哲学

西方文化“遇到问题向前下手”，是意欲向前要求为其根本精神的方式。中国文化在遇到问题时是“转换的自己的态度，就在这个境地上求解决”的方式。印度文化是“遇到问题反身向后要求取消这个问题以求这个问题的解决”的方式。梁漱溟认为这三种文化路向是人类文化发展的必经阶段，西方文化已经发展到了尽头，人类现在应该发展中国文化，而印度文化的复兴则在中国文化之后，距现今社会还早得很。中国文化以孔子为代表，以儒家学说为根本，以伦理为本位，它是人类文化的理想归宿，比西洋文化要来得“高妙”，认定“世界未来的文化就是中国文化复兴”，认为只有以儒家思想为基本价值取向的生活，才能使人们尝到“人生的真味”。

金岳霖的哲学世界

金岳霖第一个运用西方哲学的方法，融会中国哲学的精神，建立了自己的哲学体系。这个哲学体系，不仅是近代的，而且也是民族的。它为研究中国哲学，推进和发展中国哲学，提供了有益的借鉴。

金岳霖（1895—1984），现代哲学家、逻辑学家。字龙荪，湖南长沙人。

金岳霖于1911年入北京清华学堂，1914—1921年在美国宾夕法尼亚大学、哥伦比亚大学学习政治学，获哥伦比亚大学政治学博士学位。之后在英、德、法等国留学和从事研究工作。1925年回国，1926年在北京清华大学任教授，创办清华大学哲学系。以后任西南联大哲学系教授、清华大学哲学系主任和文学院院长、北京大学哲学系教授和系主任、中国科学院和中国社会科学院哲学研究所研究员和副所长。1954年被选为中国科学院哲学社会科学部学部委员，1979年被选为中国逻辑学会会长。1984年10月19日，在北京寓所逝世，享年90岁。

◆ 晚年的金岳霖

金岳霖一生从事哲学和逻辑学的教学、研究和组织领导工作，是最早把现代逻辑学系统地介绍到中国来的逻辑学家之一。他把西方哲学与中国哲学相结合，建立了一套独特的哲学体系，是中国现代最有成就的哲学家和逻辑学家。张申府曾说："如果中国有一个哲学界，金岳霖先生当是哲学界的第一人。"冯友兰认为，金岳霖在中国现代思想史上占据"三个第一"，即"中国第一个真正懂得近代逻辑学的人"，"中国第一个懂得并且引起现代逻辑学的人"，"是使认识论和逻辑学在现代中国发达起来的第一个人。"

金岳霖创建的哲学体系，其中包括本体论和知识论。《论道》一书是他的本体论；《知识论》一书是他的知识论，即通常所说的认识论。他的知识论是以他的本体论为基础的。

《论道》中的本体论思想

《论道》是金岳霖在抗日战争期间完

◆ 金岳霖的哲学著作

成的一部重要著作，是中国现代哲学中系统最完备、最富有创造性的本体论专著。他在书中提出了“道”“式”“能”三个基本哲学范畴，认为个别事物都具有许多“殊相”，而殊相表现“共相”。个别事物还具有一种不是殊相或共相的因素，这就是“能”。那些可以有能但不必有能的“样式”就是可能。由所有可能构成的析取就是“式”。他认为，能出入于式中的可能是事物的变动生灭乃至整个现实世界的过程和规律，也就是“道”。

《知识论》中的认识论思想

《知识论》是关于知识的普遍规律的理论体系。《知识论》肯定现实世界是独立于人和任何认识者的，又是可以认识的。因为每一类认识者都有正常的感觉知觉，都可以用感觉知觉去接受外界事物呈现在认识者面前的所与，并从所与的殊相中抽象出共相，以形成意念。意念和概念同时具有摹状和规范两种性质，用意念和概念去摹状和规范所与的结果就是经验。外界事物呈现于不同种类的认识者的所与是可以不同的，但意念和概念具有的抽象性和普遍性，是各类认识者共同的。本然世界是可以通过意念、概念来认识的。

《知识论》一书在中国哲学史上第一次建构了一个系统的、完整的知识体系，它也是中国哲学史上第一部技术性很高的哲学专著，为中国哲人在世界哲学领域争得较高的地位作出了重要贡献。

延伸阅读

多灾多难的《知识论》

金岳霖的《知识论》是一本多灾多难的书。抗战期间，金岳霖在昆明时已经把它写完了。有一次空袭警报，金岳霖把稿子包好，跑到昆明北边的蛇山躲着，自己就席地坐在稿子上。警报解除后，他站起来就走。等到他想起来并返回去时，稿子已经没有了。这是几十万字的书，重写并不容易。可是，金岳霖还是重写了。《知识论》是金岳霖花精力最多、时间最长的一本书。

冯友兰新理学的哲学思想

冯友兰的新理学通过融合中西，吸取西方哲学的新实在论和柏拉图主义，运用新实在论的逻辑分析方法，承接程朱理学，并对其加以改造，建构新理学思想体系，创新发展了程朱理学，在现代哲学史上产生了重要影响。

冯友兰（1895—1990），现代杰出的思想家、哲学家。字芝生，河南唐河县人。

冯友兰的墓碑上写着“三史释今古，六书纪贞元”。“三史”就是《中国哲学史》《中国哲学简史》《中国哲学史新编》，合编为《三松堂全集》。“六书”就是《新理学》《新知学》《新原道》《新原人》《新世训》《新事论》，统称“贞元六书”。

冯友兰称自己的哲学为“新理学”，认为它是“接着”宋明理学讲的，而不是“照着”讲的，这其中有自己哲学体系的创新性。它所“新”的地方在于，借鉴了西方新实在论和实用主义哲学，将宋代形成的“儒释道三教合流”的儒家思想推进到一个新的阶段。

人生四境界

冯友兰认为，人生境界的问题，既是一个“觉解”的问题，又是一个“意义”的问题。他认为，人之所以异于禽兽，在于人有“觉解”。按照觉解程度和意义的不同，冯友兰将人的精神境界分为四个层次：自然境界，其行为只是顺着他的本能或其社会的风俗习惯；功利境界，其行为是“为利”的；道德境界，其行为是“行义”的；天地境界，其行为是“事天”的。哲学的任务是帮助人达到道德境界和天地境界。

据说，冯友兰在西南联大教书时，留有长髯，身穿长袍，颇有道家气象。一天，他去授课，路遇金岳霖。金岳霖问：“芝生，到什么境

◆ 人生的天地境界

◆ 冯友兰像

界了？”冯有兰答：“到天地境界了。”两人大笑，擦身而过，各自上课去了。

新理学的四个观念

在《新理学》中，冯友兰依据逻辑分析法构造了一个形上学系统。在这个系统中，有四个主要观念：

①“理”。“理”是宇宙间一切事物形成的根据和普遍规则，即任何事物存在都有它存在的依据和规则，一物有一物的道理，没有道理就没有事物。

②“气”。“气”是宇宙间一切事物存在所需要的抽象意义上的材料，即任何事物如没有材料，则其依据和规则便没有运用的对象，没有客观的材料道理便没有载体，道理也就不能展现。

③“道体”。“道体”是宇宙间一切事物的运动或生命状态，材料与道理之结合必然表现为运动或生命状态，否则它们之间也不能相互依存和证明。

④“大全”。“大全”是一个逻辑的“宇宙”，即一切材料必然依照一切道理而处于永恒的运动状态和过程，这是对宇宙万物的总概括，可以称为“一”或“存在”。

冯友兰认为，这些观念“可使人知天，事天，乐天，以至于同天”。

新理学的方法论

《新知言》是专门讲哲学方法论的。他认为：“真正形上学的方法有两种：一种是正底方法；一种是负底方法。正底方法是以逻辑分析法讲形上学。负底方法是讲形上学不能讲，讲形上学不能讲，亦是一种讲形上学的方法。”“正的方法的实质，是说形上学的对象是什么；负的方法的实质，则是不说它。这样做，负的方法也就启示了它的性质的某些方面，这些方面是正的描写和分析无法说出的。”也就是说“正底方法是从正面讲形上学，负底方法是从侧面讲形上学。”

延伸阅读

“贞元六书”名称的来源

之所以叫“贞元六书”，是因为这六本书是在中华民族抗击日本侵略的时期写成的，其用意是危机时刻对民族复兴的期待，是所谓“以志艰危，且鸣盛世”，所以用中国哲学的术语“贞元”二字颇能传神。元、亨、利、贞，本是中国古人用以意指春、夏、秋、冬四季及与之相关的四种道德价值取向，“贞下起元”者，是严冬过去必有阳春的意思，正是对于中华民族艰苦的抗战充满信心，冯友兰才以哲学家独有的方式将自己的著作看成民族精神动员的一种形式，自命为“贞元之际所著书”。“贞元六书”不仅旨在表达中国人的哲学逻辑，更重要的是还蕴涵着中国人深切的民族情怀。

贺麟和他的新心学

贺麟的“新心学”，是对中西文化的融通，是中国的陆王心学与西方的新黑格尔主义相结合的产物。

贺麟（1902—1992），现代哲学家、翻译家，现代新儒家的早期代表人物之一。字自昭，四川成都金堂人。

贺麟8岁入私塾读书，不久随姑太到镇上读小学。虽然所学仍不外乎《四书》《五经》，且重在记诵而轻乎理解，但幼年贺麟却凭其聪慧，亦稍能领悟儒家思想之奥义而深受其熏陶，尤其是对宋明理学，虽只是一知半解，浅知粗义，但却特别感兴趣，这为他后来研习国学打下了基础。1919年考入北京清华学校；1926年赴美国奥柏林大学留学，获学士学位；1928年进入芝加哥大学，后转入哈佛大学研究德国古典哲学，并获得硕士学位；1930年赴德国柏林大学留学。1931年回国，担任北京大学、清华大学教授。1955年调入中国社会科学院哲学研究所工作。贺麟一生翻译介绍了大量的西方哲学著作，为西方哲学在中国的传播做出了重要贡献。同时。他从中西会通的文化立场出发，把宋明时期的陆王心学与德国新黑格尔主义相融合，创立了现代儒家“新心学”思想体系。他还明确主张吸收基督教精神来促进儒家思想的现代化。

◆《贺麟集》书影

早在20世纪40年代，贺麟就建立了“新心学”思想体系，成为中国现代新儒家思潮中声名卓著的重镇。《近代唯心论简释》《当代中国哲学》《文化与人生》是贺麟新心学思想体系的代表作。

主体逻辑心

贺麟认为心即实在。他说：“心与物是不可分割的整体。心是主宰部分，物是工具部分。心为物之体，物为心之用。心为物的本质，物为心的表现。”同时他又认为：“心有二义，一、心理意义的心；二、逻辑意义的心。逻辑意义的心即理。”理性是心的本性，如利为刃之本性与聪为耳之本性。另一方面感觉情欲是形而下的心理生理意义的心，为心之偶性。两者的关系是“心统性情”“心体物用”。

直觉与理智

贺麟试图将直觉与理智两种认识方法统一。他认为，从先理智的直觉，也就是梁漱溟所说的“附于经验的直觉”开始，经形式逻辑和矛盾思辨到最后的后理智的直觉，形成了一个认识发展的过程。他认为理学所提出的以理智向外探究，其目的正是在于了解自己的本性；同样向内反省、回复本心也就是了解物理。这两种方法“其结果亦归于达到心与理合一，个人与宇宙合一的神契境界，则两者可谓殊途同归”。他将感性直觉上升到形式逻辑和矛盾思辨，再上升到超理智的理性直觉。理性直觉又包括内省与外究两种，并且力图将反求本心与由外物至形上本体相融合起来。

自然的知行合一论

对知和行，贺麟作出了定义。他认为所谓知即人们的意识活动；所谓行，即人们的生理活动。知可分为显知和隐知，行可分为显行和隐行。他认为，显知与隐知、显行与隐行“只有量的程序或等级的差别，而无根本的不同或性质的不同”。他提出了“自然的知行合一说”，他说：“任何一种行为皆含有意识作用，任何一种知识，皆含有生理作用。知行永远合一，永远平行，永远同时发动，永远是一个心理生理活动的两面。此种的知行合一观，我们称之为‘普遍的知行合一论’，亦可称为‘自然的知行合一论’。”

延伸阅读

贺麟的抉择

1949年，在北大的知名教授中，哲学家贺麟具有举足轻重的地位，他也是蒋介石急于“抢救”的知识分子。此前，贺麟与蒋介石有比较密切的交往。蒋介石对他优礼有加，不仅多次召见，而且还邀请他到中央政治学校讲课。蒋介石还直接资助贺麟主持的“西洋哲学名著编译委员会”，留下了至今难以比肩的西方文化译丛。为此，贺麟对蒋介石充满感激之情。但作为哲学家，贺麟离不开这片传承了五千年的文化故土。此时的贺麟面临着两难的抉择。

后来，北平地下党大学委员会书记王汉斌要求汪子嵩去做贺麟的工作。汪子嵩以弟子的身份来到了贺麟的住所。汪子嵩坦诚地告诉老师，自己是中共地下党员，并转达了中共高层希望他留下来继续工作的愿望。贺麟不无顾虑地问，北平解放以后，中共能否保证学术研究的自由？如果能，自己就留下来。尽管没能等到明确答复，贺麟还是接受了共产党的诚意，几次拒绝登机南下，最终留在了北平。